曹操傳奇

治世之能臣 亂世之奸雄

蕭洲　著

曹操聰敏、機智、博學、勇毅、仁慈而又殘忍，
他能夠在諸侯火拼的亂局中闖出一片天來，
正是靠著他「靈活機變」高人一等的特性。

【序】閒說曹操傳奇

司馬中原

一般人對於曹操的印象，多來自家喻戶曉的一部書——《三國演義》，以及各種戲曲和各類說唱藝術；經過多代的誇張渲染，曹操這個人，早已被一張平劇臉譜蓋住了，變成挾天子以令諸侯的大奸大惡之徒。這和正史中的魏武帝有很大的參差。

後世研究史學，除了講求「史據」、「史料」之外，更著重於「史觀」，持平公正的歷史觀點，應該是大匠著書立說的龍骨，能撥開迷霧、重現歷史的眞容，還給歷史人物一份公道，這是非常緊要的。

《三國演義》的作者，本著正統正朔的觀點，在書中隨處都可見到「揚西蜀而貶魏晉」意念，尤其對曹操的作爲充溢不滿之情，這樣的史觀雖吻合多數民間的傳統觀念，實際上並不持平。

福隆出版社最近推出的《曹操》這部書，雖說是「傳奇」，事實上卻緊扣著歷史的縱線，把筆墨用在樞紐漢末半世紀的曹操身上，最可貴的是「史觀」持平公正，寫得深刻而透澈，對長久以來神祕如謎的人物，有了客觀的品評和剖析。

事實上，歷朝歷代、身處滔滔亂世的政治人物，往往都有著多面的性格和複雜的心理狀態。曹操聰敏、機智、博學、勇毅、仁慈而又殘忍，他能夠在諸侯火併的亂局中闖出一片天來，正靠著他「靈活機變」高人一等的特性。「成則為王，敗則為寇」的現實是冷酷無情的，在當時，他和董卓、袁紹、袁術、張繡、呂布、孫策、劉表、劉備，都被投在一個烈火熊熊的時代大熔爐裡，每一舉措都攸關生死存亡，煉出來的就是精鋼，煉不出來就成了廢鐵，從群雄紛起到三國分據，就證明魏、蜀、吳的領導人物各有所長，全非簡單人物。

攤開漢末的地圖來看，曹魏所占據地區，全是人口眾多、物產豐足，工業發展良好的菁華地區，不論是兵員、物產、糧草、武器裝備，都優於蜀與吳；又曹操麾下可說是謀臣如雨，猛將如雲，若不是曹操求賢若渴、愛才如命，這些異士能人也不會抵死追隨他。

反觀東吳，偏處東南一隅，當時除江蘇南部、福建北部、江西、湖北之一部外，大多是未曾開發的荒蠻之境，地廣人稀，雖靠長江天險可割據一時，其工業、國防力終竟難和中原之地抗衡。至於當時的西蜀，人口數遠遜曹魏，工業力更形薄弱，南方更有孟獲威脅；孔明精於「數」，不可能沒有比評，他之六出祁山也衹能說盡人事而已。

曹操的後半生，經常頭痛欲裂，性情大變，極可能患有腦瘤，加上精神分裂，躁鬱加妄想所致。把病人看成惡魔也不夠公平，也正如杜甫形容古柏云：「落落盤據雖得地，冥冥孤高多烈風」，任何人到曹操那個位置，閒言閒語都是免不了的，他一生不廢漢獻帝，自己不取而代之，他認定若是沒有他一力周全，天下更不知亂成什麼樣子，這倒是實在話，三分後的曹魏地區，百姓還是能夠溫飽的。

漢末的曹操確是詩人的地位，他的詩雄莽渾厚，瀟灑而具悲情，在《曹操》這冊書裡所引用的詩，哪一首不蒼古奇倔，確具大家風範？深夜展卷讀這樣一部好書，眞是如飲醇酒，芳春透骨。痛飲後，復有一縷悲情，使人泫然欲泣。曹孟德本身，何嘗不是成功又失落的悲劇呢？而他回歸田園、閒隱青山的夢，終其一生也是漸行漸遠，永不回來了。

民國八十七年四月末台北市

目錄 · Contents

目錄・Contents

第一章

生於宦家，聲帶秋肅之氣

漢桓帝永壽元年，即西元一五五年，一個秋末冬初，連陽光也顯得神清氣爽的日子，沛國譙縣（今安徽亳縣）境內的曹氏莊園內，一派熙熙攘攘的景象。大宦官曹騰與其養子曹嵩俱身披萬壽綢，滿臉堆笑，在臺階上不住的打揖迎接前來賀喜的各路士子豪傑。

時間已近黃昏，那邊曹家設在渦河上游的專用碼頭上，仍不斷有來自京城洛陽的各級官僚捨舟登岸，招搖而至。

箇中排場最大、僕從最多的，自然便屬與曹騰同出一路的那些宮廷大太監了。這些權勢熏人、出手豪闊卻又苦於香火難續的東漢閹宦，原多以收領養子的方式來擴充家業本，今又親見借雞生蛋之盛事，令曹嵩喜添公子，猶如為天底下宦官一族展示了光輝的前景，自然少不得要彈冠相慶一番。

而曹騰，這位多年不愁吃喝、只恐找不到遺產繼承人的皇帝密侍，今日忽然天從人願，一夜間有了祖父的名分，那張闊嘴一咧，也就很難有再闔上的時候了。

你看那些曹家奴婢們進進出出，穿戴鮮亮，一個個手裡端著果盤，袋裡晃蕩著銅錢。她們多半會想：女主人若能每隔十天半月就生下一個來，該有多好！

※

新生兒正是曹操。

只是，和所有的新生兒一樣，他此刻並不能領會生命的意義。出於對母親天堂般的子宮的強烈懷念，他此時除了用兩隻恐懼無助的小手胡抓亂撓外，照例只有哭嚎的份。小傢伙眼睛細小，天庭筋凸，哭聲卻著實驚天動地。

在母親丁夫人聽來，這哭聲與尋常新生兒的啼哭，只具有一丁點皮毛相似，剩下的淨是些可怕的聯想。丁夫人耳膜大震、瞳仁渙散，朦朧中只覺得有數不清的前世怨鼓譟而來。是的，她聽到了鼓聲，幾時辰前當大半個兒子方脫離母體，唯獨那只頭顱還死死卡住不出之時，她已經聽到過這種鼓點，而眼下，鼓點愈發急促、淒厲，彷彿喉頭處正有一枝刺客的羽箭遙遙射來。

曹嵩和堂弟夏侯儉聞訊後，急步趕來了，就在曹嵩兩腳併一步，正待跨上內院門檻之際，一件出乎意料之外的事情發生了——

第一章

生於官家，聲帶秋肅之氣

一隻鳥兒跌在曹嵩腳下，死了。

那是曹嵩精心飼養了三年的灰頭鸚鵡。如果鸚鵡是鳥類中智商最高的，這隻名叫「太公望」的鸚鵡，恐怕是其中智商最高的。牠不僅能模仿各色人語，在曹嵩看來，牠圓潤多變的腔調，還有預卜吉凶之效。唉！牠是那樣善解人意，人見人愛，剛才牠一直靜靜的蹲立在自己的吊杆上，端出一副凝神諦聽的神情，這會兒卻身子一緊，一悶聲墜下地來，即刻斃命。

夏侯儉掠了鸚鵡一眼，大步一跨，揀起死鳥在手中掂了掂，臉上露出十二分不祥。小曹操恰在此時停止了啼哭。

「此鳥主何吉凶？」初爲人父的曹嵩滿臉困惑。

「這個……」夏侯儉正了正衣冠，移步出庭，一雙鷹隼般的目光直送上西天，那邊，殘陽如血，正將一片林地濡染得熱烈蒼涼。

夏侯儉緩緩說道：「依我愚見，斯兒嗓音裡有窮秋之氣，秋氣主兵戈之象。區區稚音竟能震殺鸚鵡，足證此兒胎氣雄渾、人所難禦。上蒼賜人以非凡大元，必然包蘊深刻玄機，我輩俗人，原本難料。只是，鳥墜檻下定是凶兆，我只擔心箇中有傷主之凶、滅門之禍呀！至於對國家社稷有何禍福，卻難言之。有一點似可預付，永壽元年這個年號，怕是應驗此子將留名於史上！」

一席話把曹嵩聽得冷汗涔涔，三魄出竅，好半晌才回過神來。妻子的臉色已稍許紅潤了些，曹嵩愣愣的看著自己的兒子，喃喃自語道：「我兒，不管你是龍是蟲、是神仙，你可千萬別給咱們曹家帶來滅門之禍呀！」

「聽著！」夏侯儉倏地轉身，對室內的奴婢們吩咐：「誰要把鸚鵡的事給我抖露出去，我割斷她全家人的舌頭。」

可憐的丫嬛們聽了後，趕緊捂住嘴，唯恐稍遲片刻，舌頭就要被割將了去。

夜深了，曹家大總管安排眾位賓客回屋歇息，曹嵩與夏侯儉兩人悄悄走出莊園，在後山正對西方搭起的一座祭臺上，備下豬頭三牲，莊嚴隆重地火化了「太公望」。

鑑於此事不宜聲張，曹操的小名便喚做「阿瞞」，出於同樣理由，他最初的名字喚做「吉利」。只是，試圖用名字來辟邪通常是一廂情願，不說別的，挺不吉利的是，七個星期後，曹操的母親丁夫人就撒手歸了西天。

※

這位注定要在動蕩的年代、用劍和筆刻下不朽英名的人物，轉眼已十三歲。天知道天老爺在他體內布置了怎樣的才智，小小年紀，居然竟已具備如此多方面的才能。

論下圍棋，他可以讓父親曹嵩九顆子；論劍擊，四五個泛泛家丁已近不得身；他還可以背出整部《孫子兵法》，而事實上，六年以後，他已成了我國歷史上，第一位為《孫子兵法》作出完整注解的人了。談吐中引用些古來名將的著名言論，對他只是小菜一碟。一個上午在寬闊的譙河裡游上三個來回，對他也只不過像朝掌心裡啐口水沫一樣容易。

當別的同齡少年還免不了挨父母親巴掌的時候，少年曹操差不多已成了郡內不少有識之士關注的對象了。當然，比任何人都關注曹操一舉一動的，首推叔父夏侯儉了。

那天，又一件不可思議的事情傳到夏侯儉耳裡——

曹操在譙河裡游泳時，居然躲過一條鱷魚的追殺，上岸時，還能敏捷地拎起長劍，在鱷魚寬大的嘴角上劃開一道口子。那是俗名叫「豬婆龍」的揚子鱷，當地人出於對牠的畏懼，也管牠叫「鮫」，意即水中的龍，是誰也惹不起的神物。

這個嗜血如命的傢伙，也並非特別貪吃人肉，但當牠想弄一頓人肉嚐時，幾乎也從未失過手，曹操大概是唯一的例外。如果鱷魚會講話，牠恐怕也只能嘀咕：「媽的，活見鬼！」

「孟德，你過來。」夏侯儉的聲音依舊是悶聲悶氣的，「譙河裡有猛鮫出沒，你早就有所聽聞，為何仍單身下水？父精母血，至尊至貴，難道就為了有朝一日做鱷魚的一道晚餐？」

「小侄無知，使叔父受驚了。」

「鱷魚於你有放生之德，當不該挺劍加害，恩將仇報，其罪至大，不覺得慚愧嗎？」夏侯儉追問不已。

「不敢。」跪在席上的曹操略略抬了抬頭，「只是，放小侄生路，私意以為，未必出自鱷魚的仁慈，牠恐怕先已吃飽了肚子。今日小侄雖僥倖拾得性命，異日難保他人不會再受其害。物各有性，魔道不仁，小侄不敏，但也不忍心為一己之恩而忽視天下蒼生，所以才執劍橫擊。請叔父明察。」

夏侯儉眉梢略動，眼瞼下沉。曹操貌似謙恭的口氣裡，分明隱匿著反叛的居心，促使夏侯儉不得不把自己的侄子，看成一個厲害的對手，轉而他換了個話題，「我朝董仲舒『罷黜百家，獨尊儒術』以來，仕途經濟皆以孔孟為準，不知你於經術有何修習？」

「回稟叔父，小侄天資魯鈍，但尚未敢荒殆學業，《詩》、《書》時常溫習。」

「好一個『時常溫習』，你想必更喜歡申不害、商鞅那套切峻險急、不近人情的刑名之術吧？」夏侯儉乾咳一聲，視線像籠罩墓園的月光，在曹操臉上飄來蕩去，「另外，家中所藏兵書，已被你翻閱殆盡，你又時常與張邈、衛茲等黃口小子一起率領奴婢上山，操練所謂的兵法，這些難道便是家人囑望於你的『學業正途』？」

曹操遲疑了一下，一時不知如何作答。聰明過人的他，早就感受得出，來自叔父神態的異樣，但說到像今天這樣考較他的功課志向，畢竟是頭一回。尤其使曹操感到納悶的是，在叔父那不無嘲諷的詰問口氣裡，似乎藏著某種憂慮，或更準確的說，是一種恐懼。這位多年來最使曹操感到頭疼的長輩，看起來反而更怕他一些，爲什麼呢？曹操當然不知道鸚鵡鳥的故事，那是烙在夏侯儉（部分也包括父親曹嵩）心底的祕密。

「當年孫武子在吳王闔閭宮殿裡藉婦人操練行陣，」夏侯儉不疾不徐的說：「當場杖殺吳王的愛妃，而今你在後山調教奴婢，還不許她們回家伺應，而在大總管面前揚言『將在外，君命有所不受』。我還聽說你私下常與陳宮、鮑信、王俊等毛頭小子聚在一起，搏沙捏土，製作所謂中原山川形勢圖，傳看邪門的鬼谷子兵書；立身行事，常常以伏波將軍馬援自居，志向著實不小，口氣委實夠大。首先，恐怕是我老糊塗了，一時記不起你是哪個猴年馬月被拜爲大將的？其次，如果我還沒老糊塗，我要告訴你，『上善若水，柔可克剛，聖人施無爲之教，行無爲之舉』。春溫秋霜，江河萬里，原不是爲了二三匹夫逐鹿中原，妄動刀兵。何況，當今京城不寧，四濠紛擾，下民在各地不斷揭竿而起，這是需要文教德化而非軍功刀陣的時代，而你竟然培喋血之心，蓄沙場之志。難道我大漢江山，在你眼裡竟只是一塊砥礪劍鋒的磨刀石？」

這番詞重音厲的責難，把曹操震懵了，好一會兒他才回過神囁嚅道：「小侄不曉人事世情，日常言行中確多有莽撞冒瀆之舉，萬望叔父恕罪。」

「我恕你什麼罪？」夏侯儉截過話頭，「青山不老，綠水長流，我只祈求你此生不必向天下黎民請罪。」

這最後一句話，五十年後仍使曹操記憶猶新，心驚膽跳。

那年是永康元年（西元一六七年），一代大儒馬融已停柩多日，享年八十八。在曹操曹祖父曹節的介入下，京城發生了第一次黨錮事件，李膺、杜密、范滂等兩百餘人先是被收入大牢，不久又遣歸田裡，禁錮終身。西涼軍統領董卓被拜爲郎中，西部邊關，狼煙不斷……

※

曹操不想讓夏侯儉礙自己的事，爲此，他必須先斷了叔父在父親曹嵩面前告狀的可能性。

一日，曹操與衛茲兩人騎馬打獵回來，遠遠瞧見夏侯儉騎在一匹驢子上，朝他們「蹺蹺」走來。

「你躲一躲吧！你叔父可頂會嚼舌根的。」衛茲好心的提醒自己的朋友。

「躲得了初一，躲不過十五。我還是弄他一弄吧！」說罷便迎上前去。

「姨！孟德，你臉怎麼啦？」夏侯惇乍見曹操，大吃一驚。

衛茲側臉看自己的夥伴，只見曹操半邊臉已扭作一堆，牙床擠出嘴唇，腮幫子不住顫抖，臉色痛苦不堪。

「回稟叔父。」曹操的聲音已微弱的聽不太清楚，「剛才小侄與衛茲追逐一隻野狐，轉過山腳，猛然擅上一股罡風，面門經絡剎時受損，眼下只怕是中風了。」只見豆大的汗珠已滲出肌膚，滾滾而下。

「報應！」夏侯惇聽罷，掉轉驢頭，前向曹嵩告狀去了。

曹操回過臉來，朝衛茲詭祕一笑。

見夥伴臉色如常，剛才差點也同時受騙的衛茲，不覺縱聲大笑起來，嘴裡嚷道：「好你個孟德，這下可把你叔父冤的不輕呀！」

曹操淡淡一笑，「我相信父親此時一定以爲他的兒子破相了，也許還落個終身殘廢。見我容貌依然，必然大惑不解，我只需對老爸說，叔父瞧我總不順眼，以致疑心生暗鬼，因而產生此等幻覺。見兒子受此咒詛，他當然不快。但是老爸爲人謹慎、處事厚重，他不會去質問我叔父的，這正好可保住天機不洩。叔父呀叔父！沒了老爸這靠山，還能拿你侄子怎麼樣？」

衛茲看著自己的好朋友，覺得他又可愛、又可怕。

※

熹平二年（西元一七三年），曹操在離家十五公里遠處築了一間茅屋，身邊不帶一名僕人，每日裡自己砍柴汲水、升灶燒飯，得便就射殺幾隻野兔嚐。在這裡，他系統地總結了中國古代兵家思想。三個月後，他完成了對《孫子兵法》的注釋工作，攜著手稿前去拜訪橋玄。

在這之前，曹操兩位先出仕做官的朋友張邈、陳宮，已將曹操的事蹟傳播的沸沸揚揚，他們誇說曹操是傳說中鬼谷子的神祕傳人，而當年一代名相張良，正是藉助鬼谷先生贈予的一部《黃石公三略》，才得以輔佐高祖劉邦，奠定大漢天下。

橋玄年長曹操近半個世紀，一度又官居太尉（最高軍事長官），是公認的年高德劭之人。誰知稍稍翻閱數頁，素以不苟言笑、不妄許人著稱的老人，竟情緒激動的說：「此人天縱奇才，他日國家有難，定邦定國，重整朝綱，非此人莫屬。」為了提高曹操的知名度，替他日後的遠大前程創造一個輝煌的起點，橋玄覺得有必要把曹操再「包裝」一下。

橋玄宅第裡總是賓客如雲、高朋滿座的。當時社會上盛行品評人物的風習，也產生了一群品評人物的「金口」。一個人若想要仕途騰達，除了家庭背景外，首先就得通過這些人的褒貶關。當然，愈是以「金口」自詡者，也就愈不願把金粉輕易撒給別人。在還沒有產生科舉制的東漢末期，得到士林高人的首肯，難度並不亞於金榜題名、狀元及第。

於是，橋玄便特意邀請曹操，參加他的一次家庭聚會。

曹操端坐下首，見在座的有：南陽宗世林、何顒，及北海孔融、梁國許子將（劭）等，俱是名噪當時的風雲人物，便擬意暫且賣乖藏拙、斂鋒銷芒。

這些放蕩不羈、才華橫溢的人物，說起話來可是沒遮沒攔的，就像今日的新聞記者，專拿官場要人們的醜聞穢行取笑，言辭裡對皇帝甚至也不無侮慢。這當然也是當時朝綱不整、政局動蕩的一個反映。

其實，從這些人的坐相中，我們已能想見他們的人格修養。孔融只顧喝酒；宗世林斜躺在一個侍女的懷裡，還把光腳丫擱在酒桌上；何顒敞開衣襟，一邊口吐啐沫，一邊用手在腋下搔癢；稍稍老成些的許子將，也熱衷於赤手抓肉朝嘴裡塡，再將油滋滋的手擦拭在衣襬上。

酒過了數巡，橋玄輕咳一聲，指著盤膝端坐下首、一直未發一言的曹操，開口道：「這位孟德君乃曹嵩的公子，各位想必有所聽聞。以老夫朽眼看來，孟德君雖年方弱冠，但志向深沉，他日龍飛鳳翔，或許能擔起山河重任，但不知諸位有何高評？」

宗世林撇了撇嘴，「不就是自稱鬼谷弟子的曹阿瞞嗎？敢問尊師現仙居何處？」

這話裡的諷刺色彩是明顯的。試想鬼谷先生在橋頭書贈張良一事，本來就有點荒誕，張良去逝亦已有三百五十年，世上縱有鬼谷子，依據世俗常性，怕也早就灰飛煙滅了。

「鬼谷子原屬臆造。」曹操開言道：「《黃石公三略》亦有僞託之嫌，『鬼谷子後人』之說，自然更屬鑿空之談。操縱不學，但也不至於用此等唐突言語冒犯世人，『自稱』云云，殊覺蹊蹺，那充其量不過是二三好友的遊戲之詞罷了！」

「話雖如此。」孔融接口道：「遊戲詞裡常有眞情，荒唐言中每具實相，孟德君自以爲所撰《接要》中有黃石奇效，想必也是事實吧？」

「書出我手，論歸他人，操不敢妄自高許。何況，兵家之事，至詭至奇，重要的在於因地制宜、臨機生變，本不在乎紙上塗鴉。大道無言，非不欲言，實無可言。孟德強爲言說，亦不過略述心得，聊供自娛而已。」

「孟德君既如此留連軍旅兵法，但不知旌旄所向，誰當先遭梟首？」說這話的是何顒。

「先生莫非以爲我曹某只是熱衷於殺豬宰牛的尋常屠夫？」曹操反詰：「尋刀問劍，本違我生，父教仁政，常所欣慕。我此生唯求文功，不圖武勳。但我等既處此亂世，爲家國存亡計，亦當有所作爲。操不知誰當爲我剾首，但既勞先生下問，不妨爲一戲言：何先生若他日蒙厄，則陷先生於難局之徒，便是曹某舉劍砍割之人。但請先生勿自刎己頸，使我空諾無驗。」

「哈哈！」何顒仰天大笑，「此言雖大不吉利，但身歷險世，得君血諾，我亦可死而無憾了。孟德君，你有非常之才，但欲有非常之功，尚須好自爲之，珍重前程。」

「嘖嘖！看來何先生被收買了。」滿嘴酒氣的孔子後人孔融用酒盅敲著頭顱，怪聲怪氣的說：「孟德君何不看在我先人顏面上，好事做到底，也把我肩膀上的玩意兒擔保下來呢？我死後定當稟報先祖，重賞足下。」

曹操注視了孔融一會兒，良久才說：「一日數諾，過於輕率。此事請先生改日再提罷！」

橋玄見許子將只顧用手抓肉，半晌不發一言，便說道：「許先生瞑目高坐，食指大動而又卷舌不言，不知有何深意？」

曹操素知他的大名，據說此人金口一開，每成鐵論，心裡也頗想得到他的評價，好在社會上招搖一下，於是便決定激他一激。

「不必勞駕許先生了。」曹操雙眼向天，「我擔心自己行跡乖張，破了先生的金斷。」

許子將輕哼一聲，「孟德君休要小覷了天下人，你雖青春年少，但給你預先擬好蓋棺之論，在老夫看來也是小事一樁。只是，或許我現在沒有把它抖露出來的興致。」

「請講。」橋玄、何顒等人異口同聲催促。

許子將見曹操面呈疑慮，似有不屑之意，不覺心下一橫，「哼！老夫以雙唇片舌縱橫江湖，還未曾走過眼。你聽著，老夫今日所言，千秋萬代之後，仍將是對你的誅心之評。你是……」

「什麼？」何顒、橋玄緊問不迭。

「治世之能臣，亂世之奸雄。」許子將一字一頓，道出了這句馳名千載的評語。

「妙極妙極！」曹操端起酒杯，一飲而盡，「恭領教誨，萬分榮幸，我曹某此生當竭能盡奸，成全先生的高論。」說罷，向眾人拱一拱手，離席而去。

只見孔融兀自用酒盅敲擊著腦門，滿嘴酒氣地叨絮：「曹阿瞞不肯擔保這顆腦袋，你可怎生是好哇……」

※

因為熱衷於騎馬打獵，曹操這一年在莊園內養了大量的猛犬獵鷹。鷹與狗固然都是打獵的重要夥伴，但要命的是，曹操即使在奔波數百里地拜訪汝南袁紹時，這一撥忠誠凶悍的狗仍前後簇擁、吠聲不絕，在道上捲起滾滾黃塵，頭上則是鷹飛隼翔、左俯右揚，使天空驟增幾多驕勢、幾許豪邁。

當先一頭金毛猛犬，嘴裡銜著一桿旗幡，上面大大招著一個「智」字，而腹部那片小紅兜上，竟明寫著「淮陰侯韓信」的字號。那架勢，一支五千人的騎兵隊也未必敢去招惹。

站在袁家塢堡上眺望官道的袁紹（字本初）瞇縫著眼睛，不知是被眩目的陽光還是曹操的來頭弄迷糊了，他揉了揉自己的眼睛。當然論基業，袁家四世三公，在全國都是數一數二的豪族；論才能，袁紹也自恃甚高，加上他外表儒雅謙和、出手闊綽，身邊早早就培植了一批謀臣武士。雖然表面上袁紹對任何人都顯得親切隨和、敬重有禮，但夙懷大志的他，事實上，並沒有養成將他人看在眼裡的習慣。但這位沛國的曹阿瞞，不知怎地，一見之下竟教他生出些許不安。

這天，袁紹、袁術兩兄弟爲歸葬母親靈柩，馳告全國，各地前來弔唁的賓客絡繹不絕，竟達三萬人之多。財大氣粗、羽扇輕搖的袁氏兄弟，藉此著實風光了一番。袁紹示意手下開放堡門，讓開大道，然後步下臺階親自迎候曹操。

「孟德兄一路風塵，神清氣朗，統御群犬，鷹瞰群雄，其勢如挾風裹電，直教袁某看花了眼。」袁紹上前執曹操的手，兩人併肩走上臺階，走入裡廂正廳。

兩位未來的冤家對頭稍事寒暄後，袁紹以一副體己的神情開言道：「孟德兄豢養這群猛犬雄鷹，想必寫有深意，不知能否相告？」

曹操欠一欠身，「關山遙度，虎狼夾道，養狗但為防身；夤夜苦讀，昏燭傷目，飼鷹只在練眼，豈別有他意？」

袁紹桀然一笑，「都說孟德兄精於韜晦，人所難測，今日一見，大非虛言。兄既不肯明告，袁某不才，願斗膽作一管窺，未知兄能否哂納？」

曹操啜一口酒，說：「請。」

「夫狗，位列畜科，情通上聖。狗性中有大善大惡，正如人性有大忠大逆。」袁紹輕揮羽扇，侃侃而談，「深明狗德，大有助於洞悉人情。調教演練，恩威並施，或賞之以肉，或懲之以棍，此與明主御臣僚之術，所差亦不甚遠，唯具宏智者能明其肌理。而鷹之為獵，富饒兵法，上下邀擊，左右馳掠，羽翼下萬千氣象。孟德兄腹隱奇謀，胸藏鐵甲，於鷹擊鷹瞰鷹翔鷹潛等種種鷹勢中，自不難悟出迴旋往復，倏進倏退之妙趣，他日施諸戰場，定然詭譎萬狀、震古鑠今。此即袁某一點微末心得，敢問合尊意否？」

曹操淡淡一笑，「本初兄謀深識遠，舌粲蓮花，使孟德頓生枯木逢春、老妓蒙召之感。然適才所說，獎譽過甚，以孟德之蒲柳敗質，不知何以克當。敢問，此三位翩翩少年便是令郎？」曹操掉轉話題，指著一邊侍立的三名孩童發問。

「正是犬子袁譚、袁熙、袁尙。」袁紹臉呈得意色，又特指著最小的袁尙介紹，「此兒稍習經書，熱衷弓馬，眼下正由魏郡名士沈配悉心調教。」

曹操一瞥之下，已看出洋溢在這三名貴府少爺身上的衙內習氣，但嘴上卻仍大大誇獎了他們一番，說些「年少英俊，前程無限」之類的客套話，袁紹聽得哈哈大笑。

這時，袁術（字公路）領著一班人物在袁家塢堡遊逛一圈後，也來到了會客大廳。其中有都鄉侯皇甫嵩、北中郎將盧植、西涼豪傑韓遂、長沙太守孫堅、荊州刺史劉表等，皆一時之俊，袁紹爲他們一一引介曹操。在袁家塢堡逗留的這些日子裡，曹操透過與各路豪傑的交往，藉此了解這個動蕩時代的大致輪廓。

這的確是一個飄搖不安、征戰連年的時代。北方的鮮卑、羌人等游牧部族不斷寇擾邊境，東漢在走馬燈似地更換小皇帝，和太后長期垂簾聽政、宦官外戚交替掌握軍國大權的形勢下，已日益顯出疲弱之態。當年光武帝劉秀大封三百六十五個諸侯，這些諸侯的世襲性質，使他們經過數代的家業積累，極有可能成爲凶險的地方割據勢力，而處於社會最底層的農人大眾，又不斷揭竿而起，侵襲州部。

※

曹操後來在好友王俊、鮑信面前，如此評論自己的汝南袁府之行，「袁紹外表謙和，內心猜忌，對我曹某似也不無忌憚。袁術眉宇步態，都有一股驕橫王霸之氣。此二人勢力極大，又各懷鯨呑四方之心。我擔心日後禍亂山河、顚覆朝綱，便從袁家塢堡開始。」

「此言極是。」鮑信接口說：「但你孟德君不會甘心作壁上觀吧？」

「我聽說……」王俊說：「已故的太傅陳蕃從不打掃自家的廳堂，自稱；『大丈夫橫行到四海，志在掃除天下污穢，豈能斤斤於數瓦舍之間。』我覺得這話若出自孟德兄之口，自然更爲貼合。」

曹操低頭不語，從桌上揀起一塊肉骨，隨手丟給那隻名叫「淮陰侯韓信」的金毛老狗，良久才說：「我與陳太傅不同，我也願打掃自家廳堂。」

自從受了曹操的作弄，叔父夏侯儉沒了曹嵩這個靠山，也就隨之失去了對曹操的約束力。

他是在一個雨夜去逝的，死的非常孤獨，死後三日，另一隻老在重複著說「天降斯人，意欲何爲」的灰頭鸚鵡也絕塵而死。有人說，這八個字便是夏侯儉彌留時的遺言。

第二章 棒打權貴，建立法治威信

老狗「淮陰侯韓信」的死，促使二十歲的曹操做出一個冷酷的舉動。首先是拆毀鷹巢，把所有的鷹隼放還給天空；接著，他送掉了那些對自己並非特別忠實的獵犬，剩下的五六條棒打不散的傢伙，則用一頓精美的毒宴悉數殺光。完事之後，曹操居然還有興致爲牠們入土立碑。

「狗秉土德，遇土成精。祝願你們黃泉得道，來日再做我的虎賁猛士。」在墳上說了這幾句話後，他轉身走上了去京城洛陽的官道。

※

在此之前，曹操已被推薦爲所屬州郡的孝廉郎。孝廉郎似當今的選美小姐，主要是一種榮譽，但此榮譽一經獲得，距仕途也就不遠了。

果然，在緊接著的熹平三年（西元一七四年），曹操就因選部尙書、大書法家梁鵠和尚書右丞司馬防（即司馬懿的父親）的推薦，做了洛陽的北都尉。當然，這中間免不了還有橋玄、何顒乃至許子將的功勞。

東漢首都洛陽，前身為呂不韋城，北依邙山，南臨洛水，地形險要，規模雄偉。全城共有十二座城門，城內有南北二宮，是兩座面積相等的正方形城中城，構成帝國的皇宮。城內亭臺樓閣、雕欄畫棟，極盡富麗堂皇之能事。

當時世界上堪與洛陽媲美的城市，大概只有羅馬帝國的首都羅馬；但說到場面派頭，七山之城（羅馬）仍及不上洛陽。

說洛陽富甲天下是一點也不過分的，當時，為了彰顯主人的豐隆富祿，洛陽城內的奴僕們大多也身穿錦繡衣，足登鹿皮鞋，犀象之器、金銀之飾，也是隨意披掛，奢靡之風、靡敗之氣，瀰漫整個都城的大小二十四街之間。

洛陽有南北東西四部，每部設都尉一人。都尉的官品不高，比縣令還低一級，職責是維持治安，相當於今天的警察局長。京城多大官鉅賈，有頭有臉的人物為數眾多，箇中最為飛揚跋扈、橫行不法的，當屬皇親國戚與宦官家族。而初抵京城、任職北都尉的曹操，怎麼看，都是個不起眼的毛頭小子。

這天，北面的夏、谷二門前聚集了很多人，大家爭看門兩側羅列的二十來根鐵棍。每一根直徑有五公分粗，分為五色，自上而下依次為紅藍白黑黃，赫然森列，煞是觸目。上面還懸掛著署名爲「洛陽北都尉曹操」的禁令，大意是禁止平民無故在城內佩帶刀劍，申時過後，所有人一律禁止出城，「若有違犯，不論豪強，棒殺毋論」。

有幾位膽大的青年，好奇的上前摸了摸五色棒，隨即吐了吐舌頭，說：「乖乖，這鐵傢伙一棍就可送去見閻王啊！」

難免有人在竊竊私語，說：「這曹操是什麼來頭？竟敢在皇城立規定法！」

「聽說他祖上是大太監曹騰。」

人群中立時引起一陣哄笑，「恐怕是冒牌貨吧！太監如果有後代，我家的大公雞八成也要下蛋了。」

「嚇唬嚇唬平頭百姓還可以，見了皇親國戚，這鐵傢伙還不成了棉花芯子。」說這話的是賣炭老翁。

※

立刻有兵士把這些市井碎語稟告曹操。此時曹操正和陳留太守張邈對弈，聽報後眼睛依舊專注於棋盤，頭也不回地下令道：「今日申時過後，你等全體與我巡城，不得告假。」

曹操棋盤左下角的數枚白子處境凶險，有點殺之虞。在自下而上並已波及右上方的一系列戰鬥中，曹操也得利甚微，棋子多位於高位。張邈已有三角在手，上方立二拆三之形，初計也有十目進帳，實已領先不少。

古棋與今棋不同，通常開手即展開白刃互搏，並沒有明確的布局、中盤、收官三階段，棋力純在於鬥力。但不管怎麼說，曹操在左側四路高壓的一隊白子，對全局俯瞰之勢，在中腹有著可觀的升值潛力。曹操算準了左下角可成打劫活門，遂悍然落子，以一著只有當今九段高手才可能下出的肩衝，鎮住上方的黑陣。此著一出，頓使盤面上的白子呈上下勾連、左右貫通之勢，而上方的黑子則現出薄形。

張邈困惑了。以當時的圍棋水準，曹操此手有悖常情。張邈亦非等閒之輩，他審視棋盤良久，說道：「孟德兄思逾常規、棋犯常理，令人大感意外。細玩棋意，莫非孟德兄想先上層樓，早攀高枝，以高屋建瓴之慨，行仗勢欺人之實乎？」

曹操莞爾一笑，「孟卓（張邈字）兄棋力高強，處處占盡先機，我乃迫於無奈，方出此下策，豈別有圖謀？」話雖如此，但明眼人已可看出，白棋已勝機微露。

張邈招架了三十來手，見己方的數塊黑棋頗似當年的六國，合縱之勢已破，分崩之形已成，而在右側關出的一顆白子，正如出函谷關的秦軍，威風八面，血口大張，堪堪將鯨吞天下。遂苦笑一聲，抓起數枚黑子擲於盤上。

「我輸了。」張邈的聲音裡不無傷感，「以棋論人，孟德兄大有帝王風範，既堂

第二章

棒打權貴，建立法治威信

堂正正，又詭譎非凡，我輩俗物，但知邊角經營，扭斷爭勝，境界相差太遠。」

「孟卓兄說哪裡話？勝敗乃兵家常事，何必自貶如此！何況兄乍抵京城，又有公務在身，心思旁騖，才使小弟僥倖得逞。」

「你不也是初抵京城嗎？」張邈反問了一句。

曹操不知道、但也絕對沒有想到的是，自此以後，陳留太守張邈再也沒有下過圍棋。

黃昏，一抹金色的夕陽斜披皇城，古秋泉內，波光灩灩，玄起門外，鐘聲隱隱。北都尉曹操，帶領五十名鐵甲武士，從鄰近濯龍園的衙署內出發，開始了對所屬轄區的巡邏稽查。

城外金市（洛陽三大市場之一）尚有少數市民小販，還在進行集中貿易，見官兵開到，霎時哄散。一名行走稍緩的賣炭老翁，為一伍長掀翻貨擔，擒拿到手。

「這老頭便是在夏門揚言五色棒專打平民，見了大官便成棉花芯子的刁民。」伍長告訴曹操。

「帶走。」曹操說。

酉時已過，暮色降臨，月色幽幽。曹操帶領手下已依次巡視了萬壽亭、臨平亭、長樂觀，此時正待從里商止折返谷門。突然，在飼鷹活動中練就一雙鷹眼的曹操，覺察到巷口拐角處銅光一閃，當即喝道：「站住！」早有兵士縱馬策韁，突前而去。

「奶奶的，你敢冒犯老子！」巷口傳來一聲叫罵，隨即聽見金屬落地的聲音。

此人年約四十，模樣驕橫，滿嘴酒氣，一雙縱慾過度的眼睛，在夜色下更覺晦氣。

初見此人，曹操心下一驚，繼而又心下一喜，「終於逮住個大傢伙了」。他是大宦官蹇碩的叔叔，洛陽城內公認的一霸。

「把犯人押上。」曹操憑几案而坐，桌上放著刻有「小侄蹇碩敬贈」的上好佩劍。

「你是何人？」曹操問道。

蹇叔仰天大笑，「洛陽城內不知道我蹇叔名頭的，除了墳墓裡躺的和娘肚裡待著的，大概只有你這個乳臭未乾的臭小子了。聽著，識時務的，快將好酒好肉端來，給爺兒壓壓驚。順便說一句，喝酒時沒個小妞給捏捏腿，可也不夠痛快。」說畢，竟當堂敞開衣襟，就勢睡臥在地。

曹操眉頭乍蹙，轉眼又笑容滿面，「你提刀夜行，違我禁令，自當棒殺無疑。當然，一頓送終酒席，免不了總還有你吃的，你等著享口福吧！」

蹇叔躺在地上，竟然發出死豬般的鼾聲。

「押下死牢。」曹操下令道。

「賣炭翁如何處置？」伍長問道。

「一併收押，明日辰時，在夏門候棒。」

※

聽說蹇叔犯法，將要伏刑，洛陽市民雖不相信，但也想看個究竟，因此辰牌未到，夏門口已聚集了上千百姓。選擇夏門而不是在衙門內收拾蹇叔，本來就有殺一儆百的目的，因此曹操當然樂的有人圍觀。二十名兵士各執五色棒，場面既壯觀，又陰惻。

酒醒後的蹇叔見此陣勢，不覺嚇癱了。兩名兵士把他一把拽下囚車，按翻在地，雙手雙腳各綁上預先插在地上的四根鐵釘內，使其成八叉俯臥勢。說句實話，一隻待宰的肥豬，也不見得比此時的蹇叔更爲狼狽。

伍長當場宣讀完棒殺令後，曹操大步上前，用靴尖掂了掂蹇叔的下巴，問他還有什麼遺言。

「曹大人，看在我侄子與您祖父俱爲宦門的分上，饒我一死吧！論輩分，我還是您的長輩呢！」

曹操猛地收回靴尖，蹇叔的下巴出其不意磕在地上，不覺「哎喲」一聲，磕脫兩顆鑲金虎牙。

「行刑！」曹操退回一側，按劍佇立。伍長已率先抱棒在手，正待下棒。

「棒下留人。」東南方一匹白馬疾馳而來，看馬上人裝束，當是一名黃門小太監。

曹操知道那是蹇碩派來說情了，遂聲色不動，朝伍長點了點頭。但見精光揚起，五色交錯，待小黃門衝決人流，滾鞍下馬，肥大的蹇叔已腦開睛凸，化爲一汪模糊肉醬。

「來人可是爲蹇大人說項的？」曹操招呼道：「可惜馬蹄稍遲，未及遵命，昨夜犯法，提刀私行的蹇叔已經伏誅。茲有寶劍一柄，乃蹇大人當年敬贈乃叔之物，煩請轉交。冒犯之處，來日曹某當負荊請罪。」

圍觀人群中發出一陣哄笑。小黃門看著蹇叔的屍首，冷笑一聲，「曹阿瞞，你不覺得吃多了豹子膽嗎？後會有期。」說罷揚長而去。

伍長吩咐把賣炭翁押上來。剛才棒殺蹇叔，老頭已全部看在眼裡，但看得出這是個倔強的老頭。

「老丈昨日申時過後，依舊逗留金市，違我禁令。」曹操說道：「且據說有侮慢本官之辭，該當何罪？」

賣炭老翁立在原地，不置一辭。

「論法，理當棒殺。」曹操繼續說道：「今姑念老丈年逾古稀，殺之不仁，本官特法外加恩，只稍示薄懲。老丈嘗以『棉花芯子』輕視我這五色棒，我今即以棉花棒法加於老丈。請棉花棒法。」曹操對伍長擺一擺手。

人群中再次發出哄笑。這一次與上次已有所不同，減少了痛快感，增加了佩服。在哄笑聲中，伍長操起五色棒，在老頭的臀部上鬆鬆垮垮的拍了五下。

不用說，蹇叔之死，使初出茅廬的曹操名聲大噪。平日作威作福、橫行街市的潑波無賴、衙內公子們，紛紛逃離曹操轄區。當然，對曹操恨之入骨的也大有人在，其中首推大宦官蹇碩，但鑑於曹操多少也算有點來頭，且爲官清廉，沒有留下什麼把柄，一時難以懲治，蹇碩等人便以薦舉的方式，把曹操趕出洛陽，做了頓丘的縣令。

不久，曹操又因堂妹夫宋奇謀反一案，被人趁機奪了官職，遣返回到老家譙縣。

※

光和二年（西元一七九年），曹操娶同鄉卞家小姐爲妾。

曹操此前已有丁、劉二妻。元配妻子丁昭因無法生育，整天憂憂戚戚、淚流滿面，數年後竟眞的瘋瘋癲癲了，只要聽到哪兒有嬰兒哭聲，便不顧一切衝將過去，嘴裡直嚷著「我兒我兒」，非得有四五個壯健家丁才能把她架回屋內。二房劉儀，爲曹操生下一子一女後，也早早死去。卞姜雖是曹操的第三房太太，卻也是眞正使曹操萌生夫妻情份的女人。儘管曹操天性中不乏風流，此前此後也頗有狎妓嫖女之行，但眞正使曹操敬重的，也唯有卞姜一人。

卞姜比曹操小六歲，父親乃宮廷樂師，社會地位不高。她身材嬌小，容貌端而不豔，說話總是細聲細氣的。簡言之，是一個外表文靜而內心極有主見的女人。她當然能看出夫君的非凡才能和遠大志向，因為性格內向、不樂房事，用今天的話，屬於那種天生陰冷的女性，因而在別的方面對曹操格外關照，竭盡妻道。

曹操好像並不在乎妻子的冷漠無情，何況以當時的道德水準，男子戶外尋歡，既沒有沾染愛滋病的危險，也談不上有何不光彩，而京城裡，甚至宦官閹豎都在誇說房中術。曹操知道，為了成就自己的志向，他正需要一位如卞姜這樣堅強、賢惠的女性伴侶。事實上，在曹操日後顛沛流離、出生入死的戎馬生涯中，卞姜從來不曾離開過她的夫君。

至於原配夫人丁昭，一個瘋女人，曹操早晚會把她休卻的，免得她整天「我兒我兒」的，敗壞曹操的名聲。暫時，曹操就像後世一個名叫羅切斯特的英國紳士做的那樣，把髮妻鎖在一間屋子裡再說。好在丁昭已差不多是個失卻時間意識的人了，只要不聽到嬰兒哭聲，她便可坐在紡車邊，從早到晚，不停的織布。當然，為了第二天還有活幹，侍女們還得把織成的布匹重新還原成紡線。

※

閒處光陰易過，幾年來，曹操除偶爾被徵拜爲議郎外，其餘時間大多是在老家度過的，平日裡仍是騎馬打獵、翻閱兵書，或走州跨郡、交結朋友。

在徵拜爲議郎時，曹操頗熱衷向皇上上書，指責宮廷過失，陳述治國方略，是曹操上書的主要內容。只是，當時的漢靈帝實在是太昏聵了，他登上皇位時年僅十二歲，喜歡的遊戲是騎驢玩狗，還特別愛慕金錢，他不僅殺死了扶持自己上臺的大臣竇武，連自己的皇后都不放過，還把老岳丈宋酆打入死牢。他特別寵信宦官，對號稱「十常侍」的十位大太監，更是敬重到顚倒君臣的地步。他管大太監張讓叫「爸爸」，管大太監趙忠叫「親娘」。在他執政的年代，朝綱紊亂，賦稅大增，各地的農民作亂此起彼落，愈演愈烈，東漢江山岌岌可危。

顯然，試圖讓這樣一位皇帝老兒接受曹操的反覆上諫，注定是徒勞的，曹操很快就看出了這一點，從此便不再上書，對朝廷的幾次召命，也藉口身體不好，加以推辭。

※

「天下就要大亂了！」一次袁紹來訪，對曹操說：「這正是志士仁人奮發有爲的時刻，孟德兄何故捲戈袖手、一意觀望？」

「是嗎？」曹操佯裝不解，並故意答非所問，「今夜譙河東岸的孫家少爺迎娶新婦，孟德探知此女天生國色，有傾國傾城之貌，若得銷魂一宵，亦不失為人間樂事。本初兄若不欲『觀望』，咱倆便今夜動手，把那甜妞劫將過來。」

「一言為定。」兩人哈哈大笑起來。當然，兩人心下所想，無疑是有所不同。袁紹覺得曹操過於不可思議。對於袁紹如此不拘身分、能屈能伸，曹操也暗暗佩服。

很不湊巧的是，黃昏時分竟然下起了小雨。這雨愈下愈大，到頭來竟成傾缸豪雨。曹操弄了一艘舟子，兩人身披蓑衣，腰佩短劍，直向譙河東岸駛去。

到得孫家大院，兩人決定先分頭察看一下院落路徑，再行定奪。袁紹也真是好樣的，為了身手敏捷些，他一把掀脫蓑衣，提劍在手，一貓腰即已閃入門內。曹操冷的牙齒直打顫，便順手摑了自己一耳摑子，也就勢跟入門內。今日乃孫家大喜，所有僕人都得到犒賞，眼下全在屋內划拳喝酒。偌大的院落竟空無一人。不一會兒，兩人巡視完整座大院後，已在左廂房廊沿上會合。

「天助我也。」曹操低聲說：「新房已經鬧罷，一場大雨滅了賀喜人的興致，不少賓客要麼本來就藉故沒來，要麼已趕在雨前開溜，只有少數人在廳堂打牌。僕人都在下院。新房恰在西廂，有側門可通譙河，距船僅百餘步。若能賺得賓客僕人們齊奔正南大院外，美事成矣。」

「袁某也瞧見了。」袁紹色迷迷的接口道：「適才小可舔破窗紙，親見新郎已爛醉如泥，不知人事。我的妙人兒滿面愁容，粉妝淚濕，好不招人憐啊！」於是兩人低頭附耳，嘀咕一陣。

約莫過了一個時辰，屋內人大多不勝酒力，困倦欲睡。忽聽一聲驚叫：「什麼人？有賊！」接著便有酒罈踢翻、刀劍相交之聲傳來。袁紹發出一聲忽哨，惹得房內眾人急忙忙湧出。曹操躲在柱廊後面，高叫道：「賊人已竊得珠寶，出南門去了。」混亂中難辨眞假，這一撥家丁賓客便操槍的操槍、持棍的持棍，鬧鬧嚷嚷追出院外。

袁紹倏地返身，搶入西廂新房。新郎依舊爛醉在牀，新娘剛要叫喚，被袁紹桀然一笑，掩住嘴唇，並隨手一挾，出得門來。曹操將身上蓑衣脫下，蒙在新娘身上，兩人便奔向譙河，蕩舟而去。

船抵河心，兩人禁不住哈哈大笑。「孟德兄，該是擲骰子的時候了吧！」袁紹提醒曹操，雙手卻依舊死死抱住新婦。

「不必了。」曹操的回答大出袁紹意外，「此女雖國色傾城，然豆蔻之花，當屬兄摘。且本初兄遠來造訪，論理，操亦當稍備薄禮，以盡東道之誼。操已決意割愛相贈，兄請自用吧。」

「此話當眞？」袁紹喜出望外，「孟德兄如此慷慨，本初可實在受之有愧。」

「兄毋多言。」曹操說：「孟德家中尙有糟糠之妻，今夜繾綣，原屬分內之事，不比本初兄單身孤棲。」

「孟德兄如此雅意，袁某只能恭敬不如從命了。袁紹自詡非忘恩負義之人，容當後報。」袁紹向曹操拱了拱手。

這位名叫紅蓮的姑娘，第二天便被袁紹帶回冀州都城去了。在那裡，她成了袁紹的第七房妻妾。當然，自古紅顏多薄命，紅蓮後來也沒能例外……

※

中平元年（西元一八四年），波瀾壯闊、震驚朝野的黃巾賊爆發。亂軍首領張角也算得個江湖異人，他稍通醫術，頗知符咒，自稱「太平道人」，熱衷於傳醫授藥，並暗中收買黨羽、培植人心。經過長達十年的苦心經營，張角與其兄弟張寶、張梁及五百多名徒弟，已在全國各地州郡埋下禍因，故一旦發難，立時全國沸騰，且人數達到百萬之多。因爲所有的亂軍都頭裹黃巾，這支隊伍便被叫做「黃巾賊」。

亂軍變起倉卒，一開始就使東漢王朝措手不及、節節敗退。各地州郡相繼失守，一大批刺史太守縣令被殺。朝廷一邊調集重兵守衛京城洛陽，一邊又任命北中郎將盧植、右中郎將朱儁和左中郎將皇甫嵩，分頭鎭壓黃巾。

賊。

曹操此時得到朝廷任命，官拜騎都尉，與皇甫嵩、朱儁聯合，鎮壓潁川的黃巾

從少年時與張邈、衛茲在老家後山操練奴婢時起，曹操就夢想著有朝一日官拜大將，馳騁沙場。今日蒙召，自然耀眼非凡。再說，從曹操的立場出發，他也理所當然的將黃巾賊視爲敵手。夫人卞姜在一邊默不作聲的爲曹操準備行李，她當然最知曉曹操心事，沒忘了把夫君最心愛的《商君書》、《六韜》、《孫武子》及《司馬穰苴兵法》等裝入行笈。

「夫君此去多艱。黃巾賊人多勢眾，嗜殺成性，不比尋常盜寇，還請夫君專意珍重，不致大意。家中之事，妾自會料理，專候夫君平安來歸。」卞姜說。

「賢妻放心。」曹操輕撫著卞姜瘦弱的肩膀。「愚夫此行，非似尋常郊遊出獵，估計不日即可得勝榮歸。家中之事，雖小亦繁，賢妻擔荷不輕，只能偏勞了。」

出發前，曹操先去祭掃了亡妻劉儀，也沒忘了去探望一下髮妻丁昭。丁昭似乎已完全忘記了曹操乃結髮夫君一事，只是兩眼發直轉著紡車，對曹操擱在自己肩膀上的那隻手，竟毫無知覺。曹操坐在一邊，默默地將丁昭今日織成的布匹一一拆下，然後嘆息一聲，出門而去。

唉！說來黃巾賊也不是曹操對手。曹操雖初出茅廬，但統兵布陣極爲老辣圓滑。

潁川一戰，曹操以五千兵力，配合皇甫嵩、朱儁的三萬軍士，竟將十二萬黃巾賊誘入絕谷。曹操在唯一的山道出口處焚起焰炎，風助火勢，如一條火軍殺入谷中。那些進退不得的黃巾賊，大多被嗆熏而死。皇甫嵩上報朝廷奏功，稍帶著也替騎都尉曹操美言了幾句。

於是，該年十月，曹操被任命為濟南國相。

※

濟南國相，較之當年的洛陽北都尉，官品已高出不少。當然，東漢時的濟南，不等於今日的山東省首府，前者的面積要大得多，除了今日的濟南市外，轄境還包括今日章丘、濟陽、鄒平諸縣。國相等同於太守，乃一方的行政長官。

據說，當時濟南國田地荒蕪、凋蔽不堪，官僚官官相護，貪贓枉法，且民間盛行迷信，烏煙瘴氣，巫婆神漢、宗廟祠堂，所在多有。如果人間眞有鬼城，多半便在此地了。

傳說，曹操上任僅八天，就一舉罷免了八位縣太爺。第十三天，他率領一支兩千人的軍隊，用三天時間巡視了整個轄區，將沿途撞見的六百多座宗廟祠堂，全部夷為平地；將沿途捉獲的九百多名巫婆神漢，在一個時辰內全部斬首。顯然，如果天煞星到此地一遊，所做的也未必比曹操更辣手。

又傳說，曹操從民間拔擢了二十多名能人異士，使他們平步青雲、榮膺重任。曹操親率文武官員及數千官兵開荒種地，使百姓傚尤，原來外出避禍的本地人氏也紛紛舉家遷回，重操舊業，一時百業興隆，復甦有望。

還聽說，短短僅三個月，濟南國已成了當時東漢王朝內一塊罕見的淨土樂園。如果眞有觀音娘娘，曹操莫非是她的娘舅？

反正，曹操志得意滿，二十五年後回顧自己一生時，對自己在濟南任上的所作所爲，仍不無驕矜。我們從當時曹操寫的一首〈度關山〉詩中稍稍摘引幾句，也不難看出他的滿腔豪情。詩曰：

天地間，人爲貴。
立君牧民，爲之軌則。
車轍馬跡，經緯四方。
……

※

這天，曹操從衙署辦公回家，見桌上一反往常，多了幾碟菜餚，其中一盆黃河鯉魚，色澤金黃、鬆脆誘人。

「夫君執掌郡國，政績彪柄，宵小遠避，下民稱幸。妾今日特備薄酒，與君道喜。」卞姜一邊說，一邊把剛燙下的酒爲曹操斟上。

「多謝夫人厚愛。」曹操端起酒盅，「只是，愚夫鎮日忙於政務，常常數旬不歸，也給夫人增憂添繁。愚夫心下頗爲不安，在此也一併向夫人銘謝，請乾此杯。」

「妾不敢當。男子主天下之事，女子主一室之務，乃天下至理。妾今生得伺候夫君，灑掃庭院，已屬叨天之福。」

「夫人差矣！」曹操說：「善理及事，方可望齊家治國，平撫天下。家事不修，卻欲致君堯舜，統領萬邦，以愚夫看來，亦屬無稽。愚夫明日當卸脫烏紗，爲賢妻升灶。」

「夫君何出此言？」卞姜聞言大驚。

曹操嘆息一聲，從袖中抽出一封書簡，遞給卞姜，「人言可畏呀！今日家嚴來函說，朝中紛擾，腐敗已極。近日向皇上上書，彈劾我曹操的，也時有所聞。雖事多不實，言每妄造，然既寄身亂世，亦當思全身避禍之策。揣摸家嚴書意，似亦有命我抽身引退之情。因此，我已上書皇上，辭掉了濟南事務。」

「那麼！」卞姜小聲問道：「夫君下一步作何打算呢？」

「回譙縣老家吶。」曹操苦笑，「依舊春夏讀書，秋冬遊獵。月魄當空，與夫人繾綣。我想，我們也該有個兒子了吧？」

「瞧你說的。」卞姜羞怯的低下了頭，「夫君啊！你也真糊塗。小妾已數月不來月信了。」

「真的，如此說來，只怕是有了？」

「是的。」卞姜深情地看著曹操，「那夜蒙君厚愛，與妾雲雨，當日夢中，妾屢次被一頭金錢猛豹驚醒。現在尋思，只怕是應驗夫君將有一名兒郎吧！」

第三章 偶逢舊識，興義兵伐董卓

張角病逝，張寶、張梁先後戰死沙場，至此，轟轟烈烈的黃巾作亂宣告失敗。當然，仍有不少黃巾餘黨在青、豫等州郡繼續反抗官府、侵襲郡縣。黃巾作亂不僅本身大大地動搖了東漢政權，在鎮壓黃巾賊的過程中，也造就了一批亂世豪傑，如皇甫嵩、盧植、公孫瓚、孫堅、劉備等，當然也包括曹操。這些人擁兵自重、割據稱雄，各個以一種可怕的觀望姿態，環伺都城，靜待其變。

都城洛陽，依舊是宦官們的天下。張讓、趙忠、段珪、蹇碩等十常侍，專意諂媚皇上、陷害忠良，搜刮民財、聚斂財富。實力稍稍可與宦官們對峙的大將軍何進，也只是個昏庸無能的角色。他早年是個殺獵能手，仗著妹妹的姿色（其妹何太后乃皇子劉辯之母），才得以平步青雲、執掌重兵。宮內還有董太后，乃漢靈帝的母親。靈帝多病，明眼人初初一看，便知此位皇上休說萬歲，只怕連四十歲也活不到。兩宮爭寵，宦官與何進弄權不休，兩位皇子劉辯、劉協，也在爲爭得皇位繼承人而私下較勁。

中平二年（西元一八五年）洛陽，南宮發生火災，一把火足足燒了半個月。行將就木的漢靈帝，竟然再次下令增收賦稅，在宮中大興土木，鑄造銅人，還在西園修築一座萬金堂，瘋狂聚斂皇家財富。錢多了，難免睡覺也不安寧，變得格外擔驚受怕。最能揣摸皇帝心意的張讓、趙忠更趁機出主意，說皇帝需要一支禁衛軍，以加強宮室安全。毫無主見的漢靈帝更是一口答應，西園新軍就此成立，它的頭目正是被曹操棒殺掉叔叔的蹇碩。

與其說西園新軍是皇帝的禁衛軍，還不如把它看成宦官們的私家軍隊。由於曹操的父親曹嵩新近花了一些錢買了太尉的官銜，爲了拉攏關係，蹇碩竟然提名曹操充當西園新軍的將領。曹操任典軍校尉，袁紹也同時上任，任中軍校尉。蹇碩自爲上軍校尉，另有右校尉淳于瓊等五人。

於是，時隔十四年，曹操攜妻子卞姜及兩歲兒子曹丕，再度來到洛陽。

「孟德，你好大的膽吶！」比曹操官職略高的中軍校尉袁紹，一日深夜來訪，進了門就嚷道：「當年你棒殺蹇叔，連遠在冀州都城的袁某都爲你捏了一把冷汗，今天你居然還敢回返洛陽，並且偏偏就任職蹇碩手下。你不怕當初還給蹇碩的那把劍，哪天又重新飛臨頭下嗎？」

「斷頭之事，豈有不怕之理。」曹操與袁紹分賓主入座，「只是，本初兄若處在我的境地，難道會拒不應命嗎？」

袁紹被曹操點破心事，一時語塞。

「天下就要大亂了！」曹操學著袁紹的口吻繼續說道：「『這正是仁人志士奮發作爲的時刻，孟德何故捲戈袖手，一意觀望？』」當年金言，操可一刻未敢稍忘。且天地循環、交互作用，蹇碩有利用我的居心，我又何嘗不能也借用於他呢？何況，本初兄此番來京，想必也是尋一方用武之地，藉此施展抱負，鵬程鷹揚，談膽論志孟德概處下風。不知本初兄此來，有何雅教？」

這天，袁紹與曹操密謀了好幾個時辰。兩人雖然同在蹇碩手下，但對宦官統治幾乎都有切齒之恨，因此，對於宦官們的死敵大將軍何進，反而都覺得有利用的必要。袁紹暗中已取得何進的信任，曹操與何進手下的三位大臣何顒、荀攸、鄭泰也有所交往，對荀攸（字公達）尤其敬重。袁、曹兩人一致認爲，當下要務，宜先在洛陽站穩腳，同時保持警覺，增強聯絡，一旦朝廷有變，務須行動迅捷，先機早占。

「公路兄近來可好？」末了，曹操向袁紹問起袁術。

「人各有志。」袁紹回答道。

曹操早知這一對同父異母兄弟久已失和，各懷異心，也就不再多問。

「還有！」袁紹又補充道：「根據可靠的消息，靈帝近來疾病加劇，也許熬不到今年中秋。」

※

夏末秋初，靈帝駕崩，連皇位繼承人都沒有定下。何太后之子劉辯是長子，按說皇位非他莫屬。但劉辯一旦登基，必然聽信母命，重用何進，宦官們的末日也就差不多來臨了。因此，宦官們極想廢長立幼，將生身母親被何太后毒殺、自幼由董太后及太監蹇碩撫養的幼子劉協立爲皇帝。而要做到這一點，必須先把握有重兵的何進除掉。

「此事易如反掌。」蹇碩對張讓等人說到：「我們先秘不發喪，派人假借皇帝名義，宣召何進上殿，商議軍國大事。我們預先設好刀斧手，何進一到，即刻斬首。」

「此計大妙！」張讓、段珪等人連連點頭。

蹇碩沒有想到的是，宦官隊伍裡早有何進安插的內應。一個名叫潘隱的小太監聞訊後，偷偷騎了一匹快馬，前來何進宅第報信。

當時袁紹、曹操恰在何進府內議事，袁紹見何進面無人色，且當即進言道：「皇帝駕崩，新君未立，此時先下手者將握有天下。若借我五千人馬，即刻入宮，誅盡閹豎，掃清朝廷，那時冊立新君，天下可安。」

何進是個沒主意的人，聽說後即點了五千御林軍，交付袁紹。那邊蹇碩已伏下刀斧手，專候何進來到，誰知宮門一開，全副戎裝的袁紹已率領五千人馬，驟然殺人。可憐蹇碩，只剛剛說了一句「本初，你想造反呀！」，袁紹已手腕一翻，長劍乍遞，當眞是反掌之間，喉嚨刺破。五十名刀斧手，轉眼也已血濺當場。

何進率領何顒、荀攸、鄭泰等十餘名大臣，隨後進殿，在靈帝柩前，立太子劉辯爲皇帝。

張讓、段珪等大太監見狀不妙，慌忙逃入內花園，乞求何太后「救命」。何太后見自己的兒子已被立爲皇帝，自以爲美願得遂，大事已成，若多開殺戒，恐對新立的皇帝帶來不祥之兆，便答應下來。何進本來就是仗著妹妹發跡的人，多年來對妹妹言聽計從。再說，何進這個大將軍，平身除了慣於殺豬宰羊外，並沒有在戰場上立過寸功，對殺伐之事，多有畏懼。何況，爲了加強自己的力量，他已暗中派人，召鰲鄉侯、西涼刺史董卓來京。

何進對眾人說：「到時，軍國大事，俱統於我一身，區區閹豎，又能成何氣候？」

何進如此得意洋洋，還有一個原因，即朝中威勢煊赫的董太后，數日前已被他暗中派人毒死了。

袁紹說：「留著這群宮廷閹豎不殺，終究是個禍害，不知孟德兄有何高見？」

「我倒想先聽聽荀公達的看法。」曹操用眼睛看著坐在對席的荀攸。荀攸俯下身，猛地咳嗽起來，這咳嗽如此劇烈，一時間彷彿有萬千痛楚，在侵擾荀攸的肉身。

曹操當即會意，便不再勉強，說出了自己的看法，「宦官太監，古今多有，今天殺了一批，明天冒出一群，殺是殺不完的，況且宮廷裡可缺少不了這等角色。射人先射馬，擒賊先擒王，只要除掉張讓等十常侍，不愁朝中不寧。至於召董卓進京，孟德也不敢附議。董卓的爲人，我們多少都有所耳聞，只恐怕前門方驅狼，後院已進虎。」

「孟德君言之有理。」曾經與董卓共過事的盧植插話道：「此人自幼被一頭母狼叼走哺養，後來落入羌人手中，肚裡計謀百出，腹中野性未除。尙武好鬥，能左右開弓，射人於百步之外。立身行事，合於人道的少，合於獸道的多。那年他被黃巾軍打敗，亂軍叢中，我早年的學生劉備與他的結義兄弟關羽、張飛正好趕到，殺散追兵，救了這傢伙一命。誰知，僅僅因爲劉玄德出身低微、無官無職，董卓竟連一句好話都沒有，就打發救命恩人上路。依盧植之見，董卓實在只是一頭具有智力的狼啊！」

何進冷笑一聲，「兩位如此說來，不知視我何進爲何許人也？難道我何某招得董卓，卻又制服不了他嗎？我意已決，各位不必多言了。」

在座眾人面面相覷，軍機會議不歡而散。

※

「公達，請留步。」曹操在路上叫住荀攸，「剛才先生在席上施的咳嗽功，實在厲害之極，連何進都被蒙了過去。」

「不是沒瞞過你孟德君嗎？」荀攸微微一笑。

「先生錦囊深鎖，想必大有深意，不知能否相告，開我魯鈍？」

「孟德君席間慷慨陳辭，曉明利害，結果反惹何進不快。荀攸籍籍無名，又何必冒昧上諫呢？」

曹操拍拍荀攸的肩膀，哈哈大笑，「正如大將當知用兵與不用兵之機，謀士亦當用計與不用計之時。知曉用計，孟德所長；決然罷策，公達獨專。先生明哲，孟德甘拜下風。不知孟德他日有難，先生能否挺身相助，爲我策畫？」

荀攸心下一動，嘴上仍是平靜如常，「處此亂世，能自保全身，已屬萬幸。又何敢妄動唇吻，相助閣下？」

「公達何出此不吉之言？」曹操問道。

「是世道不祥，非言語不吉也。」荀攸說罷，向曹操拱了拱手，急速離去。

※

董卓的三千虎狼軍，駐紮在離洛陽不遠的澠池，按兵不動，觀望動靜。顯然，蹇碩被殺，西園新軍被收編，劃歸何進帳下，董太后慘遭毒手，董卓又陳兵京郊，虎視京城，這一連串的突發舉動，使張讓、段珪及曹操的曾祖父曹節等大宦官們蒙受重創，急急如熱鍋上的螞蟻。

「照此下去。」段珪對張讓等人說道：「我輩被何進那小子滅族，只怕是早晚的事。」

「所言甚是。」張讓答道：「只有設法除掉何進，使其群龍無首，不戰自亂，我們方能重新站穩腳跟，握住朝綱。」

兩人便竊竊私語起來。

※

「何太后有旨，傳大將軍何進上安福殿議事。」這天，何正與袁紹、曹操、荀攸等人在廳堂議事，忽然有一個黃門侍郎上前來報。

「將軍不可輕舉妄動。」曹操告誡何進：「往日太后傳旨，都是派潘隱來報，今日突派一個陌生黃門（注：宦官），此中莫非有詐？」

「孟德君如此畏首畏尾，投鼠忌器，如何能成大事？我何某龍驤京城，虎步天下，四方豪傑，齊集帳下。今日家妹相召，尚且畏畏縮縮，豈不要讓天下人恥笑，嗯！」

「將軍既出此言。」袁紹說道：「請允許本初率五百人馬，爲將軍保駕。」

「本初君若想在皇城散散步，請自便。」何進傲慢地說道，然後大步走出，見他的妹妹去了。

袁紹看了曹操一眼，曹操說道：「此駕非保不可，宮廷翻覆，只怕就在今日。」

袁紹點頭同意，「如此，我與公路先率五百軍士前去，煩請孟德兄隨後接應。」

袁紹、袁術的五百兵士來到青瑣門外，袁術高聲叫道：「府中有事，請何將軍立刻回府。」語音剛落，一顆血淋淋的人頭已從牆內扔出，恰落在袁紹的馬下，一看，正是大將軍何進。

袁氏兄弟四目一對，當即拔劍出鞘，刺翻兩名宮廷衛兵，手下兵士一見，都各拔劍在手。袁紹、袁術兩匹快馬當先衝入青瑣門內。一時間，宮中烈焰騰空，殺聲四起。

等到曹操率兵來到，宮中已是濃煙滾滾，屍橫遍地。十常侍的家屬及其餘兩千餘大小宦官，轉眼間已身首異處，魂歸西天。曹操命令兵士迅速救火，同時會合袁紹、

第三章

偶逢舊識，興義兵伐董卓

袁術，在宮中搜捕張讓、段珪等大太監。

「還有！」曹操吩咐道：「不要走失了皇帝。」

張讓、段珪等人已簇擁著皇帝劉辯、陳留王劉協及太后等人，經由宮中地道逃出了洛陽。在澠池一直按兵不動的董卓遙見洛陽火起，當即號令三軍，鼓譟而來，正迎上皇帝一行。張讓等人自感大難臨頭，紛紛跳河而死。至此，橫行多年的宦官專政宣告結束。

皇帝落到了董卓手中。

袁紹、袁術兩人已趕在董卓進城之前，逃離了洛陽。曹操暗中將兒子曹丕送回老家譙縣，自己仍決定留在都城，觀望時局。

※

何進與宦官兩敗俱亡，皇帝出逃，朝綱崩弛，京城瘡夷滿目。這樣，當西涼刺史董卓率領三千虎狼軍挾持皇帝回朝時，偌大都城已無人可與之抗衡。儼然以救世主自居的董卓乍抵洛陽，立刻便顯示出自己的才能，不枉了當年那頭母狼的哺育之恩。請看他的一系列所作所為——

第一步便拿皇帝開刀。劉辯，這個才登基沒幾天、對皇上御座還不知如何坐法的小皇帝，被董卓以「懦弱無威儀」的藉口趕下御座，貶為弘農王，而將陳留王劉協立爲新君，改年號爲永漢。時年不過九歲的劉協，便是東漢的末代皇帝漢獻帝。當然，劉辯的母親何太后，董卓沒忘了用一杯毒酒，灌入她腹中。

擅自廢立君王，難免會引來各大臣的不滿。這事好辦，先殺幾個再說，如尚書丁管、校尉伍孚等，看誰還敢不從。爲了不留後患，徹底俏除他人的異心，董卓對自己的心腹愛將牛輔說：「去，再弄杯酒給弘農王劉辯嚐。」

董卓興致來時，狼血沸騰，便吩咐部下備好戰馬，外出打獵。只是，董卓並不喜歡豺狼虎豹、牛羊豬狗，他中意的獵物是人，喜歡的獵場是市場。三天前剛剛洗劫了南市，這天又闖到陽城。手下人迅速散開，如籬笆一樣在四方站定，上千名正在趕集的平民被圍在核心。董卓一聲令下，西涼兵張弓便射、舉刀便砍，一時間血肉紛飛，頭顱滿地。董卓最後吩咐道：「把男人的頭顱掛上馬車，娘們全部帶走，收爲奴婢。」

回到洛陽，董卓竟然對漢獻帝報告說：「適才剿滅了一支黃巾餘黨，斬敵千人。」

這時，董卓的身分已是朝廷丞相了，而且可以帶劍入宮，參見皇帝不必通報。

當然，董卓得以籠絡部下、威震京城，光靠殘暴是不夠的。這頭「具有智力的狼」，還是個收買人心的高手。首先，他將大量財物分給部下，以贏得他們的效忠。

第三章

偶逢舊識，興義兵伐董卓

接著，又大封功臣，而所有與自己沾親帶故的人，一概不在受封之列。他將已逃回冀州鄴城的袁紹封為渤海太守；又將學問淵博、名震天下的蔡邕強行召來，在一天裡三次升他的官。

最使董卓得意的是，他收買了荊州刺史丁原的乾兒子呂布。當時丁原負責維持京師治安，是唯一可對董卓構成威脅的人。丁原本無足道哉，但他的乾兒子呂布太可怕了。此人體貌魁偉、武藝驚人，憑著手中一支方天畫戟，在三回合之內，他可以將董卓手下任何一位武將刺下馬來。但呂布有勇無謀、見利忘義，董卓仗著愛婿李儒與呂布是同鄉的關係，用五箱珠寶和一匹赤兔寶馬，竟然說得呂布刺死丁原，前來投靠。呂布大概是個有拜乾爹癖的人，義父丁原剛死，轉眼便又對著董卓叫起了「爹爹」。

※

董卓當年與黃巾交戰，連吃敗仗，兵將折損不少，他能帶到洛陽的，只不過區區三千人。為了虛張聲勢，董卓便讓部下趁著黑夜溜出城牆，第二天一早再列隊進城，一連二十餘天，給人一種董家軍源不斷的錯覺。

這一著確實高明，只可惜沒能瞞過一個人——曹操。

「聽說洛陽有個曹操，頗有手段，不知你以為怎樣？」這天，董卓在席上問自己的愛婿兼第一謀士李儒。

「此人若能羅致到丞相帳下，自然大好。」李儒捻著鬍鬚，「我聽說他熟讀兵書，當愛吟詩，爲人精警果斷、沉著老辣，是個志向深沉的人物，但不知他是否肯來就仕。」

「不來！」董卓臉色一沉，「就宰了他。」

「小婿正是此意。」李儒乾笑道。

※

「奉丞相令，有請典軍校尉曹操到相府議事。」三位持戟兵士在曹操第前呼喚。

「好大的面子呦！」曹操迎出門來，「區區孟德，竟蒙丞相辱召，足見董丞相禮賢下士，不亞周公。三位壯士請稍坐，容曹某換一身體面些的裝束。請坐，請坐！」

說罷，曹操進入內室。

三位兵士在外等了近半個時辰，仍不見曹操出來，心知不妙。

「曹將軍緣何遲遲不出？」一兵士叫了一聲，室內毫無動靜，三人同時舉戟，闖入門內。

咦！室內已空無一人，唯牆頭一柄短劍，鎮住一張紙條，上面潦草地寫道：「丞相盛情，恕不奉命，來日沙場，相見未遲。隨贈短劍一口，聊爲兵刀之識。曹操。」

三位兵士大驚失色，急忙歸報董卓。

董卓血沖腦門，勃然大怒。女婿李儒相勸，「丞相毋憂，可迅速關閉城門，捉拿曹操。再畫影圖形，派快馬四處張貼，配以鉅額賞錢，不愁抓不到逃犯。」

董卓仍餘怒未消，對三個兵士喝道：「如此廢物，留你們何用？」話音剛落，乾兒子呂布已擲出方天畫戟，大步上前，拔出佩劍，就地一轉，三顆人頭已同時落地。

如果董卓是個殺人不眨眼的暴君，呂布則是個眨眼已殺三人的魔王。

※

曹操太熟悉洛陽的大小路徑了。其實，就在三位兵士闖入內室之際，他已經走出夏門，向一名當年任北都尉時的老部下借了一匹黑馬，向白馬寺而去，他又故意繞道嵩山，經由一條小路，打算混過中牟縣。出了中牟，便是陳留郡，也就進入了老家地界。

但是，也許怪那匹黑馬過於惹眼，中牟縣一個守關亭長，喝令手下攔住曹操，並將他押到縣令衛良處受審。

衛良屏退眾人，問道：「來人可是曹操？」

曹操一驚，回答道：「小民複姓皇甫，名文，乃往來洛陽、陳留間的行腳鹽商，因萱堂遽然謝世，特回老家譙縣奔喪。心情惶急，神色難安，致使亭長生疑，遂羈押到此。大人剛才說什麼，好像是曹……？」

「爲了揀一條性命，不惜觸老娘的楣頭，孟德兄爲人處世，似乎也太不近情理了吧！不用抵賴，本官不但知道你的名字，還知道令堂去逝已不下三十年，實在沒必要發孝心到這等程度，三十年後仍急忙忙地回家奔喪。」

曹操兩眼一閉，繼而慘然一笑，「既然如此，大人就不必多問了，且讓曹某睡上一覺，明日便隨大人上路，到董卓府中，以曹某之頭，換你的賞錢。聽說曹某的腦袋值五萬文呢，哈哈！爲這筆款子而死，我曹操也不算白活了。」

「那麼！」衛良問道：「難道孟德以爲自己的頭不值這個數？你自己開個價吧，多出的部分本官分文不取，全部遺贈給令郎。」

「大人對曹某好像知之甚詳呀！」曹操望了衛良一眼，「曹某這顆腦袋，說少了一文不值，說多了，則一座萬金堂也未必買的下一縷毫髮。」

「好！」衛良朗聲一笑，「孟德兄既如此自負，可見董卓的五萬賞錢，出手也未免太吝嗇了，不值得本官上洛陽走一遭。方今天下大亂，不宜拘四方豪傑之士。本官雖既拘不得董太師，又爲何要收殺你曹孟德呢？聽說曹公有意與董卓沙場相見，本官雖不好鬥，但性喜觀鬥，那就讓你們去廝殺也好。曹公，請上路。」

剛才分明已聽見閻王爺的鞋聲，轉眼又看到觀音娘娘的羅裙，禍起非常，福至無名。曹操自然大感意外，「敢問縣官大人高姓大名，曹某他日若僥倖得志，也當銜環結草，相報於萬一。」

「不敢。」衛良詭秘地的一笑，「下官衛良，乃陳留孝廉衛茲的胞弟。」

衛茲，不就是當年與曹操、張邈一起在老家後山操練奴婢的兒時夥伴嗎？曹操大喜過望，急忙向衛良詢問好友近況。

衛良答道：「家兄對董卓素懷怨恨，也有意起兵討伐，唯恨孤枝草木，難成氣候。家兄屢次在我面前談起曹公，以為謀略膽識，曹公實屬天下第一。曹公此去，可先去找家兄，家兄薄有資產，可充軍餉。衛良手無餘力，但周轉接濟，順道給個方便，怕還算湊和。」

那匹黑馬已由僕人餵足了草料，此時在院外發出嘶鳴。衛良叫來三名心腹兵士，吩咐道：「這位皇甫文先生乃家兄知交，因母喪在身，急於趕路。請你們沿途護送，須待面交家克，方能回轉。」

曹操翻身上馬，和衛良拜別，「青山不老，春江永在。皇甫文就此別過。」就罷，四匹快馬一溜駛出，迅速沒入夜色之中。

曹操沒想到的是，數年不見，衛茲已由昔日泛泛之輩驟升為富可敵國的財主，衛家塢堡連陌越阡，臺閣交錯，朱門金檐，極饒觀瞻。

「嘖嘖！」曹操呵呵笑道：「當眞是人間福地，世外桃園。衛老爺納東海之福，享南山之壽，眉開處財源滾滾，凝神時竹聲陣陣，實在讓曹某羨煞羨煞！」

「哎喲！孟德兄。」衛茲險些跌下席來，頓時滿面春風，趨步相近。老友重逢，契闊談讌，自然情熱難止，千杯恨少。兩人就地盤膝而坐，竟一連神聊海侃了三個時辰。末了，才言及當今世事和刻下緩急。

「董卓無道，百姓生靈塗炭，社稷危如倒懸。操打算扯一方義旗，拉五千士卒，與董賊試作周旋。不知我陳留現有多少人口？」

衛茲答道：「陳留郡現有十七萬七千餘戶，八十六萬九千餘人，在國內屬數一數二的大郡。郡人敵愾同仇，莫不欲寢董卓之皮，食董卓之肉，襄舉義兵，正其時也。兄若有意領頭，衛某當散盡家財，長隨鞍鐙。」

「高義若此，孟德何以克當？」曹操大為感動。

「身外之物，衛某正可視若無物。」

「也罷，操今日即回譙縣，亦當盡拆家資，招募族人。十天之後，我等於己吾會合。」

「一言為定。」兩雙手緊緊握在一起。

※

聽說曹操有意起兵，數日之間，族內各叔表兄弟紛紛招募家丁鄉勇前來襄助。其中有夏侯惇（字元讓）、夏侯淵（字妙才）、曹仁（字子孝）、曹洪（字子廉），他們不僅立刻成了曹操的忠實助手，在曹操日後征伐四方、統一北方的連年征戰中，也都各自成爲名滿天下的一代武將。這樣，加上兗州刺史劉岱的支持、陳留太守張邈的接濟及濟北鮑信的參與，十天之後，曹操與衛茲在己吾縣廟頭村會合時，曹操的部下已達五千人。

「主公！」夏侯惇稟報：「士兵已設旅分曹，編制停當，眼下正士氣高漲，求戰心切。惜乎有待旦之情，無枕戈之名，怎麼辦？」

「君欲善其事，必先利其器。」曹操答道：「兵械之事，我已拜託潁川工師加緊鍛造，不日即可下發。」

「工師？」夏侯惇滿臉驚訝，「不就是那個自稱莫邪傳人的潁川鬼手嗎？聽說此人驕矜非常，以五萬貫錢求一柄劍尚且不肯，不知主公施何妙計，說得此人開爐？」

「人心中自有正義。」曹操拔出自己身上那口青釭劍，輕輕撫摸著劍身，「有時，曉之大義，動以大節，遠勝於張儀利嘴，蘇秦花舌。」

夏侯惇吶吶告退。

曹操隨後又來到工師爐邊，詢問進展情況。

「此乃卑手刀。」工師掂著一柄剛剛粹完火的短劍，以指輕彈，竟叩出淙淙泉聲，「最適宜步兵佩帶，短兵相接之時，此刀兩面含鋒，碎金裂銅。當年越王句踐夫差，正賴祖上此刀相助，方於姑蘇城頭，高奏凱歌。我今再鑄此刀，唯盼曹將軍於亂世之中，稟天罡正氣，梟除國賊，一匡天下。」

曹操聞言大喜，「好！先生正氣，天人同感。得君雅言，操當披肝瀝膽，竭力以赴。先生請高居爐頂，隨心入神，容曹某在下升火，略表微忱。」

說罷，曹操當下除去戎服，盡赤上身，在爐邊揮扇不止，不一會兒已大汗淋漓。

「卑手刀乃曹公與工師聯手製作」，此事一經傳出，立刻不脛而走，傳遍軍旅。軍士們摩挲著新到手的寶刀，莫不百感交集，心潮洶湧。

曹操一方面心憂國難，一方面又難免情繫家事。那日董卓的三名衛士猝然降臨，卞姜尚在馬市逗留，曹操因急於脫身，逃離險地，致使賢妻陷身洛陽，眼下存亡未卜，曹操怎不愧疚萬狀。夏侯淵、曹洪揣得主公心事，已各率五百騎兵，外出尋訪。

「主公，夫人回來了。」夏侯淵撩開營帳，大聲說道。

曹操猛一抬頭，夢耶眞耶！卞姜羸弱的身軀正緩步向他走來，身上竟穿著卞士裝束。

原來，卞姜那日爲了替兒子曹丕趕製一件小襖，在馬市逛了很久。未時剛過，突見一隊騎兵狼奔而來，當先一個伍長，手裡拿著繪有曹操頭像的賞書，沿途叫道：

「不要走了曹操，見到此人的，速來官府報案，賞錢五萬文。」心知不妙，便急忙躲到當年曾舉薦曹操任北都尉的尚書右丞司馬防宅第中，尋求避難。

不數日，洛陽紛傳曹操死訊，原來在西園新軍隸屬曹操手下的五百兵士聽說後，便決意散夥，各奔前程。卞姜以巾裹面，竟然單身入營，責問：「曹將軍往日待你們不薄，眼下存亡未知，體咎難卜。你等此刻在曹將軍最需要你們之時，竟要作譁變之舉。若將軍幸而在世，不知你們有何面目再去相見？」說的五百軍士各懷羞愧，低頭不語。散夥之議，就此罷焉。

後來探得曹操在陳留起兵，卞姜便辭別司馬防，扮作下士，藉該部外出換防之機，混出洛陽，於半道驟然發難，殺死董卓新近任命的校尉。遂倍道兼程，逕奔陳留而來，在中牟縣正遇上夏侯淵。

「賢妻！」曹操摘下卞姜的頭盔，爲她綰上髮簪，顫聲說道：「愚夫不義，使妳受苦了。」

「大丈夫當以天下爲重，咱女流之事，原不必縈縈在懷。」卞姜的聲音裡，不無幽絕之慨。

曹操神色頹然，半晌才道：「妳先歇息吧！我著速派人把丕兒帶來。明天一早，我便要率兵出征，到酸棗與本初會合了。」

第四章 割來使耳，促敵正面激戰

初平元年（西元一九〇年），屬兔的曹操進入他人生第三個本命年。

董卓依舊挾持獻帝，牢籠京城，軍威鼎盛，狼顧天下，但尚無力收拾天下。在鎮壓黃巾過程中發跡的世族豪強，此時也悄悄擴充軍備，冀希攪這淌渾水，逐鹿中原，於亂世中一顯身手，因而也各霸一方，擁兵自重，畫地自雄。一幅中國地圖，恰似一件撕碎的破棉襖，爛絮飄飛，針腳大亂，不復綴補。

鑑於董卓強蠻無道，有各個擊破、蠶食諸侯之意，各路豪傑出於維護自身利益，便效蘇秦之計，決意聯合，共誅元惡，關東聯軍於焉形成。袁紹勢力最強，地盤最大（跨冀、青、幽、并四州），兼以四世三公、門生故吏遍天下的社會背景，頗能服眾，該聯軍便公推袁紹做了盟主。聯軍近二十萬人，人數上完全可與董卓抗衡。

經袁紹調度，軍隊在距洛陽二百五十公里的半徑上，呈扇面駐紮。其中豫州刺史孔伷屯兵潁川，袁術紮營南陽，袁紹與河內太守王匡俱駐軍河內，劉岱、張邈、鮑信等則在酸棗集結。曹操的五千人馬難以自成一軍，遂劃歸張邈帳下。冀州牧韓馥暫留都城，負責調撥軍糧，以爲接應。袁紹則自封車騎將軍，任命曹操爲奮武將軍。

曹操旋即對軍隊做了編整，任命夏侯惇爲司馬，夏侯淵爲別部司馬、騎都尉，曹仁爲別部司馬、厲鋒校尉，曹洪則統領步兵。曹軍營帳憑依黃河，雖談不上壯觀，但極爲整飭。

※

「各路豪俊只知迎趨袁公，每日飲酒設宴，扶醉而歸。」衛茲對曹操說：「長此以往，必將疲蔽軍心，坐失戰機。前日陳留太守張邈只不過對都城的糧草儲備及韓馥的管理才能稍有非議，並建議加強督軍，以防董卓半路劫糧，袁公竟怫然不悅，拂袖而去。袁公方任盟主，初統大權，便如此剛愎自用，衛某著實心寒。」

「是啊！」曹操眉頭微蹙，「一支只在名義上歸屬的軍隊，如中空之樹，蟻蛀之梁，其戰鬥力是很值得懷疑的。英雄聚會，各懷異心，一意觀望，遲疑不進，其意無非以壁觀之態，冀收漁翁之利。至於袁車騎，蓋世之功未立，霸王之色已呈，圖名競利，棄實遺誠，臉上得意，腹中膽寒。三軍以將爲主，將奮則士卒莫不爭先。我素知西涼兵強悍，李傕、郭汜皆久經戰陣，徐榮、華雄各具將才，李儒計謀多變，呂布更有萬夫不當之勇，強敵如此，我軍卻這般萎靡不振，我不敢展望沙場。唉！若天賜我三萬雄兵，我早就脫離此地，孤軍西向了。只是……」

「只是將軍只有五千人。」衛茲接口，「恐怕太少了。」

「主公若決意單兵西進，我願為前部，管保先挑下董卓幾名大將。」夏侯淵厲聲說道，曹仁、曹洪隨之附和。

「各位將才武功，操焉有不知。若天意眷顧，各可望拜壇封侯，成一世之名。我不忍你們在一場幾無勝算的戰役中，以一敵百，牽爾捐軀。」曹操沉吟一會兒，突然把臉轉向夏侯惇，「元讓，你且引一千人馬，夤夜渡河，不可與董卓大軍作正面交鋒，只在邊界處作些游擊性寇擾，可虛設帳篷，多留馬跡，南山放火，北溝搖旗，但不得進抵牢關。」

「妙才，」曹操又轉向夏侯淵，「你亦引一千人馬，出中牟，方法同前，但切忌兵犯滎陽。遇有小股游軍孤旅，自可隨意措手，但請刀下留情，放走個把偏將。」

「主公莫非想給董卓一點威懾？」夏侯惇問道。

「總不能讓他太小看了關東聯軍罷！」衛茲接口道。

「子孝、子廉。」曹操目視著曹仁、曹洪，「你等回營，加緊操練士卒，可一日三頒三改我的號令，以收軍情惶急、迫在眉睫之效，不使兵士生出懈怠之心。」

四將得令，當即回營。

※

「衛老爺！」曹操輕拍著老友的肩膀，「軍旅生活過於艱窘，這一陣多有怠慢。我們且卸脫腦邊事，先慕舌尖福，出門打幾隻野味如何？」

「衛某近來心下怏怏，食慾不振。」衛茲一臉苦相。

「哎，說哪兒話！」曹操上前拽起衛茲，「大雁天邊過，涎水唇邊流，孟德於烹飪之道頗有修習，倒不信逗不開你的腸胃。走！我們再去把鮑信邀來，你看天色向晚，百禽歸林，大氣疏蕩，滌人精神，正是彎弓射雕的絕佳時辰。不可錯過，不可錯過！」

衛茲拗不過曹操，兩人遂披掛上馬，於路上邀濟北相鮑信，直向林地馳去。三匹馬一路風馳，不一會兒已來到馬巢。時令已交立春，草木生意漸萌，長河冰拆，漠野轉欣，馬蹄時驚眠蛇，夕陽方照山陰，一野狐驀然躍起，以時速七十五公里的速度飛馳而去。鮑信急忙張弓，一枝羽箭率而射出，正中狐尾。野狐就地一滾，竟速度不改，轉瞬間沒了蹤影。

「兩位稍候，我去把牠逮來。」鮑信說罷，便縱馬欲追。

曹操馬蹄稍前，正好攔住，說道：「不必白跑一趟了。狐智與人本在仲伯之間，一矢受傷，更加智增百倍。何況適才那一箭僅稍中其尾部，遠未致命。」

曹操忽然長弓一張，但聽一聲冷嗖，一隻正在滑翔的灰雁已一聲嗚嗚，在前方兩百米處栽了下來。「獵狐得雁，不無小補，鮑將軍既思早獲獵物，就請把灰雁拾回來吧！月上之時，我為二位起灶。」

這時，又有一隊灰雁飛過，衛茲攔住曹操，說：「且看我的身手。」

誰知弓弦振處，矢射空天，那隊灰雁渾然無覺，依舊以華麗的人字陣形，中速滑翔。

曹操哈哈大笑，「衛老爺賺錢有力，彎弓乏技呀！」

衛茲喪氣擲弓於地，「如此，我只能吃白食了。」

「不會的，看來我與鮑將軍都得叨你的福分了，這不，那邊有一頭野豬正掘地而來，請衛老爺張弓。」曹操指尖所向，果有一頭炭黑野豬咻咻撞來。曹操與鮑信一點頭，兩人還弓入袋，竟不加聞問。

衛茲高叫道：「衛某平生從未殺生，且讓老豬先開此戒。」矮一矮身，挫一挫腰，也是天假其便，一箭胡亂射出，竟中野豬左眼。

野豬一發狠，野性發作，反而以更加驍勇的態勢疾疾衝來。三匹馬同時驚叫，撤蹄避開。

「不好！」曹操舉手刀一揚，橫截而上，削去野豬半邊腦門；鮑信拾起長劍，如同西班牙鬥牛士一般，一個閃避，劍鋒中刺，沒入豬背之中，只留下劍柄在上面瑟瑟顫抖。這畜牲遭此大難，兀自不倒，犬牙向天，顯是劇痛難當。曹操拉起衛茲，與鮑信一起跑出一箭之外。整整過了半個時辰，野豬才長嚎一聲，斃命倒地。

「是我射死的，是我射死的！」衛茲第一個歡呼起來。

月上樹梢，群動暫息，曹操架起篝火，三人各自用劍叉起一根豬腿，在上面炙烤。

一陣沉默過後，鮑信問道：「孟德兄登高必賦，雅擅吟詠，斯時斯地，饒富詩意，不知可有詩情入懷，我與衛老爺謁慕先聆。」

曹操掉轉劍柄，聲音突顯沉鬱蒼涼，「兵禍連年，百姓流離，詩人汩沒，群雄狂囂，樂府雅音，不復聽聞。所能做的，無非蘇武慷慨，李陵悲戚，於世道人心，難有補益。不作也罷！」

「孟德兄不必出此言。」衛茲說道：「亂世之中，萬物蒙戕，唯兩種人得以成全，一日大將，一日詩人。孟德兄一身二任，足見天意垂恤之厚，發為詩章，自當新意獨創，好音別具，請吟來不妨。」

鮑信也在一旁慫恿，這時，曹操驀覺露珠一點滴在手上，不覺心下微動，悲情滿懷，「二位既如此不棄，我卻之不恭，且口占〈薤露行〉一首，煩請辱聞。」

詩曰：

惟漢二十世，所任誠不良。
沐猴而冠帶，知小而謀強。
猶豫不敢斷，因狩執君王。
白虹爲貫日，己亦先受殃。

詩方念到此，突然西方傳來一陣急促的馬蹄聲。三人同時起身，注視來人。

「主公，洛陽有變。」那人滾鞍下馬，拜伏於地，一看，正是夏侯惇。

曹操將手中業已烤熟的野豬腿遞給夏侯惇，「元讓，請細細道來。」

原來，夏侯惇奉曹操之命，引一千人馬夜渡黃河，誰知剛抵對岸，正撞見一群逃難百姓，背後有二百官兵追殺。夏侯惇當即擺開人馬，仗著人多氣盛，大大地截殺了一通，只故意放走了十來個人。從百姓口中得知，董卓懼於關東聯軍的兵力，挾持獻帝，遷都長安，同時強迫洛陽的百萬人口一併遷徙。董卓手下西涼兵遍掘洛陽的帝王陵墓及宮中金銀，然後四處放火。

「一座上好都城，眼下已墟煙滿地，寸草不生。」夏侯惇顯是餓壞了，偌大一隻豬腿，轉眼已盡納腹中，「另外，董卓爲預防聯軍進犯，已分別派呂布、徐榮各領重兵，鎮守虎牢關與滎陽。」

想到如此繁華的京城，眼下已被董卓付之一炬，曹操不禁怒忿塡膺，滿臉憂戚。他一字一頓，以一種自言自語的神態，繼續吟著剛才那首詩：

賊臣持國柄，殺主滅宇京。
蕩覆帝基業，宗廟以燔喪。
播越西遷移，號泣而且行。
瞻彼洛城郭，微子爲哀傷。

※

曹操大步走進袁紹營帳，劈首問道：「董卓劫掠天子，焚燒宮室，致使海內震動，天下大滑。本初兄集仁義之師，卻按兵不動，坐而論道。三軍以氣爲先，而董卓已人望盡失，我軍正鼓譟欲進，麾軍西向，正逢其時，請本初兄發令。」

「孟德兄，坐、坐。」袁紹滿臉堆笑，「孟德兄慷慨請纓，報國心誠，袁某實在感佩。只是孟德兄有所不知，我這個聯軍統帥，其實也難當的很。各路諸侯皆意存觀望，但求自保，都希望別人領頭，先去與董卓拚個兩敗俱傷。在此情況下，我又能派誰出戰呢？」

「本初兄自己難道不能率先出師，以為三軍楷模嗎？」

「這個，嘿嘿！」袁紹笑得更歡了，「當然可以。袁某性命，本不足惜，既已從戎，當蓄死志。然而，並非袁某妄自尊大，這個家若沒了我左右調停、上下斡旋，恐怕也會內訌叢生，不戰自亂。為顧念蒼生計，我這顆頭，怎麼說呢？好歹也得在頸項上先逗留幾日吧！你說呢？」

「如此說來，只有我自不量力，先去挑戰了。」曹操突然仰天大笑，直笑到語音沙啞方才止住，「再說，董卓等我這顆人頭，也決不耐煩了。本初兄，善請自珍吧！操就此別過。」

「孟德兄，這又何必呢？」袁紹急忙起立，作勢欲攔。

曹操頭也不回，大步離去。

袁紹一直目送著曹操，臉上竟無一絲表情。

※

第二天一早，曹操的五千人馬渡過濟水，折返向西，計畫穿過中牟，偷渡汴水，占據成皋。

第四章

割來使耳，促敵正面激戰

曹操仍試圖勸阻衛茲，「衛老爺還是不要去了罷，此去前途難測，凶險非常，我只怕到不得成皋。卻當鎩羽而歸。」

「孟德兄不必過慮。」衛茲神態鮮活，「都說我衛某福大無邊，你帶上我，便如同請了一尊菩薩隨身，管保逢凶化吉，戰無不克。」

「然而，我還希望兵敗之後，靠衛老爺多募錢財。幫我東山再起呢！」

「孟德兄一旦有難！」衛茲正色道：「衛某縱有億百家財，又有何用？總不成讓我去資助袁紹？」

曹操知道再勸也沒用，便傳令把曹洪找來，「子廉，你這把大刀，殺百把個人沒問題，但不知保不保得一人？」

「洪在主公在。」曹洪托刀在臂，聲音高亢入雲。

「那好！」曹操撫弄著愛將那把寶刀，「我就把衛老爺請託給你了。」

「領命，請衛將軍隨曹洪入隊。」曹洪說罷，便領著衛茲走回自己的隊內。

中牟已過，曹軍已行軍了三晝夜，距滎陽僅百里。這裡是嵩山腳下老母洞口，四周群峰拱簇，腳下一徑相通，環境極爲幽僻。即有十萬大軍埋鍋造飯，外界也不能知曉分毫。曹操傳令在此紮營，稍加歇息，一面傳騎都尉夏侯淵入帳。

「妙才，」曹操吩咐道：「你帶五百人馬，已時過後，越清童峰，繞太寶山，打探去成皋的路徑，不可靠近滎陽。徐榮的五萬人馬已在滎陽集結，也許尚未布置完畢。若如此，我們或能偷一條小道。注意！人皆銜枚，馬皆勒口，明日日上三竿。我在汴河邊恭候佳音。」

夏侯淵唱聲諾，急急而去。

※

太陽早已滑過三竿，日影西移，堪堪已未時將盡。曹操端坐馬上。兩眼凝注前方。春寒料峭，鮑信一會兒上馬，一會兒下馬，兩手一刻不停地搓動著，顯得非常焦慮。

曹仁策馬過來，壓低著聲音問曹操道：「主公，妙才莫非與徐榮主力打上啦？」

「不會的。」曹操緩緩說；「妙才外表悍勇，內心孤譎，何況，我只命他打探路徑，遇敵則返。他當不會違我將令。」

曹操嘴上這麼說，其實內心完全知道，這位十六年前曾頂替自己去坐牢的從兄弟，比任何人都更喜歡玩命。

「子廉，你帶來的那一千淮泗兵，跟你快有四年了罷？」

「正是四年。」曹仁答道。

「其勇如何？」

「個個敢單身鬥虎。」

「其忠如何有」

「人人願捐軀沙場。」

「好！不管發生什麼，沒有我的號令，淮泗兵不得擅自接陣。」見曹仁面露疑色，曹操補充了一句：「飼鷹之道，先餓其腹。」

這時，一頭曹操非常眼熟的山鷹從西邊飛來，轉眼又有數頭兀鷹朝西北撲去，方向恰在五乳峰下。那頭山鷹嘴裡叼著一件物體，恰似人的手臂。鷹勢斜翔，方沐殘陽，驀見金光一閃，旋即隕滅。曹操看的分明，那道金光正是工師所造、曹軍獨有之卑手刀所發。禿鷹愈來愈多了，聲音既不祥、又歡快，這當然意味著，五老峰下，夏侯淵及其五百將士已經陣亡。董卓大將徐榮的五萬西涼兵，馬上就將掩殺過來。

徐榮已經來了。剛剛在五老峰下打了一場小殲滅仗的徐榮先遣部隊，已經在前方五公里處捲起一陣飛沙。

夏侯惇、曹仁、曹洪聚在曹操周圍，鮑信突然指著左邊叫道：「那邊也有敵軍。」一支約兩千人的騎兵隊，順著曹軍上午走過的路線，正出老母洞口而來。

曹操縱馬上了高臺，粗略一望，便感處境危急。敵人雖來自正面與左面，但右面乃波濤洶湧的汴水，無船可渡，水寒難泅；後面是一片開闊地，退縮則成野戰之勢，敵眾我寡，野戰徒成網中之魚，甕中之鱉，且開闊地的盡頭，恰是呂布重兵布防的虎牢關。

看來只有迎擊來敵了，但正面之敵人數甚巨，且有徐榮援兵源源開來，硬碰無異以卵擊石。而左面從老母洞口出來的那兩千騎兵，看上去倒並非徐榮特意布署下來鉗擊曹操的，何況老母洞的那一頭已在登封境內，中間別無岔路可通。徐榮再會用兵，也不可能神速如此。本來曹操紮營汴水，就是看好老母洞作爲退路的，誰知斜刺裡會撞出一行人馬，那可當眞是天煞星下凡。

曹操根據對方陣形，更加看準了這是一支狹路相逢、並無戒備的徐榮打尖部隊，當即拔出青釭劍，高叫道：「元讓、子孝，你等各帶本部一千人馬，元讓攻左，子孝攻右，進擊老母洞之敵。我與鮑信將軍居中策應。注意！該部敵人陣營雜沓、次序紊亂，顯然還未知曉我軍虛實，宜急速進擊。一旦得手，迅速循來路後撤。」

夏侯惇、曹洪得令而去。

「子廉。」曹操對曹仁下命令：「你帶手下一千淮泗精兵，多帶羽箭，攔截正面來敵。宜先用箭射住陣腳，務須多加堅持。待我集中重兵殲滅西邊之敵後，方可徐徐撤回。」

曹仁面色嚴峻，一匹馬疾馳下坡去。

衛茲現在當然不會再跟著曹洪了，他朝曹操眼珠一翻，「孟德兄，今天我們都要做一回野豬了吧？」

「不見得。」曹操鎮定如常。前面，曹仁的一千淮泗兵已分爲四列，高低錯落，各執弓箭排開，率先進入射程的百來名騎兵已紛紛落馬。左面，夏侯惇、曹仁也已與老母洞出來的兩千騎兵交上了手。曹洪慣帶步兵，手下多鉤鐮手，初一上陣便有四五十匹馬被鉤翻。曹軍的卑手刀看來也派上了用場，那些被鉤翻下馬的敵軍乍一交手，便削戟的削戟，卷刃的卷刃，舞弄著不成形的兵器，胡亂廝打。

夏侯惇不愧有大將之風，他的策略相當高明。由於敵人在山道上，只能以縱隊方式前進，夏侯惇便安排弓箭手，每當敵人過來百名士卒，便霎時弩箭齊射，逼住後面之敵。而已經撞來的百來敵人，便正好做了曹洪的刀下鬼。兩人如此配合，得心應手，竟一連賺殺了五百來人，而自己手下只不過折損了二十多名士卒。

曹操自言自語的說：「只要堅持到天黑，當有轉機。」此時，曹操尚有雪藏未用的一千五百名士卒在一側靜靜地坐著，正是在這樣的靜寂中，曹操感到了士兵的恐懼。

「鮑將軍，曹洪已斬獲了不少人，那些死屍的箭袋多半還是滿滿的，你帶兩百人將箭袋弄來，給曹仁送去。」曹操目視前方，心裡暗想：曹仁縱然還有箭矢，他的淮泗兵怕也拉不動弓了吧。

天色終於暗了下來，徐榮的軍隊在曹仁的箭陣前倒下三千多具屍體，此時已暫時放棄進攻，只把篝火點的更旺。曹操可沒敢也在帳前升起篝火。兵力懸殊，進退無路，這個靜寂的夜晚，很可能就是曹軍將士今生今世最後一個人間之夜。

徐榮有足夠的兵力可供支配，黎明一到，便將掩殺過來。而曹操不可能等到袁紹的援軍，爲此他甚至沒有派人去突圍報信。反過來，即使有敢死之士突出重圍，袁紹又當眞派兵支援，援軍到時，曹軍怕也已被盡數殲滅了。和徐榮對峙下去，終究是沒有勝算的，這是一場無法開打的仗。

敵人的篝火太多太旺了，眼下只能寄望於夏侯惇、曹洪能殺退老母洞口的來敵，以尋得一條後撤之途，但看來並不樂觀。仗著地形的上風，這部敵人現在也龜縮不前，擺明了是要與夏侯惇、曹洪耗下去。

「主公，徐榮的使者來了。」曹洪進得帳門，彎甲上盡是血跡，顯是經歷了一番惡戰。

「你手下尚有多少人？」曹操問道。

「不足八百。」曹洪面色嚴峻。

「淮泗兵是我的精銳，他們該退下來了。」曹操喃喃自語，然後吩咐傳徐榮使

第四章

割來使耳，促敵正面激戰

者。

「閣下便是曹操？」來人脖子一歪，滿面驕橫。

「正是正是！」曹操突然顯得心情特好，興致特高，「本人正是曹操，字孟德，喚做阿瞞也不妨。尊使夤夜前來，不知有何雅教？」

「我主徐榮，爲董相國上將，身經百戰，有萬夫不當之勇。因知董相國久慕曹將軍大名，故不忍加害，特遣我來相助。曹將軍既有大將之才、不世之志，緣何屈身於區區袁紹手下。袁紹，懦夫也，曹將軍在此血戰，終難一逞，袁公卻龜縮後方，挾女飲酒，我主徐榮，竊爲將軍抱憾。將軍何不反身卸甲，棄暗投明？以將軍之才略武勇，自不難拜壇封侯，請曹將軍三思。」

「哈哈！」曹操縱聲大笑，嘴裡竟連連說道：「言之有理，言之有理。尊使一派花舌，使曹某如撥雲見日，重睹天光。只是曹某尚有一事不明，未知尊使能否見告？」

「但說不妨。」

「曹某自知亦有相國之才，徐榮老矣，尚歸退郿塢，貽養天年。徐榮若有眷顧之心，則請虛生相位。曹某不當屈身袁紹之下，然也不應屈身徐榮之下呀！」

「曹將軍何故如此相戲？」來使厲聲道。

「別惱別惱！」曹操擺擺手，「曹某出此言，亦屬不得已。想尊主徐榮，在曹某看來，實在過於泛泛，徐榮竟拜爲上將。嘿嘿！可見徐榮若入我帳下，也只配當一個馬弓手而已。尊使總不好讓曹某向一馬弓手投降吧？」

來使面色驟冷，腮幫大動，「如此，曹將軍既好爲大言，只能靜待梟首了，告辭。」

「且慢！」曹操向曹洪努一努嘴，曹洪倏地從腰間拔出卑手刀。

「兩軍交戰，不斬來使，曹將軍意欲爲何？」

「不斬不斬。」曹操又是嘿嘿一笑，「我手頭一帖藥，尚缺人耳一副，想從專使借來用用。但借人耳，絕不取命，請尊使毋驚。該藥另缺瞳仁一對，我自會向徐榮商借。」

只聽「哎喲」一聲，曹洪已割下來使的耳朵，擲於盤上。曹操深鞠一躬，說：「多謝！請專使上路。」

徐榮使者摀著那原本長著兩隻耳朵的地方嗷嗷離去。

曹操見衛茲似想動問，便呵然一笑，「衛老爺有所不知。這副人耳我要它何用？但徐榮缺了它，卻對我大有好處。徐榮頗有智謀，但他肝氣更旺。此人自幼長在漠野，常生吃獵物，我只想傷其肝而滅其謀。我等刻下處境凶險，若徐榮分兵渡汴水，再繞道我後，呈夾擊之勢，我等絕無生路。當下之計，只有激他怒氣，只在正面狂攻，我軍因不致腹背受敵，庶幾可覓一生途。衛老爺，惡戰固然可怕，但稍好於讓徐榮用計耳！」

衛茲默然不語。

※

替換曹洪的那一千五百名士兵，黎明時分便與徐榮的攻擊部隊交上了手。戰鬥空前激烈，野性未泯的徐榮，不惜以士兵的生命去耗盡曹軍兵士的箭袋，這樣，當敵人捐棄了五千餘具屍體後，曹軍的陣地戰優勢也消失殆盡，剩下的只能是肉搏戰中皁手刀的一點小小優勢了。

將近中午時分，夏侯惇與老母洞口的敵人展開了肉搏戰。雙方人數相近，看樣子夏侯惇只能憑其力，在攻擊中尋求突破。曹洪手下的步兵折損嚴重，此時已撤到曹操帳下。

曹操稍感欣慰的是，他親愛的族弟夏侯惇好像已突圍而去，但自己也想循著老母洞口衝殺出去，顯然已經不可能，頂替曹洪的一千五百名兵士已全部陣亡，老母洞已被接應的徐榮部隊占領。曹軍人數正急遽減少，而徐榮雖然已賠了上萬名士兵的生命，但看上去其兵員依然充裕。雙方實力如此懸殊，曹操此時幾乎已無法調動軍隊。

曹操內心當然充滿淒愴，自己僅五千人馬，便可與十倍於己的敵人苦戰一晝夜，若關東聯軍攜手，何愁徐榮不滅。

「諸位！」曹操環顧曹洪諸人，「今日之戰，能夠生還已屬萬幸，我等此時只能沿汴水後撤，若幸而遇船，當可全生。各位好自為之，二十日之後，活著的人請到揚州相聚。」

話音剛落，一枝羽箭已急急射來，正中鮑信右肩。

曹洪大聲說：「主公請上馬，仁殿後。」

八百淮泗兵倏地拔出各自的卑手刀，隨曹洪的吶聲喊，個個翻身上馬，衝下坡去。徐榮大軍猝不及防，竟被衝亂了陣腳。但區區八百人，在數萬敵軍的陣營裡，究竟能有多少作爲呢？

已有百餘敵軍越過曹洪，向曹操衝殺過來。受傷的鮑信此時已不知去向，作爲主帥的曹操，不得不拔出青釭劍，與敵人交手。

作爲一個武士，曹操的手身也頗爲了得，只見他上擊下刺，手腕左遞右翻，轉眼也擊殺了五六人。但是，衛茲卻陣亡了，他那顆快活的頭顱一路滾下坡去，竟驚翻了十來名敵騎。

「衛老爺，曹操對你不住。」曹操只在心裡默念了一句，又一枝勁道極猛的羽箭射來，曹操本能地勒起馬頭當作盾牌，此戰馬當即被貫穿喉嚨，仆地斃命。

「休傷吾主！」曹洪一桿大刀，如天神般殺到，刀柄橫掠，十來枝羽箭紛紛墜地，但仍有一枝箭射入曹操左臂之中。

「子孝當心！」曹操剛叫了一句，只見曹洪頭也不回，大刀反掄，已將一名偷襲的敵人掠下馬去。

「主公快上馬。」曹洪刀背朝馬臀上一拍，那馬如避瘟神般，沿著汴河急馳而去。

曹洪放下大刀，從袋中按出僅剩的十來枝箭，以手作弓，一一擲出，竟手無虛發，一連擊殺了十來個追兵。敵人見曹洪如此神勇，掉頭就逃。曹洪揀起大刀，迎著一匹到處亂撞的戰馬斜身直上，逕向曹操追去。

※

曹操到左岸邊，臂上血流不止，「子孝，你自己逃命去吧，不要管我了。」

「天下可無曹洪，不可無曹公！」曹洪正色道。

兩匹戰馬經過方才一陣狂奔，此時皆口吐白沫，顯是不能再騎了。追兵的聲音又漸行漸近。汴河邊蘆荻叢生，曹洪背起曹操，只能逃得一步算一步。天見猶憐，前面五十步處，竟鬼使神差般的停著一艘小船。

「天助我也！」伏在曹洪上的曹操不住歡呼起來。

兩人急急上船，曹洪以刀爲櫓，朝江岸一抵，船便盪出一丈開外。西風甚勁，正助船行，當追兵遠遠地在江邊開箭齊射時，小船已在箭程之外，朝下游疾速駛去……

第五章 不思稱帝，謀士猛將齊來

「孟德！」張邈把曹操、曹洪兩人迎進室內，一邊吩咐僕人燙上酒來。

「眞不敢相信還能見到你。」

「徐榮和我自己都認爲曹操死定了。」曹操呵呵一笑，「偏偏子孝不這麼看！」曹操用手指了指曹洪。

「我只聽說曹子孝家財萬貫，聚斂有方，沒想到戰場上也如此英雄了得，請滿飲此杯。」張邈親自爲曹洪斟上酒。

「子孝家財數倍於我，武藝更十倍於我。」曹操對愛將自然讚不絕口，一時倒弄的曹洪忸怩起來，除了將酒連連飲盡和「豈敢豈敢」之外，再也說不出別的話。

「邈有一事不知，還望孟德兄見告。」數盞已過，張邈問道：「孟德兄明知滎陽有徐榮重兵把守，依舊以半萬弱旅，冒險挺進，兵敗乃屬預料之事，緣何？」

曹操沉默了，他注意到曹洪也以困惑的眼神企盼自己的答案。看來這問題迴避不了了，雖然曹操很想避而不答。

「孟卓兄當知成皋乃兵家必爭之地，當年高祖劉邦賴成皋之險，方得以弱旅與項王抗衡。成皋南控虎牢，北制滎陽，其地有一夫當關、萬夫莫敵之勢，而董卓竟未加布防。操人數雖僅半萬，但若能瞞過徐榮，偷得一徑而先據要津，此乃出奇兵、獲奇功之時也，呂布、徐榮輩皆將受我掣肘。袁車騎知我有成，若麾軍西進，董卓必敗。我固知此乃險著，但兵家之事，無犯險之心，則無凱旋之功。所恨者，其在天乎？」

張邈、曹洪聽罷，不約而同地發出驚嘆：「孟德兄以如此羸勢，而竟能與徐榮五萬大軍相持一晝夜，且殲敵逾萬，邈聽說徐榮正因此打消了南犯聯軍的念頭，僅此一功，汴水之役便不能判你落敗。」

「孟卓兄說哪裡話，汴水一役，我大敗虧輸，至今臂上箭傷仍隱隱作痛。」曹操呷了一口酒，「敗中常有勝機，孟卓兄若肯相助，我們或許還有勝算可操。」

張邈笑了，「孟德兄手下還有多少人？」

「妙才多半已陣亡，子廉存亡未卜，夏侯元讓已突出重圍，估計現在已在揚州，所帶者不滿兩百。再者，便是子孝與我了。」

「我看孟德兄還是先養箭傷要緊。」張邈說。

曹操沒想到的是，汴水一役，不僅曹仁還活著，夏侯淵居然也還活著。二十天後在揚州，曹洪與手下四員愛將會合了，另有生還士卒五百人，其中曹仁的淮泗兵僅剩兩百來人，而曹操的洛陽部更減少到不足百人，餘下的乃是隨夏侯惇殺出老母洞口的兩百餘人，曹洪步兵，竟無一生還。

然世上很難找到比曹操更不會沮喪的人了。在瘦西湖畔，他端起酒杯對四將說：「天地間，人爲貴，我軍在滎陽雖十去其九，除衛茲先生不幸殞命外，可助我成大事者，無一有礙。夏侯妙才死而復生，乃我重整旗鼓的吉兆。」

揚州刺史陳溫、丹陽太守周昕，當年在袁家塢堡與曹操有一面之緣，對曹操的文韜武略頗爲推崇，因而各點了兩千人馬，贈與曹操。加上沿途招募的兵勇，等到曹操一個月後回到老家譙郡，他又成了一位擁有六千人馬的統帥。

髮妻丁昭已於半個月前去逝。長期幽閉內室，獨與紡車爲伍，使丁昭得了幻聽症。一日，她又聽到了其實純屬子虛烏有的嬰兒啼哭，便決然衝出內室，張開雙臂向外面跑去，嘴裡不斷念叨著：「我兒我兒，娘在這裡。」等到卞姜及家丁發現，她已走到河邊，並直入波濤深處，只留下散亂的髮髻在水面上漂浮。曹操私下裡雖也希望丁昭早日解脫，但死的這麼慘，卻也教他好生難受。

卞姜似乎絲毫不知道丁昭之死，將使自己得到扶立正室的機會，每日裡神情悽惻、恭行孝節，看得出她比過去更瘦了。

四歲的兒子曹丕已長的相當聰慧可人，詩三百零五篇，皆能到口即誦，本朝的樂府詩，也能隨意吟詠，這背後當然閃爍著夫人卞姜的燦燦母德。尤其使曹操欣慰的是，兒子在應對賓客時所顯示出的從容謙遜，大異常人。當然，丕兒的身體稍顯單薄了些。

曹操對卞姜說：「我想把丕兒帶至軍中，使他能自幼熟習軍旅，養成廉悍精警之氣。我兒有大器之望，故需有非常之教。」

「夫君所言甚是。」卞姜小聲回覆：「但丕兒過於年幼，能否再稍待幾年？」

「夫人差矣！」曹操笑道：「脾性之事，當育之在前，至大難養。俗云『三歲可觀百年』，夫人若心下難捨，也可隨我入伍，既能隨時調教丕兒，亦可慰我戎馬相思。」

卞姜羞怯的低下頭，良久才道：「如此，甚好。」

※

一日，曹操為兒子牽來一匹通體雪白的小馬駒。曹丕心知父意，雖不無怯懦，仍壯著膽子跨上馬鞍。好在此馬性極溫順，對小主人也頗有親近之感，不消半個時辰，曹丕已能熟練勒轉馬頭，隨意進退了，看的曹操呵呵大笑。

曹丕見父親高興，自然愈加得意。回營的時候，他對曹操吐露了一件心事，「昨日夏侯元讓叔叔看著三姑，眼中似有『靜女其姝，俟我於城隅；愛而不見，搔首踟躕』之意，而三姑眼裡，竟也生出『願得有心人，白首不相離』之意，未知父親可曹留意？」

「好小子！」曹操一把挾過曹丕，把他放在自己鞍前，「小小年紀，深沌未鑿，而能具如此練達的眼力，好樣兒的。」

三姑即卞姜的表妹楊恬，年方二八，姿色端麗。經曹丕提醒，曹操當即決定加以撮和。夏侯淵和楊恬早就私下相慕多月，自然大喜過望。

婚禮之日，袁紹竟然也趕來道喜，頗出曹操意外。

「妙長乃孟德兄族弟，且勇冠三軍，有大將之才，這杯喜酒我是非喝不可的。」滎陽一役，袁紹心知自己有負曹操，故而言辭間對曹操頗多討好。

等到兩人單獨在一起，袁紹對曹操說出了來意，「董卓無道，挾獻帝遷都長安，動輒以皇帝名義發號施令，儼然有正統名分。紹與冀州牧韓馥私下商議，覺得獻帝年幼，未有君王之德，不若另立幽州牧劉虞爲帝，改號定制，盡收人望，如此，董卓所恃者即歸無形矣。然欲成此事，韓馥與我皆以爲，孟德兄不宜採觀望之態。」

曹操不動聲色的說道：「董卓之罪，暴於四海。我等合大眾、興義兵，四方莫不響應，此乃以正壓邪，以義制奸，若麾軍西進，正面迎敵，區區董太師，一戰可擒也。獻帝固然年幼，但眼下只是受制於國賊而已，身爲人臣而弗能爲君王戮力，操深以爲憾，豈能再別立新君，使家國更趨滅裂呢？本初兄之見，恕操難以附合。」

「呵呵！」袁紹輕撫長髯，「本初焉不知人臣之職分呢！另立劉虞爲帝，亦屬不得已之下策。董卓兵強，更有呂布、徐榮、李傕、郭汜諸大將相輔，軍威日盛，關東聯軍實在難與爭鋒。若就此罷手，董卓勢必權勢熏天。爲家國計，也只有另立新君一途了。」

曹操沉默良久，說道：「人各有志，我願祝本初兄此舉告成，而使河山改觀。只是，我懷疑冀州牧劉虞不一定接受你的美意。」

「難道天底下竟有不想當皇帝的？」

「不想漂亮的姑娘固然沒有，不貪皇位的男子爲數不少，這中間就包括劉虞和我曹操。」

就像當年在袁家塢堡初次見到曹操架鷹驅犬一樣，袁紹再次瞇縫起眼睛，打量眼前這個時而滿腔正氣、時而滿腹奇譎的對手。他當然懷疑曹操言詞的誠意，誠如他也知道曹操同樣懷疑他一般。滎陽兵敗，兩人不可能不生芥蒂，雖然兩人又都裝作忘了這件事。

曹操掉轉話頭，「當初董卓撤到長安之時，長沙太守孫堅率軍先抵洛陽，從一口荒井中拾得本朝傳國玉璽。此璽乃大漢皇權的象徵，持璽者即具無上威權。然而，操聽說此璽現已流入令弟袁公路之手。以此看來，獻帝若算不得正統，劉虞也算不得正統。劉家天下，怕要改成袁姓了。」

袁紹臉色一紅，旋即正色道：「公路確有竊國之志，但我袁紹一日在，天下就一日姓不得袁。方今世上，袁術獨畏兩人，正是孟德兄與在下。何況，傳國玉璽也不是什麼大不了的事，我這不也有一顆嗎？」說罷，袁紹竟真的從懷裡掏出一枚仿製的玉璽，遞給曹操。

曹操接過玉璽，腦中剎那間轉過一個念頭：一旦董卓倒臺，他第一個要討伐的就是袁紹。

「這的確像真的一樣。」曹操把玉璽還給袁紹，「不要試圖打動我了，雖然我真心希望這塊玉璽能打動劉虞。」

袁紹說：「不能得到孟德兄相助，是袁某最大的失敗。但是，你恐怕不會拒絕我的提議，去就任東郡太守吧？那裡黃巾餘軍勢力猖獗，不斷寇擾，除非孟德兄親往，不然郡無寧日。」

「我豈能一日裡兩次拒絕本初兄的抬愛呢？」

正說著，新人夏侯淵、楊恬夫婦進來向曹操謝恩，並向袁紹致意。曹操招呼曹丕入內，說：「別謝我，首先發現兩位眉來眼去的，乃是犬子。」

曹丕上前向眾人一一施禮。

袁紹親撫著曹丕的髮髻，縱聲說道：「孔融四歲讓梨，較之公子四歲而知男女，實在是小巫見大巫。」說罷，袁紹從腰間解下一柄鑲金龍首短劍，慨然贈予曹丕。

夏侯惇聽說曹操已接受袁紹任命，將即日起程去東武陽就任東郡太守，心中頗爲不快。袁紹剛走，他便對曹操說：「當初主公有難，袁紹不聞不救，夜夜擁妓挾女、置酒高歌。此人心肝與董卓無異，主公何必加以理會？」

曹操微微一笑：「那麼，依元讓之見，我該去向袁紹挑戰囉！袁紹擁軍二十萬，我只有六千，如何勝得？」

「挑戰自非其時，但我們可自成一軍，獨立行事，以主公之才幹，假以時日，自不難闖出一片天地。」

「此言甚是，但袁紹恐怕不會見容。」

「難道他會出兵討伐主公？」夏侯惇不解。

「袁紹不是曾借徐榮之手欲置我於死地嗎？」曹操反問道。

夏侯惇沉默了。

第五章

不思稱帝，謀士猛將齊來

曹操拍了拍夏侯惇寬闊的肩膀，「將將之道，當知進退之機、伸縮之道，絕然捐棄個人恩怨，眼中存天下大勢，而不以血氣行事。我固知袁紹乃董卓之流，然當今世上，董袁稱雄。董卓勢力昌盛，但此人終不會得天下。袁紹暫擎義旗，我正可藉此依附，不辱聲名。那翼下求生存，虎豹旁圖發展，自屬權宜之計。當年我爲濟南相時，在山東之地有所培植，今日重返東郡，借得一地，正可先託命亂世，長計徐圖。元讓且稍安毋躁，我自有計較。」

夏侯惇經曹操如此點撥，方才心服。

「唉！其實我哪能懷疑主公的韜略呢？我只是嚥不下這口氣而已。」

「嚥吧！只有嚥下所有的氣，才能吐出胸中的長氣。」

曹操說著，把夏侯惇送出營帳。接著，他來到夏侯淵、楊恬夫婦的洞房外，剛想進門和小倆口逗上一句，卻又打消了主意。

曹操回到屋內，告訴卞姜赴東郡太守任上之事，囑咐她收拾好一些必需的日常家用，準備帶曹丕一塊隨行。

當天晚上，曹操做了一個奇怪的夢：首先是連緜無際的山，他被告知必須一一翻越；不知何時，群山忽而做奔馬狀，馬頭攢動，遮天蔽日，而於莽莽雲天外，忽然橫出一匹神牛，上面坐著一翩翩牧童，口中有笛一管，吹奏出無上佳音。

曹操此時才發現旁邊轉出一青衫儒生，手拈拂塵，對曹操說道：「此牧童乃文曲星座下書僮，因文才過於招搖，致使文昌君心生妒忌，正擬把他逐出下界，曹將軍難道不想把他收留？」

曹操問道：「然而閣下乃何方隱士，何不相告？」

書生朗聲一笑，「一介寒士，焉敢妄做高人相。曹將軍若有意相知，後十日，我當親來造訪。」說罷，化做青風而去。

曹操剛欲去追，腳下忽被一物絆倒，視之，竟是一具骷髏……

※

不出曹操預料，冀州牧劉虞果然沒有理會袁紹、韓馥立他為君的要求，為了避免袁紹相逼，他後來乾脆遁入山林，做了隱士。

「袁本初看人也太乏眼力了。」坐在馬上的曹操想到此，不覺微微一笑。

一行人方過鄄城，將抵梁山境內，突然，曹軍突前的軍士皆控勒不住戰馬，彼此衝撞，陣形大亂。曹操與夏侯惇急忙縱馬上前，了解動靜。

只見一頭足有三百公斤的華南猛虎，以比撲殺綿羊更迅捷的速度在眼前急閃而過。凡人只知道虎的猛惡張狂，又何曾見識過虎的驚恐畏怯？雖然不可置信，但這恰恰是一頭正在奪路而逃的猛虎。世上自恐龍消失後，難道竟還有一種能迫使老虎逃竄的動物？是的，並不是動物，而是人。

一個穿著尋常黑褂的大漢，手持兩根驚人的銀戟，從坡上一路追下來，等到那虎倉皇躍過一條寬約九公尺的小澗時，壯漢隨手從一曹軍掌旗官手中搶過一桿大旗，著地一探，一道黑影倏然升空，飄盪至對岸，正擋住虎的去路。曹軍將士還未來的及喝采，壯漢已高擎雙戟，讓過虎頭，發聲大喊，戟透虎身，竟將一頭獸王硬生生戳死當場。

「怪哉，怪哉！」曹操喃喃自語，一面吩咐夏侯惇請壯漢前來相見。

此人正是典韋，乃三國時代著名的武士，一雙銀戟足足有八十斤，而他使喚的竟如一般匕首般輕巧。當日，因爲這頭餓虎偷吃了他莊內一頭犍牛，惹得典韋性起，竟舞動雙戟，沿著八百里水泊梁山一路追殺，恰巧在曹操面前爲那頭牛報了仇。

「壯士眞是天人吶！」曹操當即脫下身上的大氅，贈給典韋，典韋朝曹操憨厚一笑。

自此，曹操有了第一位可以在陣前隨意摘取敵將頭顱的猛將。

得典韋此員大將，固然使曹操充滿一種暴發戶般的喜悅，但眞正使他不僅狂喜，而且感動；不僅感動，而且生出「神明佑我」之慨的，則是荀彧的歸附。當荀彧（字文若）手揮拂塵，騎在一頭灰驢上向曹操側身行禮時，曹操立即想起，此人正是夢中那位青衫儒生。

曹操當即傳令就地宿營。待與荀彧互通姓名之後，曹操驚問道：「南陽何顒當年判爲『王佐之才』的潁川大賢，難道就是先生？緣何竟如此年輕？」

「卜筮之詞，不足爲據。」儀表飄逸、行止雍容的荀彧與曹操相對而坐，「說到年庚，去夫子『三十而立』之時已不遠，而寸功未立。馬齒徒長，深以爲憾，林深留馬跡，白雲何處棲，感時傷世，無以自遣，曹公不必再以年歲相勉。」

「那麼，我倆齊心戮力，一生共勉。如何？」一種極爲罕見的誠懇，充盈在曹操的瞳仁之中。

「曹公不棄，或自當竭忠盡智，聽候驅遣。」言誠至此，但聲調卻是相當平靜。

曹操似乎已忘記了東郡太守的差使，他的軍隊在水泊梁山邊整整停駐了半個月。而在這半個月裡，他甚至連妻兒都忘在一旁了，每日只是與年輕他九歲的荀彧娓娓清談。

「文若先生一向在本初帳下策畫，本初對先生既極爲敬重，他目前的實力又數十倍於我，先生竟棄金就鐵，委屈相隨曹操。曹操何德，曹操何幸呀！」在荀彧面前，曹操的口氣似乎永遠那麼謙卑。

荀彧用拂塵揮了揮衣袖，說道：「袁紹待彧確實不薄，然而縱使他珍我如連城玉璧，我也絕對會離開袁紹。袁紹好士，正如秦王好夜之珠、犀象之器，但供雅玩而已。『天地間，人爲貴』，此非曹孟德之詩乎。養士而不用士，此乃袁本初的習性；用人且篤信人，正見曹將軍之襟懷。或之去袁就公，實在乃秉性所至。」

「文若先生視董太師如何？」

「董卓暴虐無道，已惡貫滿盈。依或之見，不勞關東聯軍出手，其人必不得善終。」

「然爾！」曹操輕嘆一口氣，「方今群雄環伺，爭欲逐鹿中原，董、袁相峙，皆思一執牛耳。大業維艱，冬夜正長，不知文芳先生以何教我？」

「當初楚漢相爭，高祖劉邦數度受挫於項王，而最後畢全功於一役，一匡天下。不知曹公對此有何評說？」

「我正想聽聽先生的高見。」

「高祖有張良相助，而項羽僅有虞姬勸酒耳。」

「妙極妙極！」曹操仰天大笑，舉酒過頂，對荀或說道：「你就是我的張子房呀？」

「請曹公切莫出此言！」荀或急忙止住曹操，「或非張良之比，但俟諸他日，或或可爲公別薦大賢。」

「賢才對於我，自然多多而益善，但我懷疑世上會同時出現兩個荀文若。」

荀彧認爲，董卓的強權不可能再持續一年，關東聯軍貌合神離、各懷異心，內部的爭鬥、傾軋、兼併，勢屬必然，一年之內，各路諸侯的勢力將發生重大變化。曹操眼下尚無力與諸雄抗衡，正可藉東郡之地，暫時脫離主戰場，先站穩腳跟，默默擴充軍備。

「東郡距離兗州不遠。」荀彧論述：「兗州刺史劉岱，勇而無謀，犯險輕進，正傾全力與黃巾餘軍交戰。黃巾軍人多勢眾，久經戰陣，劉岱終難獲勝。曹公宜先假黃巾之手謀取兗州，復借黃巾之旅擴充實力，那時再揮戈中原，征戰群雄，恢復漢室，重整朝綱，此乃千秋功業也，曹公敢不勉乎？」

一席話說的曹操心潮激盪，「依先生之見，百萬黃巾，莫非正是爲我預備的兵源？」

「正是此意。」荀彧點了點頭。

「先生好大的氣魄呀！」曹操不禁讚嘆。

※

曹操當初兵敗滎陽，雖然極爲狼狽，卻爲自己贏得了天底下最難贏得、也最爲可貴的東西——人心。

東漢末年，政局動蕩，百姓流離，仁人志士大抵心寒莫名。作爲帝國象徵的漢獻帝，除了成爲董卓的一件高級玩具外，別無其他功能。而各路諸侯不思進取，但求自保，被高祖劉邦一統的天下，有再次四分五裂的可能，也就是說，有再次退回到戰國時代的可能。曹操以羸弱孤旅獨立抗衡董卓，不啻爲黯澹的時局抹上了一道曙光，他因此成了一名稍稍帶有傳奇色彩的人物，不管曹操事實上是何許樣人，身爲一個政治家，重要的是讓人以爲自己是正直、聰慧、果敢的強者，讓人感到自己具有扭轉時局，除舊布新的能耐。曹操成功的做到了這一點。

他初抵東郡治所，就得到百姓簞食壺漿般的迎候，原中牟縣人任峻舉郡響應，曹操故友李典也率領宗族、部曲三千餘家，一萬三千餘人的武裝集團，投向曹操。

最具說服力的是壽張縣令、東阿人程昱。程昱（字仲德）體貌魁偉，膽識過人，乃當地名聲響亮的人物，兗州刺史劉岱曾數次重金求他出來相助，他均加以回絕。而曹操不過給他修了一封短箋，二話不說，當即率領闔家老小投入曹操帳下。

極具伯樂之才的荀彧，也向曹操推薦了年僅二十二歲的潁川神童戲志才。

在這段時期，曹操以熟練的軍事才能，數次擊破了黃巾軍的多支部隊。但是，對於在兗州一帶、號稱有百萬之眾的青州黃巾軍，曹操卻謹慎地加以迴避。青州軍正忙於和劉岱廝殺。誠如荀彧所說的，兩虎相爭，必有一傷，屆時曹操再坐收漁翁之利不遲。

※

夏侯淵自從知道自己的婚事乃小曹丕加以撮合後，對這位小公子自然百般疼愛，每日教他上馬下馬、開弓射箭。穿上夏侯淵請工匠特製的一套盔甲，小曹丕已儼然一副英勇少年騎士之姿。當然，卞姜的肚子也漸漸大了起來，這使曹操難免會想到夢中那位牧童，雖然這夢他甚至未曾對卞姜說過，只是格外注意別讓食慾大增的妻子餓著。

此外，曹操還不得不憂慮時局的急遽變化。關東聯軍的分裂局勢，早在數月前就露出了端倪。先是兗州刺史劉岱刺殺了曹操的前任橋瑁。袁術與長沙太守孫堅的衝突也愈趨轉烈，而孫堅與劉表又發生了爭執。

袁紹一方面加強與荊州刺史劉表的聯合，一方面又明顯的在擴充自己的地盤。袁紹曾藉口張邈對自己不忠，示意曹操除掉他，曹操當然未加理會。於是，袁紹只能對自己的忠實部下韓馥動手了。在袁紹的威逼下，韓馥先是讓出冀州，接著又用一杯毒酒讓出了自己的生命，以換得袁紹保護韓馥妻女的諾言。

聽說這件事時，曹操正與戲志才在一起下圍棋。戲志才不解的問：「袁紹與韓馥歷來交好，前些時袁紹欲借主公之手除掉張邈，理由正是因為張將軍曾對韓冀州的挑撥才能提出疑義，可見袁紹對韓馥的厚愛，怎麼轉眼又以鴆酒相賜？志才年幼，不識其中奧妙。」

曹操莞爾，指著棋盤說道：「這正如奕道中的棄子術。將棄之子，在棄絕之前，必勇猛精進、冒險爭先，以求獲取最大的轉機。重視，有時往往是忽視的預兆，正如示弱常常是反戈一擊的先導。棋理，人心，同出一揆。可憐韓馥，正是袁紹棋盤上一枚遲早要捽爾否棄的子，唯其當棄，才待之以誠、撫之以敬，重加期許，哄瞞其心。袁紹也算得權謀場上的一名老手，對韓馥的冀州地盤，久懷鯨吞之心，而在條件不成熟時，才暫且予以聯合，以免過早暴露自己的霸主雄心。誠然，他先藉韓馥受辱之由而思除張邈，一可以安撫韓馥，以為死用，又可以占取張邈的地盤，還能在江湖上留點義名，一舉三得，也難為他項上那顆腦袋了。只可惜我曹操這枚棋他漏算了。」

「怕是主公早就識破袁紹居心了吧？」戲志才滿臉天真，曹操笑而不答。

「若主公真的替袁紹剷除張邈，袁紹還能收兵不血刃之效，那便不是一石三鳥，而是四面開花了。」戲志才進一步發揮。

「聰明人也有不夠聰明的時候，袁紹思我曹操，就太過蠢笨。況且，張邈還是我多年知交呢？對我從未有負。說起來，袁紹還想置曹操於不仁不義之地呀！」

「但是，你拒絕了袁紹，總得算欠他一分情吧？」

「這麼說也可以，只是本初欠我的更多。」說這句話時，曹操的臉色顯得分外凝重。

戲志才當然以爲主公指的是汴水一戰時，袁紹的袖手旁觀，其實曹操腦海中正出現十年前那個大雨如注的夜晚，還有那個貌若西施的紅蓮……

※

初平三年（西元一九二年），正月，討伐董卓的英雄孫堅被劉表手下的軍士射殺，一代將星就此殞滅。袁紹與公孫瓚大戰於磐河界橋，公孫瓚與劉備、關羽、張飛落敗，袁紹日益驕橫。

三月，兗州刺史劉岱陣亡，青州黃巾軍大肆屠戮兗州。曹操終於等到了機會。

曹植出生了。

第六章 猛將擒帥，降服黃巾餘黨

該回頭說說長安了。

董卓體內洶湧的狼性，早已使長安成爲一座恐怖之城。他自尊太師，又自號尚父，不僅位極人臣，亦且視君王如無物。

董太師過於熱衷殺人了，且花樣翻新，就像人類數千年來嘗試著用各種方法獲取雞鴨牛羊的美味，董卓在兩三年裡也試圖實踐一部人間酷刑大全。如果後人因爲董卓的存在而忘卻桀紂，他內心當不無得意。當年他擊破孫堅時，所有的俘虜都用豬油塗布纏住身體，做爲人燭活活燒死。這幕慘絕人寰的景象，也只有董卓能做元宵燈會來欣賞。

遷都長安後，董卓驕奢淫佚的品行也暴露無遺，他在距長安二百六十里處修築的郿塢，高與長安城牆相同，其間的堂皇富麗，不亞於當年秦王嬴政的阿房宮。內藏可食用三十年的糧食，董卓視爲自己的養老院。

他所有的親朋姑舅，也全都加冠封侯，連年齡只有十四歲的孫女董白，都被封爲渭陽君，日常出入乘軒金華青蓋車，護衛人員大隊簇擁，其勢遠超皇族公主。

不能以德服人者，每每仗勢欺人，這幾乎成爲古今慣例。然而這條慣例的附注是：仗勢欺人者，每每不得善終。這使司徒王允閃身在歷史舞台上。

忠誠漢室的王司徒，早就萌發除掉國賊董卓的念頭了，爲了實現此一非凡舉動，他必須求助兩個人：呂布和貂蟬。

王允聰明的看到，武功蓋世的呂布，恰恰也是天底下最不知曉忠誠爲何物的人。名義上他雖是董卓的義子，可是同時呂布又是刺殺董卓的最佳人選，只要給他注入一點動機就行。也是老天開眼，司徒王允家中，竟有一名貌追西施的絕代佳人貂蟬。

這故事我們大家都知道了，王允先後將貂蟬允諾給呂布與董卓的所謂「連環計」，堪稱世界間諜史上的經典傑作。被色慾刺激的神魂顛倒的呂布，終於不顧一切加入了王允的叛亂集團，最後在未央殿前，用手中那枝世所無匹的方天畫戟，戳穿了董卓的心臟。

按照當時的流行作法，董卓闔家老幼，包括那位嬌縱成性的董白，全都被殺。算得上古代建築奇蹟的郿塢，也和它所追慕的阿房宮一樣，付諸丙丁大火。

人民的復仇心不僅最公正，往往也最爲幽然。士兵們用一枝蠟燭點在董卓的肚臍上，以他體內充盈的脂肪作爲燃料，竟使這枝蠟燭奇蹟般的點燃三天三夜。

當全國都在爲董卓覆滅而歡慶鼓舞時，唯獨曹操沒有顯出應有的激動。他對荀彧說：「天下將更加動蕩了！」

荀彧馬上理解曹操的意思，他點了點頭，「董卓的強權政治，雖暴虐空前，然而至少又使得董卓之外的任何人，不敢輕易算計江山。各路豪傑雖各存異志，畢竟掂掂自己的分量，覺得還沒到逐鹿中原的時候。」

「董太師一命歸西，」曹操接口道：「不啻爲一聲號召，一句『先入咸陽者爲王』的約定，偌大江山，一夜間成了一件人人都可以披在身上的皇袍，此刻正是他們磨刀擦槍的時候了。」

曹操抬起頭，目送一隻灰雁沒迄遠方，「兵連禍結，甲光耀日，人人逞威，個個膽寒，便是這個時代的宿命。」

「曹公何不將此視爲上蒼賜與的一大機遇呢？」荀彧的聲音極爲平緩，也極爲從容，「劉岱戰死，空出一座上好兗州，曹公正可以接管。」

「文若先生言之有理，東郡太小了，甚至不配文若先生欣賞雲霞。」四目相接，兩人同時發出會心的微笑。

名。

※

曹操找到老友陳宮。陳宮原為東郡人，足智多謀，口才過人，在兗州一帶頗有聲名。

「孟德兄不必過慮，此事在宮看來，幾如兒戲一般。宮即日便上道，憑口中三寸之舌，管保說得兗州上下，自願把大印交到你曹東郡之手。」陳宮慨然允諾。

「公臺（陳宮字）如此大功，曹操何以為報呢？」

「你看著辦吧！」陳宮詭譎地一笑，「我陳宮既樂於助人，也計較回報。」

在汴水戰役中與曹操同受箭傷的鮑信，此時仍在兗州擔任濟北相。鮑信對曹操素表忠誠，曹操也早就向他暗示了自己欲統領兗州的意向，在陳宮抵達之前，鮑信已會同兗州治中萬潛，在州內事先布署，終於使大小官吏相信：為了對付青州黃巾軍的騷擾性進攻，只有把東郡太守曹操迎來做兗州牧，並強調：「這也是陳公臺的意見」。

雖然這件事上，陳宮並非出力最多的，但平心而論，即使沒有鮑信和萬潛，陳宮仍然能憑一根舌頭促成此事。而陳宮在兗州的威望，無疑也出乎曹操的意外。

曹操的大隊人馬當即開赴兗州。曹操在馬上猛然想起一件事，他和荀彧道：「令侄公達久居長安，近況如何？」

曹操問的，正是當年他在洛陽匆匆一別的荀攸。荀攸年長荀彧六歲，輩分上卻是荀彧的侄子。大敵當前，說不定哪邊就中了黃巾軍的埋伏，而曹操此刻竟還有心思掛念他人下落，不禁使荀彧大為感動。

他回答道：「公達自洛陽與公別後，每日韜晦深藏，但內心無時無刻不思謀除董卓。董卓遷都長安後，公達與議郎何顒等人決定效荊軻、慕張良，行刺老匹夫。不幸事發，一干人等被拘入死牢。若非王司徒連環計恰巧告成，公達幾乎就不在人間了。」

聽說荀攸還活著，曹操大感欣慰，「我只知道公達智謀過人、韜晦過人，沒想到膽氣竟也大大超人。那麼，那位月旦大師何顒呢？」

荀彧輕嘆一口氣：「公達在獄中照樣日日談笑風生，而何顒先生因畏懼董卓酷刑，竟然懸索自盡了。」

曹操忍不住哈哈大笑起來，笑了好久才向荀彧解釋道：「操弱冠時在司徒橋玄家中，曾向何顒先生立誓道：『何先生若他日蒙厄，則陷先生於難局之徒，便是曹操舉劍欲割之頭』；但有個條件，即他不能自刎己頸，誰會想到呢？這個預言過那麼多士林人物的神仙，竟讓我曹操道破了結局。」

曹操太忘情了，他忽視了一點——荀彧並沒有笑。

※

從曹操的立場出發，他當然以爲所謂農民作亂，只是一股單純破壞力量，雖然他也認識到，正是東漢朝廷的腐敗和各地官僚的強蠻，才導致百姓揭竿而起。

曹操在馬背上吟出的那首著名的〈蒿里行〉。既歷史地記載了當時分崩離析的天下形勢，也以詩人的情懷，對百姓的艱難處境做了生動的刻畫，並報以強烈的悲憫。

詩曰：

關東有義士，興兵討群兇。
初期會盟津，乃心在咸陽。
軍合力不齊，躊躇而雁行。
勢利使人爭，嗣還自相戕。
淮南弟稱號，刻璽於北方。
鎧甲生蟣蝨，萬姓以死亡。
白骨露於野，千里無雞鳴。
生民百遺一，念之斷人腸。

然而，斷腸歸斷腸，爲了實現自己的抱負，還是得狠下心腸，與那些頭裡黃巾的

第六章

猛將擒帥，降服黃巾餘黨

青州軍較量較量。

從純軍事的眼光看來，青州軍雖號稱百萬，卻仍可看成烏合之眾，它的戰鬥力是必須大打折扣的。張角等大頭領死後，黃巾軍中已沒有眞正稱得上大將之才的人物；拉家帶口、扶老攜幼的隊列方式，也使它不具備軍事上最爲可貴的機動能力。在數量上，黃巾軍幾乎可算是當時世界上最龐大的軍旅，羅馬軍團的總數也及不上它，但由於它又只會做些攻城劫寨、撈一把就走的零星買賣，因此黃巾軍也就同時成了世界上最可笑的一支軍旅。當然，一百萬人畢竟是可怕的，不說別的，光一百萬顆人頭要一一取下來，也顯得不太可能。

因此，曹操心底擬定的戰略思想，乃攻心爲上，力爭從心理上瓦解對方，使其不戰自潰，而不是在沙場肉搏戰上多有斬獲。

曹操讓荀彧、夏侯惇留守兗州，自己率領大軍駐紮在安駕莊。

這天，曹操與鮑信、夏侯淵、典韋等，只帶了二十來名隨從，外出偵察黃巾軍的行蹤。一行人再次來到八百里梁山泊，對岸，足足有四十萬青州軍。隱約中，彷彿有一位披著長髮的老太，站在祭臺上，邊上是一些血肉模糊的豬頭、牛頭、羊頭。看來青州軍又在進行他們獨特的戰前動員了，老太每做出一個奇怪的動作，便引來一陣萬眾吶喊。

「老太身上集中著青州軍的血氣意志。」曹操對眾人說：「一位可怕的教母，手無縛雞之力，卻又能鼓起眾人的殺虎之氣。」

「她叫黃阿英。」自幼在當地長大的典韋插嘴道：「據說是天公將軍張寶的師太，整日覡神弄鬼，自稱有降妖伏魔之能，在黃巾軍中威望極大。」

「可笑的見解。」曹操目不轉睛地注視著對岸，「將士氣寄託在子虛烏有的信念上，只能維繫一時，終究是保不住的。如果黃巾賊沒有了黃師太，將會怎麼樣呢？」曹操半是詢問、半是自言自語。

「我想！」鮑信說道：「他們會成爲一群羊，一群聽候曹公使喚的綿羊。」

曹操哈哈一笑，「只可惜我不會仗劍做法。」

「黃阿英其實也不會。」鮑信說。

正說著，從林中「嗖」地射出一枝羽箭，一名隨行騎士當即落馬。

「什麼人？」夏侯淵掄起大刀，朝密林裡喝道。

還能是什麼人呢？當然是黃巾賊。一支千把人的青州兵無意中發現了曹操，立時如一群蠻牛衝將過來。

典韋拔出八十斤重的雙戟，碩大的身軀在曹操面前一立，說道：「主公請即上馬。」

那邊，夏侯淵一刀一馬，眨眼間已砍斷了十多兵士卒。只是，青州兵是有進無退的，由於堅信黃師太的咒，他們個個成了不知死亡爲何物的猛士。

曹操看著敵人手中的那一根根木棍犁鏵，皺了皺眉。

當然，典韋是不可戰勝的，他雙戟舞動猶如十隻餓虎同時出籠。和別人不同的是，典韋在戰場上總是默不作聲，像一尊啞吧天神；他衝破敵陣時的架式，就彷彿一輛割稻機馳過茂盛的稻田。看上去似乎不可能，但典韋的一雙銀戟已打發掉了兩百多名青州兵。

曹操跟在典韋身後，不時也用手中的青釭劍斫傷幾名欺上前來的敵兵。

典韋認準了撤退的路徑，不管這條路上目前簇擁著多少來敵，他竟渾然未覺，像一位在花徑上不斷採摘鮮花的少女一樣，不斷使他人的頭顱綻開花來。

曹操覓得一徑，猛一縱馬，一溜衝下坡去。夏侯淵見主公已突圍，便也收起大刀，衝下坡來。

青州軍「牙牙」叫喚，但由於無馬可乘，只能眼睜睜地看著曹操走脫。

鮑信未能走脫，他的頭被插在一根釘鋁上，青州軍一哄而上，棍棒齊交，轉眼之間，曹操忠實的戰友化爲一灘肉醬。

置身敵陣如倘徉花叢的典韋，在坡上朝曹操做了一個別過的姿勢，便消失不見了。

※

曹操回到安駕莊，失聲痛哭。夏侯淵、曹仁、曹洪諸將皆侍立一邊，默不做聲。卞姜把剛剛燙好的酒端給眾人，大家同時酒盅一翻，把酒潑翻在地。

曹操聲調哽咽，悲不自禁，「鮑信與我，自幼交接。其人有不世之志，而意態謙遜，對我矢志相輔。汴水之役，我倆同遭劍創，我一月而癒，他卻留下終身殘疾。鮑信從未相負於我，我又何曾有恩於他。本想待大世告成之時，與他同歸林下，共話桑麻。誰知天道不仁，大業尚遠，斯人已去。還有當年傾財相助的衛茲衛老爺，一生尚忠秉直、輕財好施，誠乃一代商俠，竟至於汩沒汴水。鮑信吾友，生性如此，而竟屍骨無存，使操連一扶棺揮淚的機緣都不可得。嗚呼，老天何其摧我太甚，老天何其摧我太甚呀！」

想到鮑信往日音容，曹仁等也暗自垂淚。

第二天一早，程昱將一口上好楠木棺槨送到曹操帳內，說道：「請曹公節哀，濟北相鮑信的棺木已備好，可擇吉日下葬。」

曹操急忙揭開棺蓋，只見鮑信一身戎裝躺在裡面，面貌栩栩如生。原來，程昱見曹操心下慘痛，遂連夜趕回東阿縣，召集當地的能工巧匠，雕製了鮑信的塑像。

第六章

猛將擒帥，降服黃巾餘黨

曹操拍了拍程昱寬闊的肩膀，說：「眞難爲你了。」

在一個血色斑斕的黃昏，曹操親率眾位將士，隆重的入殮了鮑信。

※

典韋數日不回，眾人難免心下猜疑。

曹洪忍不住對曹操說：「典韋莫非已拋棄主公，別覓高枝？」

曹操朗聲一笑，「天縱負我，典韋絕不負我。」

「那麼，他會不會碰到什麼意外？」曹仁問。

「即使撞上溫侯呂布，典韋也落不了下風。」曹操顯得極有把握，「當今天下，又有何人能置典韋於死地呢？諸將毋疑，三日之內，典韋必來歸我，說不定還會帶給我一筆厚禮。」

曹洪等人嘴上不說，心裡難免犯疑。倒是夏侯淵曾親眼目睹典韋如何替曹操殺開條血路，附和道：「典韋對主公的忠誠，不亞於當年樊噲追隨高祖，武功更在樊噲之上。」

典韋果然在第三天午時回來了，鞍前還挾著一個老太。一看，正是青州軍首席巫師黃阿英。

原來，當日典韋見曹操對黃阿英不無忌憚，便尋思著把黃阿英偷來做人質。偷劫黃阿英並不如想像中那麼困難，這老太從不在稠人廣座中生活，每天做罷祭典之後，便獨自一人回到自己那間建於山坡、四壁塗成火紅色的小木屋裡。出於對黃阿英的畏懼，小木屋周遭半公里之內不允許任何人往返，小木屋成了她的達摩壁，因此，典韋在觀察周詳之後，事實上未傷一人一卒，就一兜頭把這位自稱有神力的風燭老太擄將下來。

「我估計主公可能拿她有用，所以敬之如老母，不敢有絲毫傷損。」典韋說。

「沒想到將軍的壯士膽裡，還藏著一顆繡花心吶！」曹操愛寵的注視著典韋，「為將如此，方可縱橫一世。是的，黃師太對我確實非常重要，值得享受老母的待遇。」

曹操吩咐手下迅速在安駕莊起出一棟小木屋，四壁得同樣漆成朱紅。

「尊貴的師太，」曹操對人質行了一個大禮，「請在曹某處暫且盤桓數日吧！做符施咒，悉聽尊便。」

青州軍驟失黃師太，立刻群起激憤，三軍齊發，把安駕莊圍個水洩不通。曹操知道，只要黃師太在自己手中，青州軍絕不敢妄動干戈。

程昱對曹操說：「刁民的迷信之愚蠢，正容易於為主公所用呀！」

曹操不打算立刻與青州軍卯上，他非常贊同荀彧當初提出的見解：重要的不是打敗青州軍，而是收買它。因此，一連兩個月，曹軍與青州軍對峙，絕不出戰。當然，前提是必須讓青州軍相信黃阿英還活著，而要做到這一點很簡單，只需每天讓典韋挾著黃阿英在敵陣前兜一兜就行了。

※

這段時間裡，長安又發生了驚天動地的變化。

司徒王允在唆使呂布刺死董卓之後，自以爲功高莫名，便也大權獨攬起來。王允的連環計雖高明，但他畢竟不是政治鬥爭的老手，也就是說，他連一點基本的兩面派作風都不具備。王允在收買人心方面，連董卓都不如，雖然在個人品行上，他又遠遠優於董卓。

比如說，董卓初到長安後，爲了收買人心，曾重用大學者蔡邕（即才女蔡夫姬的父親），一日內三次提高他的官職，理由僅僅是，蔡邕乃海內聞名的通才大儒。但這位並非眞正依附董卓的蔡邕，卻被王允殺害了。蔡邕的無端被殺，不僅是我國史學文化的一大損失，也預先敲響了王允的喪鐘。

王允太不通曉人情了，他不願意給任何人退路，也就同時斷了自己的後路。

王允拒絕了董卓部將李傕、郭汜企求投降的要求，於是他們便想既然橫豎都是死，乾脆聽從著名謀士賈詡的建議，率領十五萬涼州兵，打上長安城頭來了。

由於王允、呂布平素待城內的益州兵過於苛刻，就在呂布守城的第八天，這些心懷不滿的士兵偷偷地開啓了城門，西涼兵遂源源湧入，在長安城內大開殺戒。而驍勇善戰的呂布憑著一身武藝，單槍匹馬，向東南投奔了袁術。王允無路可逃，只能自抹脖子了。

這樣，多災多難、從未眞正擺過皇帝威風的漢獻帝劉協，便落到李傕、郭汜的手中。

李傕、郭汜共執朝政，一時大封功臣。他們首先想到的便是賈詡，但是，深諳韜晦謀略的賈詡明智的拒絕了。

兩個人共執朝政，這似乎永遠是不可能的。過不多久，李傕、郭汜即反目成仇，把個長安城再次殺的屍橫滿地、火光沖天，卻又沒能分出勝負。

※

曹操拒不出戰的策略，使青州軍失去了耐心，但爲顧及黃師太的安危，又不敢輕易動武。於是他們便給曹操寫了一封信，信中對曹操竭盡吹捧之能事，他們表示，只要曹操歸還黃師太，青州軍將退出兗州地界，永不與曹操交戰。當然，他們還對曹操士兵的精幹表示了欽佩。

時機成熟了。

這天，曹操召集眾將，一一布置了作戰計畫。眾將得令，個個面露喜色。

曹操來到青州軍陣前。與曹操併馬而立的，僅手持雙戟的典韋一人，後五十公尺處，則是千來名士兵和程昱、黃阿英。

曹操朗聲說道：「各位將士在此與我曹操對壘已有數月，人人皆思食我肉，個個皆想寢我皮。可是，我曹操不喜打仗，唯好遊戲。」

言畢，典韋舞動雙戟，躍馬而出，在陣前來回馳騁，忽地飛出一戟，將三十公尺開外的敵方營旗「喀喇」斬落，眾人尚未來得及叫好，又見典韋右戟飛出，同樣距離內的另一面敵方營旗又告摧折。

曹操哈哈大笑，說道：「我的遊戲方式是，若貴軍中有臂力過人者，能在三十公尺之外將我的營旗擊倒，當然，還得用剛才的那兩根戟，我曹操當即奉還黃師太，讓出兗州。若貴軍十人中竟無一人能辦到此事，嘿嘿！我曹操做事從不做絕，也有兩條路可供選擇：要麼交出你們的武器，要麼放棄你們的師太。」

曹操這番話說得落落大方，青州軍中起了一陣騷動，不一會兒，便有十個壯健大漢跳出陣前，躍躍欲試。典韋擲下雙戟，在三十公尺外以手扶定一面營旗，仰首向天，一副不避不讓、不屑一顧的神情。

兩根戟中的任何一根，皆有四十斤重，這是那些壯漢們事先未曾料到的。雖說舉起它不怎麼費力，但要想擲出十公尺開外，卻也不容易辦到。好比第四個壯漢最爲倒楣，才剛剛擺出架勢，便「哎喲」一聲上肢脫臼，繼而又是一聲慘叫——脫手的銀戟落下，又砸傷了他的腳背。其中兩人見狀，也不在乎丟不丟人，便放棄了投擲，低頭回到隊中。

值得一提的是第八個人，他是這群人中唯一的小個子，居然也是人人來裡，唯一把銀戟擲出十五公尺遠的大力士。當第九位壯士也在十七公尺處宣告失敗之後，數十萬人的眼光便齊刷刷地對準了第十個人。

這是個身高達二公尺二十的巨無霸。他已脫光上身，袒露出犛牛般的森森胸毛，兩塊偉大的胸大肌在黑毛叢中隱隱開闔，似乎蘊育著天神般的呼吸。看到如斯壯漢，曹操感到此策有點孟浪，這場遊戲似是輕率了些。

巨無霸冷冷地掃視了典韋一眼，單手抬起銀戟，還若無其事的讓戟桿在手掌上跳了跳。場上絕無一絲呼吸聲，除了典韋依舊仰首向天，不避不讓，其餘所有人似乎都在等那驚心動魄的一擲，連曹操也不例外，他大概想閉起眼睛了吧？

忽地，見巨無霸炸雷般一聲斷喝，銀戟倏爾出手，直飛旗桿。一秒鐘裡有萬千剎那，銀戟落處，距旗桿尚有半尺之距，典韋和他的旗竟是未損分毫。

這是怎樣的沉默呀！沉默中有地動山搖。只聽「鋃鐺」一聲兵器落地，接著便是數十萬件兵器同時落地。大地眞的搖撼了，雖然這搖撼中含有著更靜寂的沉默。好勇鬥狠的青州軍，同時也是眞正信義的人，爲了贖回他們的師太，他們毫不猶豫齊齊做出放下武器的選擇。

黃阿英坐在祭臺上，被十個士兵高高抬起，送到青州軍手中。沒有人重新揀起武器，這支數十萬人的大軍，猶如一支龐大的送葬隊伍，黯然離去。

青州軍已經手無寸鐵了，經過剛才那場幾近戲弄的挑戰，青州軍已全無鬥志；典韋太可怕了，他竟可以在百萬軍中，如入無人之境，擄去他們的師太，這可不等於宣告，青州軍中的每個人，隨時都有可能成爲他戟下的犧牲品？而他那對銀戟一出手——擦一擦皮傷；挨一挨，骨裂；撞一撞，腦開。一旦舞開，誰又能近得了身？曹操的膽略（他居然只帶一個典韋，就敢在百萬青州軍前叫陣）也使他們氣短，更何況，外面又盛傳此人足智多謀。

青州軍走進一座巨大的山谷，早已疲憊不堪。誰知夏侯淵擺開人馬，已在此等候多時。左面曹仁、右面曹洪已分別占領山頭，三面擋住了去路。青州軍如一隻巨大被翻轉身來的海龜，人數雖眾，卻完全沒有任何抵抗力。

夏侯淵高聲說道：「奉曹將軍之命，請青州軍回轉兗州，共創大業。曹將軍神武蓋世、謀略無雙，效忠漢室，心憂黎民，有匡扶天下之才，請諸位毋疑。」

話音剛落，大旗招展，夏侯淵、曹仁、曹洪軍中同時馳出三隊騎兵，個個身裹重甲、手持鋼盾，卻無一人持刀劍。三隊鐵騎驟然突入青州軍中，如三條墨黑蛟龍，在茫盪無邊的青州軍中翻江倒海。

青州軍大譁，頓時四下流走，莫辨方位。青州軍中本來就不盡是能征慣戰之卒，黃花閨女、稚童及高齡老者所在多有，被曹軍如此一衝陣，哪裡還收束得住隊形？呼爹叫娘之聲不絕於耳。

忽聽一聲鼓響，三隊騎兵同時勒馬，循著來路，像三條靈蛇，轉瞬間已盡歸本隊。

「曹將軍宅心仁厚，不務殺伐。」夏侯淵清亢的聲音又在山谷間迴盪，「請青州軍回轉兗州，共創大業。」

曹軍士兵同聲齊唱：「回轉兗州，共創大業。」

夜色降臨了，手無寸鐵的百萬青州軍進入了曹軍的包圍圈，除了向曹操投降，沒有任何出路。四五名青州軍頭目跪倒在黃師太面前，請她作出最終決定。

黃阿英閉目斂心，盤膝趺坐，口中喃喃有辭，臉上全無表情。

日過三竿，黃阿英突然面色急遽潮紅，呼吸急促，兩眼似閉非閉、似睜非睜，口角大動。青州軍頭領相信他們的師太，正在與誰也看不見的神靈通話，於是全部匍匐在地，不敢稍稍抬頭。約莫過了一個時辰，頭領們才偷偷地抬起了頭。但是，黃阿英死了……

※

青州軍投降了。

經過整編，汰除掉老弱婦幼，曹操的青州兵共計三十萬人。這是一個不可思議的軍事奇蹟，就在所有當世豪傑都還不怎麼把曹操當一回事的時候，僅僅一夜之間，曹操已成了一位手握重兵、左右時局的非凡人物。

曹操從安駕莊回到兗州，優雅從容的荀彧早已把兗州城管理得井然有序，一派昇平祥和之象。

「主公！」荀彧說道：「該是補綴漢家江山的時候了。」

是的，江山破碎，世相紛擾，但眼下曹操最想的，莫過於抱抱自己的兒子曹植。

第七章 以父之名，起兵攻下徐州

曹操占定兗州，一時軍威大盛，名聞遐邇。

遠在長安挾持著漢獻帝的李傕、郭汜唯恐曹操勢力擴大，危及自身利益，便假託皇帝名義，派使者金尚前來接管兗州。曹操毫不遲疑，當即派夏侯惇及新近從步卒中提拔上來的將領于禁，帶兵五千，在半路上予以截擊。捧著兗州刺史大印的金尚剛一交手便告潰敗，只能投奔袁術去了。

李傕、郭汜聞訊後，只能賣個人情，讓傀儡皇帝劉協正式承認曹操的兗州牧身分。

※

當初董卓努力強盛時，曹操曹和袁紹在酸棗有過一次對話。

袁紹問：「如果我們討伐董卓失敗，那麼，哪塊土地方可以據守？」

曹操早就知道袁紹並非眞心想討伐董卓，便表示：「先聽聽本初兄的高見。」

袁紹的霸王志向是：「南面依託黃河，北面占領燕代之地，東面結好烏桓等游牧民族，勵精圖治，然後麾軍南下，爭奪天下。」

輪到曹操回答了，他道：「在孟德眼裡，漢朝江山是完整的，割據一隅，稱雄一方，這不符合我的思路。重要的是人，人在江山在。一個謀士抵得上十萬大軍，一個上將抵得上百座城池。孟德的志向，便是任用天底下的才俊之士。人盡其才之時，亦即物盡其用之日。」

袁紹本能的以爲曹操又在用大話來搪塞自己，殊不知曹操此時吐露的正是肺肺之言。

兗州初定，曹操便如獵狗般不斷尋覓當地的人才。於是，大將于禁從尋常士卒中被發現了，劉曄、滿寵、呂虔等各具才幹的人才紛紛得到重用。還有被聘爲從事的陳留人毛玠。這個其貌不揚、個子矮拙的中年人剛抵曹營，便結結巴巴的向曹操提了一個驚人的建議：「主公欲在政治上領先，須從李傕、郭汜手中奪回天子；欲在軍事上占先，首要之務是注重農業，得糧草者得天下。」

這個建議概括起來便是——「奉天子以令下臣，修耕植以畜軍資」，它的預見性、可行性都相當的卓著。如果後十餘年諸葛亮曾以「隆中對」爲劉備指畫江山，則毛玠此語對曹操的點撥，實在不輸孔明多少。曹操聽罷大喜，但嘴上卻「噓」了一聲，示意毛玠毋將此語示人。

※

然而，眞正抵得上十萬乃至百萬雄師的謀士，乃是年僅二十六歲的郭嘉（字奉孝）。

曹操正在營帳裡讀著《六韜》，荀彧挑簾而入。

「我曾許諾向主公薦舉大賢高才。」荀彧目射精光，言辭頓挫，「其人當能運籌帷幄，決勝千里，天下繫乎一心，時局任意俯仰，志節慷慨而又行止風流，氣吞六合而又智謀萬方。」

曹操聞言大喜，霍然而起，「此人安在？」

荀彧向帳外高喊：「有請潁川郭奉孝。」

郭嘉羽扇綸巾，飄然而入。曹操注視著他：一個膚色白皙、身材清瘦，天庭飽滿，目蘊虹霓的青年書生。

「他太年輕了，好像也過於文弱。」曹操暗暗嘀咕著：「荀文若極具伯樂之才，從不輕易譽揚他人，爲何偏偏對此人極盡潑墨重彩之高評呢？」

荀彧已離開營帳，室內僅曹操、郭嘉二人。

曹操留意到在自己左面席上坦然落坐的郭嘉也正在觀察著自己，遂一掂手中的《六韜》，問道：「敢問奉孝君於古籍兵書有何研習？」

「兵家至理，書多不傳；非不欲傳，實無可傳。要在因地制宜，因勢利導，全局在心，臨機生變。若孜孜於汗青書簡，只會死在句下，誤在疆場。奉孝不才，於古賢漫言，多廢而不觀。」郭嘉聲音清曠，如絲絃過耳。

「誠哉斯言！」曹操呵呵而笑，「如此，我且拋卻此書，與足下漫步月下，徜徉山陰，共聆天籟何如？」

郭嘉莞爾一笑，「樂意奉陪。」

「足下氣色不佳，恐傷風寒。」曹操一邊說、一邊解下自己的罩袍遞與郭嘉，「高才之士，易遭天忌，攝生之道，謹須慎重。」

郭嘉一欠身，「多謝垂愛。」

時值高秋，月華如水，蛩鳴四野，寒露沾衣。曹操與郭嘉不知不覺已遠離曹軍營帳，穿過一片肅穆的樺樹林，來到河邊。

「高才俊賢，必精於擇主，如良禽精於擇木。敢問足下對操有何雅教？換言之，操必如何行事，方能使足下不生明珠投暗之情，而振翅遠颺？」曹操說的相當誠懇。

「多麼睿智的一問！」郭嘉脫口讚道：「即此一問，主公已高居悠悠千載之上。

只是，嘉於寸功未立、片言未獻之前，又焉敢妄啓唇吻，擅作應答？」

「足下不必過謙，操極欲恭聆。」

「如此，請允我試作唐突言。」郭嘉見視長河，聲音淙淙，「譬猶此河，將赴東海無疑。人主當存東海之志，襟袍恢廓。然東海之所以能納百川而成無涯無度，以其處下勢也。度象二字，不可不別而識之。董卓有象無度，橫暴恣睢，已見覆亡；袁紹有度無象，或纏綿過甚，或剛愎無常，嘉亦可預知其作爲。人生以海爲師，不失謙恭之態，然猶需知海上別有一派雲蒸霞蔚之蜃樓絕景。唯高下在心、體情達物者，方能在此道中斡旋；心存一念，方能廣納雅言；志存高遠，才可砥礪眾心。人主或有所蔽，士子每具別才，主士之間，宜互知短長、互爲表裡。待士之道以敬，用士之法以信，唐突之言不見忤，明哲之舉必見嘉。主公若心念丘山、情體滄海，郭嘉自當捐肝輸肝，爲牛馬走，而無遺恨也。」

「足下金言，勝似綸音春風。」曹操握住郭嘉的手，「今後操但有錯訛蠢謬之舉，請足下隨時庭斥，以救癡頑。」

郭嘉笑了，「置身亂心，虛士橫議，然猶當先識進退，嘉又豈敢胡來？」

「高才之士，不可以常人法束縛。」曹操依舊握住郭嘉的手，「在我這裡，你比鳥兒更從容自由。」

郭嘉深深的鞠了一躬。

※

初平三年（西元一九二年）冬天，袁術和公孫瓚南北夾擊，同時向曹操、袁紹發難攻擊。公孫瓚又分派部將平原相劉備，配合青州刺史田楷、徐州牧陶謙，從東面威脅兗州。各路諸侯武力爭奪漢家天下的序幕，正式拉開。

袁紹迅速派來使者，請求與曹操聯合，由曹操對付袁術，袁紹對付公孫瓚。曹操召集文武，商討對策。

夏侯惇第一個表示反對，「主公實力己非往日可比，大可不必再聽命於袁紹。袁氏兄弟不和、各懷野心。袁紹欲借主公之手，消除自己的競爭對手，用心險詐。主公不如讓袁術一條道，聽任他們兄弟殘殺，消耗彼此實力，方爲上策。」

曹洪點頭表示贊同。

郭嘉卻表示不同的意見，「群雄紛爭，多角併力，爲將之道，當識消長之勢、借力之機。元讓將軍所言極是，袁紹確有利用主公之心，但主公又何嘗不在利用袁紹呢？袁術者，心比天高，志存篡逆，而才力不逮，數通鼓罷，連戰可擒。公孫瓚、陶謙者流，有不軌之志而乏王者之象，假手袁紹，則可束手。劉玄德羽翼未豐，田棍愔弱無能，可置諸不論。以上皆匆匆過客耳，曹袁聯手，大破諸侯之日，亦即曹袁爭雄之時。放眼遠量，這一天不僅不可避免，我們還應期盼它早日到來。爲此，先與袁本初共割稗草，掃清沙場，正逢其時。公征袁術，袁紹對付東面，公平的很。」

曹操與荀彧對視一眼，兩人同時點了點頭。

曹操留荀彧、程昱等駐守兗州，然後盡點本部軍馬，開赴陳留前線，與袁術大軍遙遙相峙。

※

因爲一心只想過過皇帝癮，袁術多少已有點神經質。他像尋常中國老人總是過早預製壽衣一樣，也早早爲自己裁製了龍袍。爲了爭做皇后，他的兩個太太也整日爭風吃醋、擾擾攘攘。自從自長沙太守孫堅手中擄得傳國玉璽之後，這個四十歲剛剛出頭的人便夜夜睡不安穩了，頭頂也急遽萎謝下去。他過於相信冥冥中的天意神定，以致疏忽了一個最簡單的道理——江山屬於軍事上的強者。

說起來袁術的軍隊實在差勁。爲了想像中嵯峨華麗的皇宮，貪得無饜的袁術便專意搜刮錢貨，剋扣軍糧，他的士兵便淪落到挖河蚌充飢的地步。陰冷不實的蚌肉恐怕連維持生命都不行，更不用說激發士氣了。

爲了壯大聲勢，袁術只能暫時和於夫羅統帥的黃巾餘黨黑山軍聯合，試圖藉數量上的優勢，掩飾素質上的贏勢。但這正是導致袁術戲劇性迅速潰敗的主因。黑山軍見了曹操手下龐大的青州軍，因爲曾同屬黃巾，頓時士氣盡折，一哄而散，後面的袁術哪裡還壓的住陣腳？隊形如骨牌般倒下，曹操長劍一指，夏侯淵、于禁、曹仁、李典、樂進、曹洪諸將滾滾殺到，如洪水決堤。袁術倉皇退往封丘，不旋踵又逃奔襄邑、太壽，直到九江才算穩下。

曹軍沿路的追殺，使袁術軍隊十去其九，當然，其中大部分並非死在疆場上，而是開小差逃跑的，其次死於疾疫的也不在少數。曹操差不多可以認爲，來自袁術的威脅已消除。

與此同時，東部戰場上袁紹率領的十萬大軍也所戰皆捷，打敗了公孫瓚。

※

夏天，曹操大軍在定陶做了短暫休整，以便做好再進陶謙的準備。

這天，曹操正因爲潁川神童戲志才不幸死於肺炎而怏怏不樂，曹仁進帳，向他報告了袁術近況，「袁術敗退九江後不久，稍整旗鼓，又折返揚州，命令揚州刺史陳溫讓出州印，陳溫不從。袁術率軍攻城，陳溫力戰數日，終於攻破城池，爲袁術所殺。」

當初曹操兵敗滎陽後，揚州刺史陳溫曾慨贈兩千人馬，助曹操東山再起。曹操沉吟半晌，便說：「袁公路乃冢中枯骨，一杯劫灰，我不容他再度飛揚的。」

曹仁笑道：「袁術早已被主公打怕了。仁聽說袁術手下那幫蠢笨謀士，近來一直攛掇他早日登基改元，自作大統，但都被袁術拒絕了。他老婆惱了，硬要他刻日登基，袁術答道：『曹公尚在，未便造次。』」

「是嗎？」曹操答的有點漫不經心。

「主公連年征戰，而今幸有兗州，已獲根基。難道不想把伯父接來，稍敘天倫之樂嗎？」曹仁見曹操眉頭依舊深鎖不展，便換了一個話題。

誰知這話立刻擊中了曹操的心事。

原來，自從曹操陳留起兵後，辭去太尉職銜的父親曹嵩為躲避戰禍，便舉家搬出譙縣，住進了瑯琊山，曹家數世基業，因而大受折損。曹操深以為疚，與夫人卞姜也數次談起將老父遷來兗州之事。曹仁隨口一說，頓使曹操堅下心來，當即派人往赴瑯琊山，接引曹嵩。

聽說曹操決意征討徐州刺史陶謙，陳宮感到不安了，陳宮向曹操勸說：「陶恭祖為官清廉、忠政愛民，在征伐黃巾、平息韓遂之亂時屢立戰功，深得人心。孟德兄若以兵伐相加，恐怕會使天下士子寒心罷？」

「公臺言重了。」曹操說：「操又何嘗不知公臺與陶徐州乃多年知交？我敬佩你的朋友之義，卻無法受此義氣左右；公臺當初遊說兗州之恩，且容後報。因為，據我所知，陶恭祖為人尖刻寡恩，妒賢嫉能，面露一片祥雲，腹隱七分殺機。縱使我曹操容得下陶謙，陶謙卻決計容不下我曹操。」

陳宮愣愣的看了曹操好一會兒，當即告辭離去。

※

曹操深知這一仗的艱鉅凶險，他在耐心地等待秋天、等待秋收。只有籌集足夠的糧草，做好長期作戰的準備，大軍才可以開拔。

為了與袁紹達成默契，這一仗又非打不可。自從擊潰公孫瓚主力之後，袁紹和他的心腹愛將顏良、文丑、淳于瓊等，又一鼓作氣擊敗了另一部黑山軍，斬首萬餘級；接著又趁勢打敗左髭丈八、劉石等游牧部族軍隊，將戰線一直拓展到遼東，一時威名大震，匈奴、烏桓等游牧部落首領紛紛表示順服。

郭嘉說過，曹操、袁紹兩大軍事陣營的對抗不僅不可避免，而且愈早展開決戰，愈有利於曹操一統江山的遠大志向。為此，曹操必須把剷除陶謙的割據地盤視為己任。陶謙治下的徐州人口眾多、物產豐饒，又有北海相孔融、平原相劉備等人輔佐，極難對付。

「夫君羈身軍旅，千里征戰，拋妻別子，捨家為國。」卞姜怯怯的說：「倘天意乖違，為丕、植二兒計，不知何枝可依？」

「張邈處或可棲身。」曹操答道。見卞姜目露疑色，便輕拍著卞姜的右肩，「張邈與衛茲、鮑信乃與我最早共襄大舉的夥伴，今衛茲、鮑信相繼陣亡，唯獨張邈尚在。我不把妳託付給老友，還能寄望於何人呢？」

「夫君既如此說，卞姜記住就是。」卞姜輕嘆一聲，忽然又說：「夫君天生戎馬中人，定然不會有何差池。」

「我想也不會。」曹操說的相當自信。

※

這邊卻說曹嵩自帶領闔家老幼及僮僕百人避亂於瑯琊山中後，一改往日朝廷重臣的威嚴形象，每日只是彈琴作詩，儼然一副隱士狀。他太了解自己現在身爲兗州牧的兒子曹阿瞞了，也刻刻不忘兒子出生時那隻墜地而死的鸚鵡「太公望」，夏侯儉關於「滅門之禍」的凶言聲猶在耳，因此，他試圖藉韜晦而避禍，處深山以遠災。

這天，他突然接到曹操充滿純孝之言的來函，請他老人家出瑯琊山，前來兗州相會，心裡起初有所躊躇，最後還是小兒子曹德的一番勸告起了作用。曹德認爲，處身亂世，瑯邪山保不定哪天也會成爲諸侯血戰的沙場，戰火蔓延，難免受到波及。兄長在外與群雄爭雄，恐怕也會四處樹敵、八方結冤，若果眞如此，隱身荒山中的曹家，便極有可能成爲曹操敵人洩憤復仇的對象。既然退路未必是活路，還不如乾脆築巢兗州，在兄長的虎皮下覓一安身之地。曹嵩見兒子說的有理，便與大總管合計後，投往兗州。

這件事被張闓獲知了。張闓本是黃巾軍的一個頭目，新近投降陶謙。敗軍之將，職小位卑，無由聞達，因而一直在尋覓巴結陶謙的機會。他早知陶謙與曹操不和，兩下裡都在加緊備戰。因此，當聽說曹嵩一家要路過徐州時，這個頭腦簡單的傢伙，立刻以爲洪福自天而至，當即不加請示，立刻率領手下五百兵士前往彭城，攔截曹嵩。

當時曹嵩正在一座寺廟裡過夜，忽聞殺聲四起，張闓和他的五百兵士各執刀劍，驟然而至。曹德迷迷糊糊剛想發話，張闓長劍一展，一劍貫穿曹德的胸膛，不到須臾光景，上下左右之人俱已葬身血泊。

曹嵩不愧是見過大陣仗的人，危急之下，一轉身踅進了就近一座茅廁。茅廁緊鄰著寺院的黃牆，越過它就有可能躲入荒草，再藉機脫逃。曹嵩雙手攀住牆頂，剛想挪起左腳，張闓卻可怕地出現了，士兵們一擁而上，一陣亂刺胡割。可憐堂堂的前太尉曹嵩，竟死的極爲凄慘。

張闓收置好曹嵩的首級，與匆匆趕向陶謙面前邀功討賞。陶謙聞報大驚，一迭連聲：「豎子，你要誤我大事了。」

※

先前被曹操派出在半路迎候曹嵩一行的夏侯淵，從路人百姓口中得知此一噩耗後，急忙飛報曹操。

曹操頓時面無人色，踉蹌倒地，長跪不起。夏侯惇、夏侯淵、曹江、曹洪等曹嵩晚輩皆侍立一側，默默垂淚。這時，一條往日跟隨著曹操的獵犬，體主哀慟走上前來，挨擦著主人的腮幫。曹操嘴裡正模模糊糊地叨念著「哀哀我父」，突然倏爾站起，手舉劍落，竟將愛犬硬生生砍爲兩段。

曹操大軍出發了。三軍縞素，所有的戰馬皆腰纏白布，主帥曹操更是一身重孝。當頭一面大旗上書了「報讎雪恨」四字。

大軍行至魚臺，撞上一隊五百來人的官兵，竟也人人重孝，個個縞素。爲首將領見了曹操，倒頭便行了一個大禮，並將一只木盒奉上，說道：「奉我主徐州牧陶謙之命，特將元惡張闓首級納上，請曹公親驗。掏徐州囑末將敬告曹公，戕害令尊及闔族老幼，絕非陶徐州授意。曹公家門慘痛，陶徐州感同身受，獻上張闓首級，雖不能表哀思於萬一，然猶望曹公以蒼生爲念，偃旗罷兵，躬自節哀。陶徐州一俟肅清州務，當親造公門，負荊請罪。」

「說完了嗎？」曹操白眼一翻，「那麼，這便是你今生今世說的最後一句話了。」

話音剛落，典韋已如老鷹抓小雞般提起使者，就地一按，當頭一掌，使者未及悶哼，已然斃命。陶謙的五百兵士，也一個不剩地盡遭梟首。

曹操的青釭劍直指徐州，喝令：「前進！」

大單行至九里山，又一隊人擋住道路。原來，當初皇帝遭厄，李傕、郭汜在長安血戰，各路諸侯聞風而動，皆擺出「秦失其鹿、群雄爭逐之」的架勢。諸侯中千里迢迢備下厚禮向皇室表示效忠的，唯有曹操、陶謙兩人，給落魄的漢獻帝帶來莫大的安慰。因此漢獻帝也就理所當然的，把收治河山、重振朝綱的希望寄託在兩人身上。而皇帝一聽說這兩位忠臣就要開打，如何不著急，急忙忙派出欽差特使，在半路上截留。

皇帝出面做和事佬，這點面子總要給的罷。

曹操臉色一沉，對黃門特使說道：「請回稟陛下，曹操盡忠漢室、專意扶國，但家事不在其列。陶恭祖於曹操有弒父毀家之血海深仇，不容不報。待曹操家事了結，再金盆洗手，報效朝廷不遲。請尊使讓路。」

義憤填膺的曹操，使自己的軍隊成了一支蠻橫無道的虎狼之師。眾將依據曹操的臉色，做出了大開殺戒的判斷，加上歸順不久的三十萬青州軍又慣於打家劫舍，野性未除，一俟曹軍進入徐州境內，突前的夏侯惇、于禁、典韋便率領五萬先鋒，如後世的成吉思汗鐵騎，展開了激烈的屠城戰。

邪惡是會傳染的，當此種行徑不僅得到主帥默許，甚至還不無鼓勵時，青州軍便迅即將地上的暴行伸延至地下。大量當地富豪的陵墓被開掘了，早年曾使曹操深深感喟的所謂「白骨蔽於野，千里無雞鳴」的慘狀，竟輪到曹操親加施爲，這確實充滿諷刺。

曹軍一如執行末日審判的暴徒，他們的軍刀一一落向百姓平民身上。他們顯然以爲，既然陶謙洗劫了主帥全家，那麼，對陶謙治下的徐州平民施以橫暴，也算的上以牙還牙。

只有練達精警的郭嘉看出了主公的用心。曹操早就想對陶謙動手了，家門之禍只不過提供了一個藉口。曹操大軍愈是肆虐無道，在這個奉行「孝爲天下先」的時代裡，曹操反而愈能彰顯自己的孝行。興師復仇，這個藉口既能激勵士卒的敵愾之氣，也能藉機顯示曹操的實力。郭嘉的字號正是「奉孝」，他內心並不贊同曹操的手段，雖然他並沒有去規勸曹操。

陶謙部署在徐州境內各座城邑裡的小股守軍，被夏侯惇統領的五萬先鋒一一攻克、殲滅。曹軍主力迅速抵達彭城，與陶謙數萬主力部隊擺開了決戰的架勢。

彭城，舊爲大彭氏國，相傳堯封彭祖於此，楚懷王與項羽都曾在此建都立業。彭城城牆高厚，易守難攻，是一塊急切裡難以啃動的硬骨頭。曹軍裡外三層把彭城圍個水洩不通，各式矢攻雲梯也早已準備就緒，但曹操卻遲遲不下攻城令。

曹操不急於攻城。他知道陶謙早已有所設防，倉卒進攻，難免傷亡過大。北海相孔融、平原相劉備乃陶謙盟友，必然會在兩側掣肘。就像貓玩耗子一樣，曹操既已料定陶謙將輸掉這場戰爭，那暫時行而不發、圍而不攻，如此一來能怠慢敵人的軍心，增加敵人的膽怯，對陶謙也不失爲一種慢性折磨。

彭城的守軍愈來愈覺得無望了，曾數次開啓城門出來迎戰。曹操通常讓自己的軍隊退出一箭之地，聽任敵人從容布陣，然後突然讓典韋率領手下的敢死隊，無聲無息的闖入敵陣，于禁、曹仁、李典、樂進再從側翼進攻。

陶謙知道硬拚不是曹操的對手，只能再次退回彭城，一竟龜守。

※

這天，突然手下有兵士來報：東南方向殺來一將，銳不可擋，憑一馬一槍，已衝破夏侯淵把守的防線。曹操大驚，急忙走上高坡，眺望此人。只見他如鮫龍入海、虎入羊群，一連搠死二十來名兵士，馬蹄奪飛，直向彭城駛去。曹軍士兵剛要追去，城樓上箭如飛煌，射往曹軍陣營。

「如此勇士，世所罕見。」曹操心中悶悶不樂。曹操不是守「才」奴，卻又道道地地是一個愛才狂，「我軍中可與他匹敵的，僅典韋一人，但不知此人姓甚名誰？」

正在胡思亂想，手下軍士又報，那將又殺出城門，欲闖陣而出，無人能擋。典韋見狀，綽起八十斤重的雙戟，就要上去見個死活。曹操急忙按住，一邊對夏侯惇說：「不要射殺此人，可聽憑出入，但必須留下姓名。」

夏侯惇飛馬馳下山坡，迎著來將高喊道：「將軍神勇，曹公不忍併力加害，但請留下姓名。」

那將急勒住馬，就地一轉，朝著曹操所在的高坡拱了拱手，朗聲道：「某乃東萊太史慈，今日借曹公一徑，深謝不殺之恩。來日沙場，相見未遲。」言畢，一抖韁繩撒開四蹄，絕塵而去。

典韋依舊忿忿不平，曹操勸解道：「此人單身闖陣，武藝過人，膽氣更非常人可比。兩虎相爭，必有一傷，我不忍將軍與他火拚。身爲英雄，當知惺惺相惜之道！」

曹操知道太史慈來而復去，必有重大圖謀，當下即派夏侯惇、曹仁各帶三萬人馬，堵住南北路徑，遇到援軍，就地阻截，一邊下達了攻城令。

兩軍交陣，戰況空前激烈，曹軍冒著敵人的箭矢，同時搬出數十架雲梯。突前的青州軍紛紛墜下，傷亡慘重。曹操看出北面城樓上的守軍相對較弱，便決定以此爲突破口。東南西三面的曹軍頓時鼓點大振，大聲吶喊，擺出強攻之姿。城內守軍果然上當，紛紛調防。這廂曹操在北面早布置好堅強的弓弩手，一聲令下，箭如流星，飛上城樓，迫使守軍不敢探頭交戰。

此刻手持盾牌的攻城部隊迅速搭起雲梯，掠城交戰，未消多久已有十來位兵士衝上城樓上，但緊接著他們的屍體便被扔下牆城。護城河裡已經堆滿了曹軍屍體，青州軍已有退縮之意。曹操見狀，竟衝下高坡，手起劍落，將一名逃下雲梯的兵士砍爲兩截。士兵大駭，只能轉身攻城。

終於，城上的守軍支持不住，黃昏時，曹軍同時在北面、東面、南面得手，不久，西城也告失守。城門大開，殺紅了眼的曹軍洶湧而入，將彭城變成一座人間地獄。

然而，陶謙竟在劉備的援助下，逃回了徐州。

曹仁向曹操解釋原因時，提到了劉備手下的三員戰將關羽、張飛、趙雲，「劉玄德兵力雖不滿三千，但關、張、趙三人卻著實了得，一個使青龍大刀，一個使丈八蛇矛，一個使紅纓鋼槍，個個有萬夫無敵之勇。三將斜刺裡殺出，左劈右砍、東抹西刺，硬生生衝破陣腳，將正欲突圍的陶恭祖營救而去。」

曹操聽後大感困惑，心想：這劉玄德出身織席販履之中，何才何德，竟能擁有此等良將？

曹操迅速整頓軍隊，做好了下一步攻打徐州的準備。這時，一件曹操絕對沒有料到的事情發生了……

第八章

死計誘敵，破呂軍於定陶

曹操遇到了有生以來最殘酷的背叛。背叛他的不是別人，正是曹操不惜以妻兒相託付的前陳留太守張邈，曹操相知了二十餘年的老友。

在彭城前線驟然接獲荀彧從兗州派快馬送來的急函，展讀之下，曹操頓如五雷轟頂，當場愣住，半晌不發一言。

這事情得從那個武藝驚人的呂布說起——

當初司徒王允藉貂蟬的美人計，假手呂布，誅殺了太師董卓。董卓部將李傕、郭汜聽從謀士賈詡的慫恿，率領西涼兵打上京城，王允被殺，呂布仗著一身武藝和一匹日行千里的赤兔馬，孤身逃離長安。

呂布原先想去投奔袁術，袁術想到此人反覆無常，屢次殺主，便加以拒絕。

呂布轉而投靠袁紹。袁紹借助呂布的勇力，在常山一舉擊潰張燕統領的黃巾軍餘黨。呂布在戰場上的驍勇，既助長了他本人的驕矜之色，更使袁紹心生忌憚。

「這小子說不定哪天就會欺到我面門上，倒不如我先下手爲強。」袁紹這麼想著，便訂下刺殺呂布的「鴻門宴」。袁紹大感意外的是，三十名訓練有素、武藝了得的刀斧手，竟奈何不了呂布。呂布單憑手中的方天畫戟，一路打開來，縱身上赤兔馬，揚長而去。

這樣，呂布又投靠了晉陽侯張楊。張楊現爲河內太守，手握有兵權，也算得上割據一方的小豪傑。張楊正苦於手中無大將可使，見名聞天下的呂布來投靠，自然大喜過望。

張楊還有一個好友，即曾用三寸不爛之舌幫助曹操獲助於兗州的陳宮。陳宮是個心智高傲的人，自視極高。他曾經毫無慚意地浪言自己擁有三項當世第一，即口才第一、謀略第一、風度第一。同時，他又自詡爲曹操手下功勞最高的謀士，因此，他也成了曹操手下唯一敢直呼曹操爲「孟德兄」的人。

但使陳宮相當惱怒的是，曹操似乎對自己並無多少看重，在曹操的智囊團裡，陳宮的地位不僅遠低於荀彧、郭嘉，比起程昱來也差了一籌。陳宮就像春秋戰國時代的那些策士，都是不可救藥的個人主義者，他們心中念念不忘的，乃是如何實現自己的個人價值，而不在乎江山的百姓。

第八章

死計誘敵，破呂軍於定陶

因此，陳宮對曹操心懷不滿是很自然的，他自命有王佐之才，也想在青史上留得一個不亞於姜子牙或管仲、樂毅的聲名，爲此，他不惜有奶便是娘的，哪兒對他好，便往哪兒靠。憑陳宮的聰明，他當然看的出曹操乃是當世最可能做出大作爲的人，但既然曹氏業績裡沒有陳宮的分額，理所當然得另謀高枝。

最後，曹操發大兵征剿他的好友陶謙，終於使陳宮做出背叛曹操的決定。陳宮能投靠何人呢？二袁已不可指望了，因爲他們在容人和用人方面，遠不能和曹操相提並論。老友陶謙正遭逢曹操的進攻，眼下存亡未卜。

這天，陳宮在張楊的宅院裡驀然看到呂布，不覺心念一動。

「此人武藝超群，久經征戰，乃當世英雄。」陳宮暗想：「只要他對我言聽計從，我的智慧加上他的武功，兩相配合，不愁闖不出一片江山！」

呂布是個好勇無謀的人，耳根子又特別軟，聽了陳宮一番花團錦簇的語言，不禁大喜，「有陳公臺先生輔佐，我呂布定能做出一番轟轟烈烈的大丈夫事業。」

「且慢！」陳宮擺了擺手，「要成此大業，還得陳留太守張逝相助才行。」

兩人星夜趕到張邈處。陳宮見了張邈，劈頭就說：「大丈夫立身江湖，當直行己道、呑吐大氣，豈能屈身他人。」爲說服張邈脫離曹操，豎起反旗，陳宮著實費了不少口舌。

卻說張邈也是個心地陰惻、性情剛烈好勝之人。當年他輸給曹操一盤棋，自歎技不如人，奕道上終無勝出曹操一肩的把握，竟此耿耿於懷，從此廢棋不玩。張邈固然知道曹操曾拒絕袁紹，沒有加害自己，但此事不僅沒使他對曹操有所感念，反而日益惴惴不安。他總覺得說不定哪天，曹操為自身利益，把自己算計了；其次，多年來曹操一直是自己的部下，現在升為兗州牧，職位高於自己，這一點也使他心生不平。

陳宮看穿了張邈的心思，便和盤說出了自己的計畫，「曹操為報父仇，千里興師，只留下三萬人留守兗州。以張公的兵力，呂奉先將軍的武勇，加上敝人在兗州的一點人際關係，我等驟然發難，兗州定如探囊取物落入我等之手。待得手後，曹操接報必會從徐州撤軍，企圖收復失地。屆時我們以逸待勞，敝人再略施小計，曹軍手裡往返，必敗無疑。一旦我們占定兗州，剷除曹操，再逐鹿中原。哈哈！江山將因我而改色。」

這番言辭對張邈來說，實在太過刺激了，終於令他橫下心來生變。

※

呂布統領大軍突襲兗州，留守的荀彧、程昱、曹仁被打的措手不及。經過多次交戰，除了鄄城、東阿、范縣三地，其餘城池均告陷落。荀彧連忙派快馬向曹操告急。

這時，曹操又收到劉備派人送來的一封信。劉備以一副和事佬的姿態，勸曹操不必再追殺陶謙，應以漢家江山爲念。曹操心想：「你劉備算哪一號人物，竟敢在我曹某人面前勸架？」但嘴上卻對使者說：「請回稟玄德君，我曹操竊慕玄德高義，心儀已久。令既奉命，自當偃旗罷兵，不復接戰。他日有幸，還盼與玄德君對酒當歌，共話桑麻。」

郭嘉在一邊暗笑：主公太會做順水推舟的空頭人情了。

接著曹操做了一個令人大惑不解的舉動。他備了兩箱厚禮，然後叫來一個伍長，命他將此送給張邈和陳宮的老母，「在兩老人面前，務必替我多多問安。」

夏侯惇不滿道：「兩位反賊，我恨不得滅他滿門，主公緣何竟以厚禮相賜？」

「讓奉孝告訴你吧！」曹操向郭嘉點了一點頭。

「此乃擾心術。」郭嘉一笑而答：「張邈、陳宮輩，皆與主公有舊，今驟然謀反，襲人於後，在江湖上已先落了個不義之名。主公賜其老母以禮，一可以示天下，使世人皆知曹公恩怨分明、仁情並茂，深得孔夫子『不遷怒』之遺教；二可以使張邈、陳宮心生汗顏，從而舉棋不定，計出無方；三可以布告當代士人，使他們感念主公節義，因而競相歸附。兩箱珠寶而有此三益，正所謂吃小虧而賺大便宜者也，足見主公高明。」

「奉孝獎譽過甚了。」曹操哈哈笑過，隨即號令三軍，即日殺回兗州，收復失地。

但心想到往日與張邈的交情，曹操難免鬱鬱，他對郭嘉提起了曾有意在自己死後將妻兒託付與張邈之事，慨言：「幸虧我曹某尚在人間，不然，曹家將盡毀於孟卓手中。」

「恐怕未必。」郭嘉說道：「以嘉觀來，主公在，張邈必懷貳心；主公若星損沙場，張邈則會大發仁心，盡力扶養兩位公子。張邈之反叛主公，其實乃出於對主公的畏懼。」

曹操點了點頭，他在想張邈此舉可否算得上明智？換句話說，將來若形勢有變，自己是否眞的會對張邈下手？

「孟卓，你多慮了！」曹操不禁對張邈同情起來，因爲他確確實實知道，自己此刻正充滿了殺心，「孟卓，不管怎麼說，你都不該與我曹操作對，你不配。」

曹操回到鄄城，聽荀彧細細彙報了事情的經過。荀彧絕口不談自己保衛東阿三縣的功勞，只是一意誇說曹仁的勇敢，程昱的機警幹練。

曹操握住程昱的手，摩擊著他的手臂，說道：「若非仲德先生鼎力相助，我曹某將死無葬身之地了。」

程昱大爲感動。

第八章

死計誘敵，破呂軍於定陶

這時曹操的兵力已大不如前了。征伐陶謙，尤其是彭城一戰，曹軍傷亡慘重。青州軍畢竟乃尋常村夫，體質羸弱，禁不起曹操的多番使喚，不少人竟一病不起。又青州軍歸順未久，對曹操難免離心離德，聽說呂布占領兗州，抄了曹操後院，頓覺大勢已去，相當數量的士兵便開了小差，偷偷溜回了老家。若扣除染病臥床的，曹操此時手下眞正能走上戰場的兵士，竟不足兩萬。

當初曹軍殺回兗州，路過泰山時，曹操曾估計到陳宮會設計在山腰埋下伏兵，待曹軍過了一半時，驟然夾擊，結果竟什麼事也沒發生。郭嘉據此認爲，呂布與陳宮的關係並不密切，呂布對陳宮的計謀還不怎麼當回事。

「也可能是出於呂奉先的傲慢吧！」曹操想。

看來呂布確實相當傲慢。曹軍開抵濮陽，陣形雜沓，那邊呂布卻早已布下陣腳。按說呂布此時理當趁曹軍立足未穩之際，驟然殺上，何況陳宮也是這樣建議的。

誰料呂布竟說：「我匹馬縱橫天下，四海無敵，從不願背後襲人。我要讓曹操輸的明明白白。」於是勒馬不前。

曹操見了呂布威風凜凜的架勢，心頭自是蒙上了一層陰影。那邊呂布見曹操布陣完畢，遂雙腿一夾馬肚，那匹火紅色的赤兔馬忽焉衝上，曹軍李典、樂進二將同時殺出，欲截住呂布。但見呂布方天畫戟橫兜轉來，只消三個回合，李典、樂進便支撐不住，雙雙落敗，呂布縱馬欲追，戟端堪堪將要刺上樂進，那邊典韋大叫一聲，「騰騰」一連三個筋斗飛出陣外，徒步與呂布廝殺。

呂布暗吃了一驚，心想：「哪裡來的蠻漢，敢到我面前送死？」然而呂布立刻發現，自出道以來，今朝終於碰到了眞正的對手。

典韋抖擻起精神，與呂布酣戰了五十來個回合，兀自不敗。但那邊曹操卻看的更眞切：典韋就要支持不住了。典韋憑一雙肉足，而呂布卻在四隻馬蹄上高舉高打，僅此一著，典韋就先落了下風。曹操唯恐典韋有所閃失，急忙示意諸將齊上。

呂布盪開馬蹄，作勢一招，大將張遼率軍如潮水般湧來，呂布當頭，長戟直指曹操，曹軍大亂，一連敗退了三十里，方才收住。

※

稍後大將于禁向曹操建議：「呂布剛贏了一仗，必馬虎大意，只顧喝慶功酒，若我們今晚劫營，必然成功。」

曹操頗爲猶豫，因爲正常情況下，得勝之師防劫營乃是普通的軍事常識，縱使呂布不知道，陳宮絕對不會不知道，眼下唯不知道陳宮究竟對呂布有多大的影響力。繼之曹操想到呂布那一臉傲色，突然感到劫營不失爲一良策。

郭嘉想勸曹操不要親自帶兵前去。曹操說：「深謝足下好意，但我軍接連受挫，士氣大跌，我若不親蹈戰場，誰還會爲我奪勇爭先呢？」郭嘉聞言，沉默不語。

曹操果然中了陳宮設下的埋伏。

※

本來呂布並不擔心曹操劫寨，他心想曹操白天這一仗輸的已經夠慘了，士兵們剛剛又征罷陶謙，征塵未洗，極度疲憊，短時間內說什麼也不可再主動邀戰了。

然而陳宮在一側陰陰的說：「將軍把曹操想的愈狡猾，便愈可能接近他的眞實思路。論用兵之道，曹操實在乃當世之最。依陳宮之見，曹操今晚必來劫寨。」

「如果我守候多時而曹操卻沒來呢？」

「我陳宮割下舌頭，獻給將軍，從此隱退江湖。」陳宮說的鏗鏘有力。

「先生既敢出此大言，看來我只能披掛上陣了。」呂布當即吩咐張遼、臧霸等人，布置埋伏。

曹操這一仗輸的奇慘，曹軍完全進入了呂布的包圍圈。若非典韋捨命相救，諸將奮勇衝殺，曹操或許就此喪命，歷史也從此改寫。即便將卒護主，曹操的鬍鬢仍被燒掉半截。

※

曹操一回到營帳，不一會兒于禁袒著左肩，膝行而前，向曹操叩首道：「請主公治于禁之罪。」

「將軍何罪之有？」曹操哈哈大笑，「將軍獻計於前，曹操納策於後，若論罰道罪，理當唯我是問，與將軍何干？將軍請起。勝負乃兵家常事，身爲將領，難免偶爾落敗，勝而不驕，敗而不墮己志，方是大將本色。何況依我看來，將軍獻的計並非無策，戰事一了，我首先要獎賞的就是將軍。」

荀彧、郭嘉同聲問道：「主公莫非已定下破呂布之計？」

曹操笑道：「這叫一報還一報，我也設下伏兵，邀呂布劫一次營。」

「呂布如何才能來劫營呢？」

「讓他相信曹操死了。」

「太妙了！」于禁一躍而起。

※

假戲必須眞做。

第二天，曹操的棺柩就停在了中軍帳內。爲了使陳宮確信並說服呂布來劫寨，除了幾位親信將領，曹軍士兵全都眞以爲主帥已經陣亡。曹操爲此付出了不少士兵開小差的代價。就在曹操隱身無法現身的幾天內，荀彧、夏侯惇負責全權布置設伏之事，當然表面上看來，他們更像是安排曹操的喪事。

第八章

死計誘敵，破呂軍於定陶

曹操陣亡的消息很快便傳到呂布、陳宮耳裡。陳宮起初還有點半信半疑，無巧不巧，這時竟冒出一位名叫胡來的偏將，他一口咬定自己當時確曾一刀砍中曹操的左腰，「曹公當時血流不止，若非五員上將同時趕到護駕，我當時就可補上一刀，取了他的性命。但曹公失血過多，又在馬上急速逃竄，如此，回營寨必死無疑。」

「好樣的！」呂布拍了拍胡來的頭，「你今晚隨我前去劫寨，若曹公真的已死，立刻封你爲上將。」

這個吹牛大王，尚不知大禍臨頭，竟咧開嘴直笑。

※

呂布趁夜前來偷營，見曹軍營帳漆黑無色，唯中軍帳內傳來道士們超渡亡魂的喃喃禱祝聲，心想：「眞是天助我也。」方天畫戟一指，率大軍各執火把，逕自前來劫營。

忽聽夜空裡一聲鑼響，左邊夏侯惇、典韋，右邊夏侯淵、于禁，前是曹洪、李典，後是樂進，呂虔，四方八面，同時殺到，將呂布圍在核心。呂布軍隊猝不及防，陣形大亂，雙方呈一對一各自捉對廝殺之狀。

突然，中軍帳裡燭火大亮，曹操擎青釭劍在手，高喝：「曹操在此，諸將聽令，不要走了呂布。」曹軍見主公死而復生，軍心大振。

呂布無心戀戰，與手下張遼、高順等大將會合一處，奪路而逃。一行人逃至馬陵山口時，預先埋伏此地的曹仁、毛玠又截住呂布，雙方又廝殺了起來。

呂布經上一役，元氣大傷，他除了拿那倒楣的偏將胡來出氣外，暫時只能堅守濮陽。曹操的軍隊目下也急需休養生息。雙方暫時誰也無力進攻，戰局於是僵持不開。

※

曹操在鄄城，忽接報陶謙已死，劉備繼位陶謙的位置，新領徐州牧，心下好不惱呀！

曹操雖未能在戰場上殺死陶謙，親手爲父親報仇，但嚴格來說，陶謙確實也可算因曹操而死。陶謙當然知道曹操之退兵，乃是由於兗州兵變，而並非賣劉備的人情。一旦兗州事了，曹操肯定會捲戈重來，到那時，徐州注定是守不住的。茫茫塵世，陶謙上哪兒才能躲得了曹操的追殺令呢？心下抑鬱，愁顏不展，終是一病不起，一命歸西。

更令曹操惱的是，此事太便宜劉備了，好像自己當初征伐陶謙，是爲了替劉備覓個州牧當。劉備不費一士一卒，坐得徐州，而自己呢？費盡九牛二虎之力，竟連個兗州都保不穩當！曹操實在嚥不下這口氣。便決定暫擱下呂布，先去討伐劉備。

「主公差矣！」荀彧以他慣有的沉穩睿智的風度，向曹操侃侃進言：「當年高祖

第八章

死計誘敵，破呂軍於定陶

劉邦保關中，光武帝劉秀據河內，都深根固本，牢固要津，進可以制敵，退足以堅守，因此雖迭經困敗，而終成千秋偉業。主公本來就是藉兗州崛起，平伏青州黃巾軍後，也掙得了大量民心。兗州，正屬天下六要地，今天縱然因呂布、陳宮作亂而有殘坏，仍不失作爲主公的關中、河內，不可以不先定。主公必先站穩兗州，然後方有望制伏天下。現兗州之勢，主公若先控制住呂布部將李封、薛蘭把持的兗州城，然後東擊陳宮，使他們首尾不能相顧，然後主公藉機搶收熟麥，以爲來日之用，敵乏我豐，呂布可破。破呂布之後，再南面結好揚州，共同夾擊袁術，大兵臨淮、泗之上，突入中原，如蛟龍入海。若主公放下兗州而東擊劉備，多留兵則劉備難討，少留兵則兗州難保，呂布、劉備倘若加以勾結，南北夾擊，主公將再次淪爲萍飄蓬轉之散兵，不復逐鹿中原之勢了。況且，陶謙雖死，徐州急切間仍不易攻破。劉備鑑於陶謙失敗的教訓，必定廣結盟友，聯軍相抗，再收盡稻糧，堅壁清野，以游擊戰與主公周旋。屆時就算主公接連拔寨破城，但終將所獲無多。倘敵人斷我糧道，不出十日，十萬大軍將不戰而自困。上次征伐徐州，青州軍過於恃勇逞蠻，屠殺過甚，難免滋生徐州官民的同仇之氣，必然各自固守，誓死不降。主公若兵伐徐州，或不望有所斬獲。」

荀彧一席話，鞭辟入裡，說的曹操口服心服。曹操握住荀彧的手，「若非先生雅教，操幾乎再次陷入覆水難收之境了。」

這時，曹操從包袖裡抽出一封信，對荀彧、程昱說：「袁紹見我與呂布惡鬥，殊無勝算，便遣人送來一信，勸我與他聯合，條件是我必須把家遷到他所居的都城。」

「主公萬萬不可行。」程昱反對，「依昱看來，袁紹所懼者，唯主公一人，故而素存籠絡之心，希望主公歸附，受他驅策，然後再藉主公之力，長驅中原。袁紹雄心萬丈，卻少謀略，以主公之神武，加上文若、奉孝及昱等之輔佐，焉可屈身於袁紹之下？」

荀彧也不徐不疾的說：「主公想必知道，荀彧及奉孝君，先前都曾在袁公帳下，袁公待我等不薄呀！」

曹操縱聲大笑，「兩位先生毋慮，我曹某豈甘心聽袁本初差遣？」

正說著，夏侯惇忽然來報，說是他手下搶收稻穀時，被一壯漢俘獲，連糧帶人一起趕入一座山谷。典韋上前討人，那大漢橫刀在胸，口出大言，便與典韋交上了手。當下兩人從日午鬥到日落，各換了二匹健馬，仍不分勝負。那壯漢建議典韋與他夜戰，此刻兩下裡都在準備篝火，免不了還有一場惡鬥。

「哪裡殺出的好漢？」曹操暗自嘀咕：「莫非老天爺又要賜我猛將不成？」急令備馬，欲親自去觀戰。

曹操趕到時，典韋與那壯漢已然又再開打。此番兩人各棄戰馬，徒步相鬥。典韋

第八章

死計誘敵，破呂軍於定陶

一雙銀戟舞開，何等分量，尋常對手，不等亮開招數，兵器一交，便踉蹌不穩，誰料那壯漢竟不覺其沉，硬將手中一桿大刀前來格擋。兵器相擊，如古鐘敲月，訇然不絕。經過長時間的較量，兩人體力顯然下降不少，此時身手已不似適才那般兔起鶻落，而改為沉穩老到，一招一式皆清晰可辨，但未等招數用老，兩人便同時換招。

曹操細觀兩人神色，胸中自已了然，兩人皆有意無意斂起殺心，而將拚命改為切磋，反而使這場爭鬥更為有看頭。

「兩位好漢且歇歇手，容曹操說一句話。」典韋聽出主公聲音，倏而退守，壯漢也就此翻轉刀背，跳出圈外。

「壯士身手不凡，臂力驚人，直如天神下界。敢問壯士高姓大名？」曹操問道。

壯士向曹操拱一拱手，說：「某姓許名褚，字仲康。」

「許壯士與典韋惡戰有頃，勝負未分。兩位武功本在伯仲之間，又何以硬要分出高下呢？英雄相會，造化賜緣，更當惺惺相惜，共恰共慕。操願為二位勾手化解，以成武林美談。未知許壯士能否給個面子？」

許褚當即擲刀於地，典韋也同時丟下雙戟。

「妙極妙極！」曹操哈哈大笑，「許壯士此等武功，而竟空守山谷，與山兔林雀為伍，不覺得可惜嗎？何不隨我馳驅沙場，立一番頂天立地的丈夫偉業？」

「久聞曹公大名，唯恨機運不濟，未得追隨。曹公不棄，褚當效死力。」

曹操親切撫著許褚與典韋的肩頭，說道：「有二位天神輔佐，曹操可高枕無憂了。」

※

曹操派夏侯惇、于禁率軍堵在濮陽，防備呂布，然後親自帶兵，進攻兗州。城門開處，李封、薛蘭排出陣勢，前來迎戰。

許褚對曹操耳語：「我願以二人之頭，以爲贄見之禮。」

「李封、薛蘭皆久經戰陣，武功了得，將軍不可輕敵。」曹操提醒。

許褚二話不說，馬韁一抖，疾如閃電，直向對方衝去。

李封只剛剛問了一句：「來將通名。」

許褚大喝一聲；「通什麼鳥名？快快拿頭來。」大刀驟然亮出，劈空一劃，李封人頭落地。

薛蘭見狀大驚，剛待拔劍，許褚馬到，大刀橫削，紅血飛濺，又一顆人頭輕鬆落地。

許褚斜仄著身子，頭過馬腹，單手一抄，撿起兩顆人頭，繼而一夾馬腹，翩然歸陣。

第八章

死計誘敵，破呂軍於定陶

曹操乘機拔出青釭劍，曹軍鼓譟而上。敵方沒了主帥，早已鬥志盡失，潰不成軍。

如此這般，曹操輕易收復了兗州。論功行賞，許褚當居首席。

※

呂布自上次劫營失利後，一直與陳宮及妻子貂蟬等龜守在濮陽城內。濮陽城牆高河深，頗難攻伐；陳宮事先又儲存了大量糧草，至少可撐持半年以上，擺出一副與曹操打持久戰的架勢。

半年，什麼事都可能發生。曹操可不想與呂布這麼消耗下去，濮陽一日不克，便如刺在兗州心臟的一枚鐵釘，曹操終無法睡上一夜安穩覺。

郭嘉揣得曹操心事，便說：「主公何不設計，誘呂布出城？」

「這正是我苦苦思索的，迄今無一良策，不知奉孝可有妙計？」曹操急忙請郭嘉落座。

「呂布可誘，陳宮不可誘。」郭嘉說道「除非主公能讓陳宮相信，他們有一舉獲勝的把握。」

「有理，請說下去。」

「嘉觀濮陽之左，有長林一帶。主公可在林中虛設營帳，遍插旌旗，以為屯兵之所。去長林不遠，有一乾涸的河床，主公可盡伏精兵於此，只待呂布來襲，大事可濟。」

「奉孝莫非以呂布會親來縱火燒林？」

「秋冬季節，風乾物燥，正是用火之時，陳宮當不會錯失良機。」郭嘉說的相當有把握。

郭嘉所料竟絲毫不差。陳宮得知曹操紮營長林之後，不覺仰天長笑，「曹操呀曹操！你也會有今天？！」陳宮急忙慫恿呂布做好夜襲曹營的準備，讓所有兵士都帶上火把。

倒是將領張遼在一旁提醒：「莫非這是曹操設的圈套。」

「當機不斷，難成大事。」呂布回絕了張遼的提醒，當夜率兵殺入長林。兵士們四處點火，遍地留煙，直到火光大作，而營帳內竟毫無動靜，這才發覺不妙。

呂布急令撤退，走至河邊，空的河床內伏兵四起。許褚、典韋率先衝出，直取呂布。夏侯惇、夏侯淵、李典、樂進亦同時殺到，樂進張弓一箭，先將呂布射翻下馬。呂布軍隊大亂，士兵大多自相踐踏，各自逃命。曹操的伏擊圈設的極大，任呂布一匹赤兔馬左衝右突，也殺不出重圍。

沒想到張遼、高順突然又半路殺了出來，硬將曹軍衝破一道口子，把呂布救了回

第八章

死計誘敵，破呂軍於定陶

去。

曹操在山坡上見到張遼的行進方式，不覺脫口讚道：「此人眞是良將，不知何做竟屈身呂布座下。」當下悶悶不樂。

經此一役，呂布再也沒辦法守住濮陽了，只能帶陳宮、張遼、高順及貂蟬，星夜逃離兗州，向徐州投奔劉備去了。

曹軍殺入濮陽，張超自殺，張超的哥哥張邈則事先開溜，投入袁術麾下。自此，曹操不僅收復了兗州，還連帶平復了整個山東。

經過安民修城，鼓勵耕植，不久，曹操又將自己的軍隊擴充到二十餘萬人。鑑於青州軍當初在徐州大開殺戒，爲曹操帶來不良名聲的教訓，曹操此番決心好好地操練一卒，嚴明紀律。曹操親自制訂了「步戰令」，經夏侯等將在步伍中試用，效果奇佳。

接下來，曹操該做些什麼呢？

第九章 挾迎獻帝，使計離間呂劉

前面說李傕、郭汜兩個董卓部將，因爲謀士賈詡的建議，率兵攻入長安，殺死王允，趕走呂布，一時威勢鼎盛，控制了獻帝和京城。有道是一山容不得二虎，兩人共執政不久，便大打出手起來。李傕先扣住了皇帝，放一把火燒了皇宮；郭汜沒有皇帝可利用，就把三公九卿文武大臣軟禁起來。無論手中握的牌怎樣，反正兩人在長安城內的輪番廝殺，只是耗損各自的實力，並未能給對方以毀滅性的打擊。這時，鎮東將軍張濟的一番說合，給了兩人一個下臺的階梯，兩人便各自退兵，放了皇帝和公卿大臣。

長安顯然已不能待了，十五歲的漢獻帝劉協帶著新立的伏皇后、皇后的父親伏完、國舅董承等皇親國戚，以及效忠漢室的一些老臣，在追兵、流民的不斷騷擾下，從七月到十二月，終於逃到距洛陽不遠的弘農。

第九章
挾迎獻帝，使計離間呂劉

沒想到，李傕、郭汜突然心血來潮，再度玩起貓捉老鼠的遊戲，再劫皇帝帶到長安。

獻帝一行倉皇之下，只得丟下所有的珍寶、書籍和宮女，沒命的向黃河邊逃去。在黃河岸邊，他們只找到一艘船，由於岸很高，董承教人用絹纏住皇帝，慢慢縋下船去，伏皇后則由她哥哥伏德背上了船。船小人多，上了船的就用刀劍亂揤企圖攀住船舷的兵士，眼看李傕、郭汜追兵已近，董承雙手扯起一條被子給皇帝擋箭。李傕、郭汜手下的兵士見了那麼多的宮女，立刻瘋狂追搶，倒把皇帝給忘了。

就這樣，漢獻帝劉協終於逃離了李郭二人的追逐。經過半年顚沛流離的生活，和難民相差無幾的皇帝一行人，終於抵達洛陽，暫時落腳在一座被董卓燒成瓦礫殘垣的昨日都城。南北兩宮無法居住，皇帝只能權且住在原十常侍趙忠的宅邸裡。

唯一趕來洛陽勤王的是河內太守張楊。張太守可沒有挾天子問朝政的野心和能力，他只是組織士兵粗粗修飭了一下南宮，並把南宮改名爲「楊安殿」，使皇帝不忘自己的功德，然後一走了之。

這時的皇帝就像一疊已經作廢的鈔票，面額雖大，但在很多人眼裡卻分文不值。老是作著皇帝夢的袁術，自然不會到洛陽勤王。劉備新領徐州，根基未穩，也無力覬覦中原。孫堅的兒子孫策（字伯符）正忙著繼承父親遺志，在江東擴展勢力。韓遂、馬騰等輩乃天生的草莽英雄，只熱衷於做山大王。公孫瓚打算偷襲袁紹，袁紹當然得留心應付。還有一個荊州牧劉表，在他眼中除了荊州，其他皆不值一哂，他最大的志向就是做一個荊州牧。

當初獻帝還在安邑的時候，袁紹的主要謀士沮授就曾建議他，統兵把皇帝迎來都城，並說：「首都乾脆也就定在都城。」

「不然。」袁紹另兩個手下郭圖、淳于瓊表示反對，「漢朝氣數將盡，四方豪傑並起，這是改朝換代的絕好時機，何必抱殘守缺，伺候一個無用君王。」

袁紹覺得雙方說的都有道理，一時猶豫不決，正好手下臧洪叛變，便先忙著前去鎮壓。處死臧洪後，公孫瓚又打上門來了，袁紹再次把西迎獻帝的事給擱置下來了。

曹操當然也知道，漢獻帝的價值不過是一筆面額鉅大的僞鈔，只是他更能看出，在特定的歷史時代，縱使僞鈔也自有價值。

曹操部下也有兩派，大多數人認爲漢獻帝純屬聾子的耳朵——擺設，把他迎來則彷彿濕手沾麵團，反而難辦的很。

目光長遠、對漢室充滿赤誠的荀彧則明確表示了相反的意見，他慷慨陳辭：「春秋之際，晉文公迎奉周襄王，終於當上了霸主；秦朝末年，高祖劉邦爲義帝發喪佩孝，贏得天下民心。近年因董卓爲禍，聖上蒙難，是將軍您首先倡起義兵，與暴虐相抗，只是由於關東聯軍合心不起，您才沒能遠上關中去輔佐朝廷。然而您仍然派出使者，不辭千里往赴長安，使世人都知曹公忠誠。現在皇上車駕已抵洛陽，京城荒蕪，忠義之士心念漢室，黎民百姓繫心家園，卻只能翹首仰望。將軍若不失時機，奉主以從民願，秉至公以服雄傑，倡大義以致人才，此乃大順大略大德之舉，必將書諸丹青，傳於後世。將軍若稍加遲疑，在這飄搖動蕩之世，難免四方生心，後患無窮。」

與其說荀彧說動了曹操，還不如說荀彧猜中了曹操的心事。曹操是個非常務實之人，雖然作爲詩人的他，又有著理想主義的一面。就像商人不做無利可圖的買賣一樣，政治上毫無收益的善行，曹操也不屑一顧。他同意荀彧的意見，正在於他眼中看到的利益，遠不只荀彧所指出的那些。這個無人過問、眼下處境如同棄兒的漢獻帝，在曹操手上將是一張充滿魔力的王牌！

這時，兗州境內仍有相當數量的黃巾餘黨不時騷擾著曹操，曹操便先派親信曹洪統兵五萬，前往洛陽勤王。

「若遇到韓暹、楊奉阻攔，不可交戰，我隨後便到。」曹操吩咐道。韓暹、楊奉是獻帝身邊的兩員武將，兩人本領不多，因而特會忌憚人，尤其是忌憚曹操。

曹洪的軍隊果然遇到韓、楊二將的狙擊。曹操接報後正要盡起馬步三軍時，漢獻帝的一道詔書及時來到。詔書上封曹操爲建德將軍，並命他速來洛陽勤王。

原來國舅董承因爲受不了韓暹、楊奉的冤枉氣，就像當初何進請董卓來洛陽以威懾宦官一樣，於是想到了曹操。在漢獻帝一方面感嘆自己的皇權日下，一方面又想到曹操在自己最危難的時候，仍不忘派使者來表達效忠，且曹操新平兗州後勢力又大增等多方權衡下，立即答應董承的建議。

曹操接到詔書不免大爲得意，他私下對郭嘉說：「別說世上只有我一人想到皇上，皇上眼裡也只有我曹操一人啊！」

韓暹、楊奉見曹操親自率兵前來，自知難以抗衡，便霎時鬼臉翻作佛臉，對曹操一意迎迓。不僅如此，楊奉還建議皇帝改封曹操爲鎮東將軍，襲費亭侯。

這年正是建安元年（西元一九六年），它標誌著曹操時代的到來。

※

距洛陽二十里，曹操傳令大軍就地宿營。即使董承把曹操認作董卓，曹操可絕不想與董卓爲伍。他的軍隊在洛陽郊外得到了嚴格的訓斥，並被禁止出入京城。當自己的軍事強權已經得到認可之時，再加炫耀便極不明智。挽大廈之既倒，扶漢室之將傾，這是曹操爲自己設定的歷史形象。赫赫武功，還得輔以彪炳文治，一弛一緊，方是大英雄本色。

曹操生於宦門，對朝廷權力爭鬥的諸般把戲自幼即頗爲諳熟。爲了鞏固自己的地

第九章

挾迎獻帝，使計離間呂劉

位，他除了手握重兵卻不以軍閥面目現世外，一到洛陽，便藉荀彧、毛玠等人之力，制訂並頒布了一系列重整朝綱的法制法規，使朝野上下為之肅然。曹操的具體作法是，升賞了一十三名大臣，其中包括國舅董承和伏皇后的父親伏完；當然，曹操也處決了侍中壺崇、尚書馮碩等三名有罪的大臣，而所有這些，都是曹操上楊安殿拜見了漢獻帝後做出的。曹操第一次打皇帝牌，就顯得出手不凡。

程昱諫道：「董承召將軍入洛陽，其心非誠，當早做預防，不可使他握權過重。」

曹操哈哈一笑，「仲德先生放心，我升賞董承既是為了穩住他的心，同時也是向世上顯示曹操的平常心態。獻帝為我所用，各路諸侯難免不心生疑竇，二袁則更加心緒難平。當務之急，還是先哄住世人要緊。」曹操習慣於向心腹之人吐露心事，他將其視為用人的一大祕訣。至於吐露到什麼程度，曹操自有獨到的分寸。

「將軍高明。」程昱非常佩服。

得到曹操升賞的，還有尚書僕射鍾繇和正議郎董昭，這兩人皆各具謀略，先前也都曾不同程度地對曹操有所貢獻，曹操極想把他倆拉攏進自己的智囊團。

這天，曹操特地請董昭（字公仁）前來一敘。

「洛陽殘破，舊觀難復，不宜再作大漢都城。」曹操一見董昭便大吐苦水，「然刻下朝廷形勢峻急，不容操作他想，公仁先生經綸滿腹、書香盈袖，不知有何良策相告？」

董昭微微一笑，說道：「將軍興義兵以誅暴亂，朝覲皇上，輔佐漢室，這功業不亞於春秋時的齊桓、晉文。然而現今集結在洛陽的各路舊將皆心懷各異，對將軍外敬而心不服，任其掣肘左右，他日難保生變。」

「此言極是。」曹操連連點頭，「然計將何出呢？」

董昭熟視曹操良久，方一字一頓地說道：「爲人者，只有行非常之舉，才可望非常之功。今朝廷顛沛，新還舊都，遠近人士各長頸以望，渴盼安寧。今日若拋卻洛陽，遷都許昌，人心必然不穩。但依昭之見，將軍當無復遲疑，作速遷都。」

「公仁當眞是深得我心。」曹操滿臉歡快，忽而又臉色一暗，「楊奉大軍在大梁駐紮，距操咫尺，聽說他的軍隊相當精悍能戰，會不會從中作梗呢？」

「此事易如反掌，只需找個藉口就行。」董昭向曹操建議：「將軍可先藉皇上名義，與楊奉交結，用厚禮絡住其心，使他自以爲與將軍共爲皇上的股肱。然後向楊奉報稱『京都無糧，打算御駕暫時避住魯陽』，楊奉必信無疑，魯陽地勢荒僻，但距許昌僅一箭之遙。到得魯陽，諸事就由不得楊奉了。楊奉本無足道哉，倒是他手下有一大將徐晃（字內明），極善征戰，將軍不可不防。」

「莫非就是人稱有周亞夫之風的徐公明？」

「正是。」

「我聞名此人久矣！」曹操輕嘆一聲，「美鳳偏棄枯枝，可惜可惜，但恨曹操無福，得不到此人輔佐。」

董昭湊上臉來，「將軍若心想此人，我可憑三寸不爛之舌，說動徐晃來降。」

「多謝公仁。」曹操竟向董昭作了一個揖，使董昭既感動又惶惑。

曹操堅持要送董昭回府，在門口握住他的手，真誠說道：「曹操縱橫江湖，頗有功業，然清夜捫心，不免心生愧咎。後人但知錄曹某功績，殊不知若無公仁先生等人的鼎力襄助，曹操又安有片功可立世？今後曹操但有懵懂無知之處，請先生不吝賜教。」

「使天下士人競相向將軍獻計，這正是將軍遠逾儕輩之處，其功至偉。」董昭答道。

許是董昭的話又再度刺激了曹操求賢若渴的心，他突然又想到了荀攸，那個一別多年而又仁哲逾人的賢士，荀彧的侄子。於是當即鋪紙研磨，向荀攸發了一信。信中寫道：「方今天下大亂，這正是智士勞心運神之時也，先生何必泛舟湖海，效漁人之業，作袖手旁觀之嘆呢？」從曹操信末建議荀攸「即刻到許昌一會」中，我們既可知道他已定下遷都之事，同時也能看出他的自信，相信荀攸得信後必然不辭關山，前來投靠。事實也正是如此。

曹操見了荀攸，欣喜異常。他曾屢次對荀彧、鍾繇等人說：「公達，實在是非常之人。我得以與他議事，實屬三生之幸，天下又何足擔憂！」對此，荀攸貌若癡呆，不喜不驚，竟無一絲因寵生驕之色，曹操對他也就愈加佩服。曹操封荀攸為軍師。

※

八月，獻帝在曹操大軍的護送下，與皇族上下及文武百官俱離洛陽，經魯陽後直達許昌，當即藉獻帝之口，宣布定都許昌。

楊奉感到受騙了，便會合韓暹，在定陵大肆劫掠。曹操派曹仁統兵三萬虛加招架，自己親自率軍夜襲楊奉的老巢大梁，然後迅速回軍，夾擊楊奉。楊奉大驚失色，倉皇間東投奔袁術去了。

徐晃禁不住董昭一番慷慨遊說，這時便拋棄楊奉，投奔了曹操。

「徐公明文韜武略，俱令曹某刮目，今日不棄，前來共事，曹操何等有幸！」

「明公過獎了，徐晃乃一介武夫，供驅遣尚可，別無他長。世人勝我徐晃者，正不知凡幾。」徐晃凝立不動。

「請公明但舉一人，以證此言非虛。」曹操頗有興致。

「雁門張遼，字文遠，現屈身於呂布手下，謀略才華未便盡用。然此人遠勝於我，主公他日有幸，致此人於帳下，勝得徐晃百人。」

「公明過謙了。」曹操沉吟不語，「然張文遠與我曾對陣沙場，觀其統兵布陣，迂迴進退，深得兵法義理，操又聽說此人仁厚忠孝、志節慷慨，有一代名將之風。操若得此人爲用，與公明合爲雙璧，區區呂布，又何足道哉。」

「明公對呂布尚且耿耿於懷嗎？」徐晃問，然周身仍凝立不動。

「呂布，匹夫之勇，我所掛心的，正在於他手下文有陳宮，武有張遼，新近又與新得徐州的劉備相從過密。劉備勢力雖弱，然而這人機心深沉，志向非小。」

「誠然。」徐晃答道：「呂布有虎狼心，劉備有英雄志，兩人必然無法和睦相處，明公何不設計離間，以分割其勢？」

曹操心念一動，但臉色依舊懵裡懵懂，「請問公明，如何方是離間？」

徐晃用手指了指獻帝所在的楊安殿，「明公既在帝側，施恩降罰，皆可從天而決。籠絡四方，結交八俊，固屬明公之便，明公但需上下運心、左右役使，天下便不難措置。晃素知明公精於手談，雅擅奕道，則從棋士的立場出發，江山之於明公，正與棋局同，而明公已大勢先占，惟東北一隅，尚有些許不安。」

「公明莫非指都城袁本初？」曹操明知故問，兩人隨即相視一笑。

※

劉備的徐州牧身分得自陶謙的遺願，本身並未得到皇帝的認可，因此，某種程度上也可認爲徐州乃劉備所霸占而非統領。劉備如若得到皇上名正言順的任命，能不欣喜若狂嗎？就目前而言，所謂皇上的任命也就等於曹操的恩賜，劉備能不對曹操心懷感激嗎？

曹操便在信上請劉備把呂布除掉吧！「須知呂布，」曹操暗示道：「是個極爲反覆無常、陰狠殘忍的人，與呂布交誼無異與虎謀皮、凶險萬分，因此，『請玄德三思』。」

劉備外表雖木訥，心中卻雪亮的很，他既知曹操懼怕自己與呂布聯手，同時也承認曹操對呂布下的判斷，但是劉備更感到眼下與呂布合作的必要性。在當時的情勢，劉備因長期沒有一個可靠的根據地，因而奮鬥數年，仍顯得勢單力薄，今僥倖得到徐州，他是斷斷不想脫手的。於是劉備很客氣修了一封信給曹操，既對自己得封爲徐州牧表示感謝，又對自己暫時「找不到對呂布下手的時機」表示歉意。

「劉玄德可是刀切豆腐兩面光呀！」曹操對荀彧說：「該要的他都能拿了，不想給的一概不給。好樣兒的，配做我的一個對手。」

「玄德君誠乃當世英雄。」荀彧依舊說的不徐不疾，「但說謀道計，畢竟尚遜一籌。或別有一計，名喚『驅虎吞狼』，可教呂、劉二家反目。」

「文若請講。」曹操面露急切之色。

「兩個人若鬥不起來，便需一第三者插手，此人當有挑撥之能、威懾之力。或知袁術對劉備素懷成見，極爲不屑，我等可暗使人向袁術報訊，言劉備有相侵之意。袁術必勃然大怒，驟起三軍前來討伐劉備。呂布與袁術有親家之誼，然屬面和心不和之類。劉、袁相鬥，呂布因無從偏袒，反易生漁翁得利之心。明公若適時加以左右施力，當使三人彼此生疑。」

「善揣對方心事，方得計計領先。文若先生高明。」曹操點頭讚道。

「劉備眼下尚不足爲慮，倒是虎踞都城的袁紹，人多勢壯，心雄萬夫，主公當預先加以鉗制。」荀彧神色不無憂慮。

「木初對我獻都許昌之事極爲惱怒。」曹操接口道：「當初他建議我定都都城，豈不等於讓皇帝做他的招女婿？獻帝頗爲震怒，因而下書責問他兵多地廣，卻只顧培植自己的勢力，整日忙於爭奪地盤，從未眞正地出師勤王。袁術見信後急忙上書辯解，竭力表白自己對漢室的忠誠。我因此看出袁術自覺羽毛未豐，尚不敢公然反抗朝廷，便向獻帝建議，封袁術爲太尉。」

荀彧微微一笑，「只怕袁紹不會接受吧？主公爲大將軍，袁紹爲太尉，大將軍位在太尉之上。袁紹向來把臉面看的至高無上，多年來他已習慣於對主公發號施令，今日陡然間位次大跌，定會斷然拒絕。不僅如此，他恐怕還會對主公有所懷恨。」

「文若所言，絲毫不差。」曹操面色沉凝，「袁紹果然急忙上書，託辭拒絕。怎麼辦呢？一個人太要面子，另一個人只能放棄一點面子嘍！獻帝已決定任命我為司空，行車騎將軍，改封袁紹為大將軍。」

「袁紹志節器度都太卑下了。」荀彧不覺輕嘆一聲，「我懷疑他是否會把大將軍接下來。」

「我也懷疑。」曹操點頭道。

「不管怎麼說，袁紹對此任命的答覆，都可視為針對主公的一個行動信號。若袁紹竟對此任命加以拒絕，那麼，主公該加緊備戰，準備接受一場硬仗了。」

「本初任命長子袁譚統轄青州，我已感覺到了一種挑戰，當他接著又任命次子袁熙統治幽州，外甥高幹統治并州，我更彷彿已聽到本初的夜半磨刀聲了。怪不得近來我的頭時時作痛。」曹操以輕緩口氣說道：「文芳先生有所不知，我的頭痛病一發作，通常意味著一場大戰。」

「是嗎？」荀彧一臉驚訝。

※

身體虛弱的郭嘉已臥病多日了，曹操關心郭嘉的身體，好像更甚於對妻子卞姜和兩個兒子的縈懷，至少表面上如此。曹操已要求漢獻帝讓出一名醫術高超的太醫，充當郭嘉的私人大夫，還從自己的侍女中撥出兩人，專門照顧郭嘉的日常起居。

「奉孝君氣色不好，大異往日呀！」曹操一進門就說道，同時按住郭嘉，不讓他從床上站起行禮。

郭嘉自然大爲感動，「區區寒士，何敢如此屢蒙眷顧？」

曹操私下曾對卞姜說過這樣的話：「諸君之中，奉孝最爲年幼，而謀略最奇。奉孝康泰與否，關係至大。我有時竟至以爲，奉孝縱使終身不獻一策，我也能從他天才的額角上，悟出不少破敵妙計出來。」

「主公擁兵士二十萬，不嫌過於奢侈嗎？」郭嘉微咳一聲，問道。

曹操霍然會心，朗笑道：「奉孝君莫非授我解甲歸田之道？」

「不敢當，不才正是此意。」郭嘉直了直身子，「當今之勢，群雄環伺，多角對峙，主公縱然神明，亦絕無畢全功於一役之力。有道是誰笑到最後，誰笑的最好，最終的桂冠屬意於最堅忍的強者。主公所從事的是一項長距離競技，唯有深根固本，方有望積小勝爲大勝。依嘉之見，主公可大散軍團，勒令歸田，令其耕作，以塡倉儲。尋常征戰，以主公之謀略，但需三萬精銳即可。若軍草不繼，終有大軍百萬，亦只如蟻聚，於事何補？」

「當初毛玠也曾以『奉天子以令下臣，修耕植以蓄軍資』之術教我，今前事已畢，後事踵續，我亦當效漢武帝『急農兼天下』。當初征伐陶謙，糧草不繼，三十萬大軍險些埋骨荒郊，前鑑殷殷，往事如昨，奉孝所提，誠其時也。」

「主公打算將此事交與何人籌畫？」

「非棗祇莫屬。」

「主公用人之術，可追天。」郭嘉不由讚嘆。

棗祇的建議與郭嘉不謀而合，在具體操作上還要細致得多。他向曹操提出的方案是：將青州軍中不甚適合征戰的，與其家屬一起加以整編。青州人渴慕安定，我們需要糧食，這樣，只要我們提供田地，便可收取四五成的糧食。青州人習於耕作，本身又多帶牛馬犁鋤，而荒地又所在多有，此事極易籌措。一旦戰事吃緊，兵員短缺，青州人也可隨時補充。

曹操當即封棗祇爲屯田都尉，又任命任峻爲典農中郎將，全權負責屯田事宜。

「屯田成功，你倆功比十員上將。」曹操囑咐道。

※

荀彧離間劉備、呂布的計謀，竟彷彿得到劉、呂二人的默認，後續的發展與荀彧所料的絲毫不差。

首先，早就對劉備不滿並且對徐州垂涎已久的袁術，聽信了荀彧散布的流言，悍然派大將紀靈統兵五萬進犯徐州。呂布夾在中間，左右爲難，便借助自己的絕頂武功，以「轅門射戟」的驚世功夫，爲兩家罷了兵。

袁術豈肯罷休，自從被曹操打敗，退守江淮之後，念念不忘皇帝夢，一直滿懷惱怒。爲了培植自己的勢力與曹操、袁紹抗衡，並贏得改朝換代的最終勝利，除了不斷地搜刮民脂民膏，袁術還派部將孫策兵下江東，擴充勢力範圍。在袁術的計畫中，偌大的江東可成爲自己穩固的後方，而徐州實乃對付曹操、袁紹的最佳前沿，那可是非要得手的。但是，就像曹操擔心劉備與呂布聯手一樣，同時對抗兩人，袁術也覺得沒有把握。

呂布是可怕的，好在呂布也極易收買。袁術便私下允諾呂布，提供糧五萬斛、馬五百匹、金銀一萬兩、彩緞一千匹，條件是，配合袁術夾攻劉備。爲了進一步打動呂布，袁術更向呂布建議結成兒女親家。

其實，僅糧五萬斛就夠教呂布心兒癢癢的了，何況陳宮又在一邊提議：「與袁術聯手打劉備，徐州便是我們的了。」在恩將仇報、以怨報德方面，呂布從來不曾猶豫。

當劉備帶著關羽及軍隊迎戰袁術時，呂布驟然發難，突襲徐州，趕走了守城的張飛。

同一個呂布、陳宮，不久前剛端了曹操的後院，這會兒又掀翻了劉備的新巢。腹背受敵的劉備無奈之下，只得聽從麋竺、孫乾等人的建議，投奔曹操，「到時借曹操之手，消滅呂布」。

遠在都城的袁紹，果然拒絕了漢獻帝封他為大將軍的任命。一朵巨大的烏雲，開始在北方集結。

第十章 迎待劉備，曹身陷張繡營

「劉玄德來了麼？我當親自去迎接。」曹操排開文武眾人，出許昌三十里，恭候劉備一行人。

「玄德高名，久播江湖。」曹操一見劉備就趨步上前，執住他的手，欣喜之色可比南風。「操對玄德君神往已久，唯恨河漢遙隔，未便常相過從。玄德此來，如鳳趨林下，龍歸深潭，使操得以略盡綿薄，教海常聆，此誠近年來操某所遇之頭等幸事呀！」

劉備單膝著地，滿臉惶恐，「敗殘之軍，亡命之徒，腦中空無一物，腳下實無錐地，若蒙曹公收留，已屬叨天之福，焉敢復望曹公如此禮遇。劉備乃無德之人，所需多在，若干殘羹，幾片破瓦，使妻兒暫無荒餒之憂，余願已足。」

「玄德君說哪裡話！」曹操請劉備與自己同乘一車，打道回許昌，一邊又拍著劉備的肩膀說：「英雄落難，於情最可痛惜，於理亦所在多有，不足為怪。呂布、陳宮者流，刁戾狠毒，我也曾深受其苦。請玄德君毋憂，且寬延幾日，稍減風塵，來日我當發兵，梟除呂布。」

曹操指了指邊上兩名與劉備形影不離的威猛男子，「敢問，這兩位壯士，便是曾與玄德君桃園結義，在江湖上久享大名的關雲長、張翼德？」

「正是義弟關羽、張飛。」劉備朝兩人使了眼色，關羽、張飛同時跨上一步，單膝著地，「關羽、張飛叩謝曹公搭救之恩。」

「兩位壯士說哪裡話，快快請起。」曹操作勢要下車攙扶，兩人霍然而起，分列兩旁，與曹操馬車併排前行。關羽手握大刀，張飛背插丈八蛇矛。關羽個子略高於張飛，幾近一公尺九十，面色紅潤，一副瀟灑的長髯飄拂胸前，威猛中又透出幾許儒雅。張飛膀闊腰圓，身量不亞於許褚，滿臉的絡腮鬍則更添豪氣。

曹操帶劉備參見罷漢獻帝，隨後撥了一處上好宅院交與劉備，叮囑他好好休息。

※

程昱推門而入，向曹操進諫：「主公待劉備甚厚，昱觀劉備，素有英雄志，內心陰猜，外表仁和，好施小惠，到處留名，此乃深明韜晦，留意江山之雄也，待他羽翼稍豐，難免不揚長而去，以主公勁敵的身分面世。依昱之見，今不早除，必貽後患。」

曹操怔怔的注視著程昱，不發一語。

程昱剛走，郭嘉後腳便跨進門來，看上去他的身體已經完全恢復了健康。曹操將程昱建議自己殺死劉備之事告訴了郭嘉，並表示想聽聽他的意見。

「仲德先生對劉備的評價極爲正確，我毫不懷疑劉備日後成爲你對手的可能性。」郭嘉從容不迫的說：「而且，劉備一旦與主公爲敵，便極有可能比袁紹更難以對付。劉備非常善於籠絡人心，以關羽、張飛爲例，據我所知，此兩人皆一級將才，關羽更屬智勇雙全之輩。兩人中任何一人到了袁紹帳下，皆有望替代顏良、文丑，成爲威震四方的猛將。以劉備目下的處境，去袁紹何止九萬里，而關、張二將竟毫不動心，對劉備忠心耿耿。環顧當今，能得人死忠效力的，除了主公，便是劉備。」

「奉孝之意，莫非也以誅殺劉備爲上策？」曹操不解。

「若天下已平，獨留劉備，嘉以爲劉備可殺。」郭嘉分析：「然天下猶且動蕩呀！爲主公大業計，當廣昭人才，俾使群賢畢至，少長咸集。劉備在江湖上頗有仁名，今天因爲困窘而來相投，而主公竟賞之以刃，天下智謀之士將聞風而逃，不復歸附。除一人之患而失天下之人望，利小而弊多，不可不察。深具識見者，當知劉備可殺；具識見且存大志者，則須知劉備不可殺，不僅不可殺，還應格外優待禮遇。」

「奉孝此言，正合我心。」曹操滿意的點了點頭。

曹操手下眾多謀士武將，也多有認為劉備該殺的，甚至荀攸也表示了相同的顧慮，只有荀彧避而不答，顯然是尚未做出決斷。

「劉備乃天下梟雄。」曹操總結：「殺之固可除一勁敵，但卻也可能嚇退別的智士賢哲，別忘了，我現下為漢朝處理政務，劉備此來，亦可算投奔朝廷，名正言順，不宜擅持刀劍。諸君此事不必再議了，我已獲得了郭奉孝的支持，計議已定。」

第二天，曹操奏請漢獻帝任命劉備為豫州牧，並賜給他三千士卒，萬斛糧草，令他屯兵小沛，先逼住呂布。劉備再三拜謝，遂點起軍馬，與關羽、張飛別了張營，前往豫州到任。後人因此也稱劉備為劉豫州。因劉備自稱為漢中山靖王劉勝（馬王堆出土文物中，郡件全縷玉衣的擁有者）的後代，和當朝皇帝敘起輩分，還要輩高一級，時人偶爾也稱他為劉皇叔。

※

建安二年（西元一九七年），原董卓部將、武威人張濟屯兵弘農，意欲攻打南陽，並進而兵犯許昌，大軍初動，張濟即被流箭射殺。他的侄子張繡糾合張濟餘部，打算會合荊州牧劉表共擊曹操，都城情勢於是告急。曹操本來已做好東擊呂布的準備，這下子只得先對付張繡了。須知張繡手下多西涼兵，性情慓悍，慣於征戰，絲毫不可輕敵。但是曹操不去打呂布，未必呂布不會來攻曹操。趁人之危、偷營劫寨，幾乎是呂布的本行了。

有些事難辦確實難辦，說好辦又的確好辦。因爲荀彧向曹操建議：「呂布乃英雄腿腳、婦人耳朵，非常樂於接受奉承。明公只需遣使往徐州，加官賜賞，讓他與劉備修好，呂布心喜，必然嗒焉喪志，不思遠圖。」曹操覺得有理，便依法施爲，還親自修書一封，對呂布的英雄氣概作了一番友好的稱道。

一來呂布新得徐州，根基未穩，陳宮也未必敢勸他動兵；二來呂布之得徐州，實屬趁人之危，取之不義，因而心理上也處守勢，整日擔心曹操來攻，而絲毫無主動出擊之心；三來曹操的一封信，又使他大爲得意，虛榮心獲得極大滿足。呂布私下裡對貂蟬說：「曹公還是很佩服我的呀！」

呂布之事既了，曹操便無後顧之憂，因爲曹營中幾乎所有謀士，都看準了劉表不可能發兵荊州，突襲後院。劉表在荊州統治多年，根基極爲深茂，然而劉表本人，又是當時群雄中最缺乏一統中原雄心的一位。

由於實行屯田，曹軍人數大爲減少，士卒的戰鬥力卻反而得到了加強。此外，曹操同時也把自己的軍隊，訓練成世上紀律最爲嚴明的隊伍。

比如在征討張繡的路上，曹操不小心馬踏麥田，爲求執法公正嚴明，遂割髮代首，以明「天子犯法與庶民同罪」的決心。當傳令兵捧著曹操的頭髮一路高叫：「主公違反禁令，馬踏麥田，本當斬首，今且以頭髮替代。」試想，士卒們能不悚然心驚、嚴守紀律嗎？

同樣悚然心驚的還有張繡，他站在城樓上見到曹軍嚴整有序的隊伍，心裡已有怯意。

「那就向曹公投降吧！」謀士賈詡說道。

賈詡當夜出城，面見曹操，表示張繡願降。曹操久聞賈詡大名，今日一見之下，見他談吐風流，應對機警，雙睛灼灼有神，兩袖飄飄欲仙，當其是百聞不如一見，見面勝以聞名。

「文和先生謀略超群，膽識過人，何不與曹操共事，我等共商朝廷大計？」

「曹公雅意，」賈詡侃侃而談：「然賈詡當初輔佐李傕、郭汜，掀翻長安，播亂漢室，清夜捫心，實屬待罪之人，焉有面目再出宦入仕，受世人指戳。曹公帳下，謀士如雲，荀彧、荀攸乃當代大賢，程昱計策多方，郭奉孝更是天縱奇才，此七人皆遠勝於我。自李傕、郭汜亡命後，賈詡蓬飄身世，茫無所歸，幸蒙張繡收留，且對賈詡言聽計從，隆寵有加。士為知己者死，賈詡縱然薄情寡義，也不忍拋卻舊巢，請曹公體察。」

第十章

迎待劉備，曹身陷張繡營

「人各有志，豈能強求？！」曹操嘴上這麼說，心裡卻著實有點怏怏。

曹操不費一兵一卒，即已使張繡全軍投降，心裡不免有點得意。軍務頓卸，俗心偏長。曹操早就聽說張濟亡妻鄒氏，相貌卓絕、體態窈窕，當下納鄒氏爲妾。

張繡敬張濟如父親，張濟屍體未寒，曹操竟納死者之妻爲妾，張繡不能不視爲奇恥大辱。

「士可殺不可辱，操賊欺人太甚！」張繡對賈詡說：「此仇不報，張繡我誓不爲人。」

使賈詡痛苦的是，他的出眾才華似乎命中注定只能爲三流角色服務。雖然賈詡對曹操納鄒氏爲妾的行爲也極爲不滿，但內心深處他又非常不願對抗曹操，以他的聰明，早就看出曹操在當代群雄中是不可替代的人物。不管曹操爲人如何，爲江山穩定計，曹操只宜相助，不宜對敵。然而，誰教張繡是賈詡的主人呢？既爲人謀，理當竭忠盡智、肝膽相照，不顧及個人利益。賈詡疑心滿腹，最後還是伏下身，湊近張繡的耳朵，說出了那條足以致曹操於死地的計策……

張繡手下有一大力士，名叫胡車兒，換了今天，此人可在日本相撲界纏上「橫綱」的腰帶。體重超過三百斤，一駕三匹馬的戰車，他可以單憑一雙肉掌拽住，而使馬蹄不前。胡車兒的渾名正因此而來。胡車兒乃張繡手下第一武士，但若要與典韋對陣，則還差半個等級。

「典韋太可怕了。」賈詡對張繡說：「他當年曾單身闖入百萬青州軍中，將青州軍敬若神明的黃阿英擄走。青州軍後來向曹公投降，典韋可有一半功勞。他那一雙銀戟，僅比關雲長的青龍偃月刀稍遜，乃當今世上第二件重器，一旦舞動，可有削鐵如泥之效。若要偷襲曹公，須過典韋這一關；若欲過典韋關，首先得想法偷得他那對銀戟。我軍中有力氣去偷戟的，只有胡車兒一人。」

於是張繡便命胡車兒去巴結典韋。典韋敬胡車兒那一身疙瘩肉，也願意與他交往。號稱「關西第一武士」的胡車兒，竟能對典韋如此服貼，這也不能不使典韋大感得意。兩人日夜相聚，交情漸深。武人攀談可不比文人，怎麼說也少不得一個「酒」字。

這天胡車兒拽來一駕馬車，上面滿載著酒，說是「今夜要與典韋阿哥痛快地喝一場」。

典韋起初還有所遲疑，但禁不住胡車兒的慫恿和酒意的撩撥，又想：「張繡已投降主公，主公在張繡寨內，便如在自家院內，有什麼值得擔心的？」便自心兒一熱，與那「胡車兒賢弟」大罎大罎地喝將起來。

論開打，胡車兒不是典韋對手，論酒量可又是另一檔子事了。有道是「詩有別才，酒有別腸」，那是造物主私心預設，人力掙扎不下來的。常見到柔弱女子將半斤的白酒不當回事的喝，而體壯如牛的漢子兩杯黃湯下肚，便穢口大噴，伏地不起。

這胡車兒與典韋堪堪已各盡了一大桶酒，但見胡車兒面色不移，對著已有七分酒氣的典韋大誇「典韋阿哥海量」。雲裡霧裡的典韋酒氣大湧，當眞以爲自己乃酒德星君下凡，便伸腿勾住一罈酒，略一用力，酒桶驟然滾來，典韋順手提起，就著桶沿，以天狗吞月之勢，一口氣喝將下去。無須臾，尋常可供十個好漢痛飲一宵的一桶酒，已被典韋喝得涓滴不剩。

「好，典韋阿哥當眞是天神下凡。」胡車兒高聲喝讚。

天神般的典韋，不一會兒就露出凡人本色。胡車兒終於等到了機會，當他確信典韋已醉的不省人事，便繞到典韋身後，偷走了那一雙重達八十斤的金鈎銀戟。

「我何不就此下手呢？」胡車兒頓時殺心一起，便慢慢舉起雙戟，正打算劈將下來，典韋竟鬼使神差地睜開了眼睛。胡車兒大駭，驚叫一聲，拔腿就逃，匆忙間尚不忘挾著那對銀戟。

能偷得這對銀戟，胡車兒已算不辱成命了。只是胡車兒有所不知，適才典韋睜開的眼睛，正所謂朦朧醉眼，瞳仁中只晃盪著酒色，壓根兒就見不得一人一影。

與曹操同時住在張繡營寨裡的，還有當初劉儀生下的長子曹昂，以及曹丕、族子曹安民。為了使他們自幼熟習軍務、增長歷練，曹操習慣於讓他們隨自己外出征戰。這天晚上，曹安民首先注意到張繡軍隊在營房外頻頻調動，曹昂外出詢問，回答是「正常的部隊換防」，曹昂等人也就不再疑心。不多時，隸屬曹操的駐防士兵，已多被張繡軍隊換下，只有東北角淯水岸邊夏侯淵的一支部隊，張繡未敢妄動。

三更時分，一枝蘸上硝棉的羽箭突然射向鄒氏宅院，不一會兒，房子便彭彭著火。久經戰陣的曹操當即驚醒，急速下床，奔出屋外，突見前方數百名兵士已提刀持劍，步步逼近。只一瞬間，曹操便明白了事出之因，以及自己當下處境的險惡。

「典韋何在？」曹操大叫一聲，突見又一枝蘸上硝棉的羽箭射過天際，正落在典韋酣睡的馬棚裡。

天助曹操！羽箭點燃了馬棚，火光驚醒了典韋，他本能的用手去抓那對銀戟，撲了個空，再找，還是沒有。典韋惱火地用手擊打著自己的腦門，終於回想起適才與胡車兒對飲之事。

「典韋何在？」曹操的聲音既淒厲，又絕望。那邊，自己適才入睡的那棟屋宇已瓦落梁摧，鄭氏無疑已葬身火海。

「主公毋憂，典韋在此。」典韋騰身而起，三縱而躍，已擋在曹操身前，「主公請放心後退，斷後之事，我一人承當。」

第十章

迎待劉備，曹身陷張繡營

典韋從另一名隨行武士腰間取下短刀，然後對那三五名護衛說道：「你等護著主公，從寨後撤退，過了淯河，夏侯淵自會前來接引。主公若有差池，我拿你等人頭是問。」

這些貼身武士個個武藝非凡，當下護著曹操，藉著夜色的掩蔽，向淯河逃去。見曹操欲逃，張繡兵士即刻蜂擁而上，鼓譟欲追。誰知典韋的身軀竟如同一扇門，硬不讓一兵一馬躍過。腰刀飛翻處，敵人皆應手而倒，轉眼間，已有二十餘具屍體橫躺在地。藉著敵人舉起的火把，典韋驀然看見一肥大莽漢，胡車兒是也。正所謂「仇人相見，分外眼紅」，當下手臂一揚，腰刀疾飛而去，勁道奇猛，胡車兒尚未來得及格擋，刀尖已然貫胸。敵人大駭，一時吶吶不敢向前。典韋周身已濺滿血跡。

敵人的騎兵開始出動了，二十多匹馬當先衝來，典韋性急之下，竟拿地上的屍首當箭使，運天生神力，將屍逐一擲出。場面大亂，擊得突前的敵方馬隊人仰馬翻。典韋酒氣上沖，肺俯激蕩，哈哈狂笑，將敵人再次震逼在十丈地之外。

「弓箭手出列。」一敵方將領叫道：霎時便有一百名弓弩手突前，分上中下三排，各各張弓在手。典韋身處平地，胸無片甲，手無寸鐵，氣血已然耗盡，卻依舊狂笑不已。

「開射！」隨著號令官一聲令下，一百枝箭齊飛而至。箭羽甫盡，又是一百枝箭射。直到弓箭手射出十輪，共有一千枝箭射向典韋，那個將領才叫罷手。

——典韋死了。命中注定，典韋爲曹操而戰，爲曹操而死。

※

曹操逃脫了，當然，他逃的相當狼狽。長子曹昂中箭而亡，族子安民因傷掉隊，後來被追兵剁成爛泥。曹操那匹名叫「絕影」的大宛良馬也中箭亡命。那些當夜被張繡誘騙換防的曹軍士兵，在交出武器後，也全部被斬首。

曹操甫抵營帳，三魂未息，忽聽夏侯惇派人來報：平虜校尉于禁叛變。曹操大驚，暗想「于禁乃我步卒中親自提拔上來的大將，今日我方落難，竟然不念舊恩，引兵叛變？」急忙率軍前往于禁寨中，打算問個明白。

于禁見曹操率軍到，非但不出寨相迎，反而忙於布防。曹操見于禁重兵陣列的方向並非衝著自己，而是面對張繡，當下心生疑竇，便擺擺手示意身邊諸將不要靠前。

正在此時，又一支約五千餘人的張繡軍團殺到，于禁大開寨門，當先出馬，後面士兵齊聲吶喊，作三面鉗擊之狀。曹操示意左右，襄助于禁。夏侯惇、夏侯淵、許褚、李典、樂進諸將同時上馬，飛馳而出，手下士卒也同時出擊。許褚馬快，不一會兒已殺到于禁身邊，兩人合力，張繡手下四員大將無法抵擋，先後斃命。

曹軍趁勢出擊，張繡見狀，只能敗退百餘里，投奔荊州牧劉表去了。

第十章

迎待劉備，曹身陷張繡營

曹操命于禁入見，問他「背叛」之事。

于禁答道：「曹公在張繡軍中被叛兵包圍，夏侯元讓將軍手下的青州兵以爲主公此番當不會生還，遂野性復萌，乘勢下鄉，劫掠平民。小將不才，念及往日主公練兵之勤，統兵之嚴，致有今日無堅不摧的曹軍。曹軍所行之處，於百姓秋毫無犯，這已成爲主公人格信譽的象徵，也同時成爲主公匡扶漢室、一統天下的保證。小將不忍主公多年經營的軍隊形象，被青州軍踐踏殆盡，便麾動手下士卒，對夏侯元讓將軍手下的青州兵予以追討，遇到作奸犯科的，便替主公加以正法。青州兵於是便歸告夏侯元讓將軍，誣我于禁謀反。」

曹操暗暗心驚，嘴上卻又問：「將軍既蒙冤在前，當我統軍前來，何不急於分辯，反而專意排兵布陣？」

「請主公恕于禁失敬。」于禁答道：「主后賴典韋之力，方離險境，爲將者當知此時最宜防追兵來襲。分辯事小，退敵事大，請主公明察。」

曹操大爲感動，趨身下階，扶起一直單膝下跪的愛將，「將軍於軍情險急、惡謗在身之時，能心明如鏡，任毀任勞，分撥調停，整飭有方，使我反敗爲勝，歷觀古來名將，又有何人能在將軍之上？」當即賜給于禁金器一副，並上表漢獻帝，封于禁爲益壽亭侯。

當然，夏侯惇少不得大受責備，他手下的青州軍，也受到「什一制」的嚴厲懲罰。此法也盛行於同期的西方羅馬軍團中。青州軍被要求列隊出場，一司令官逐一點數，點到十位數時，處在這一排的兵士便集體出列，一概斬首。青州軍大駭。

※

典韋的死，使曹操大慟，淚流滿面，一連數日，悲不自禁。

曹操私下對荀攸說：「我寧可失去所有兒子，也不能沒有典韋呀！典韋武藝過人、仁厚過人、忠誠過人。好多次我身臨險境，若非典韋捨命相護，曹操早就一命歸西了。」

荀攸自然只能在一旁盡力安慰。

這年春天，急於稱帝的袁術終於按捺不住，在九江悍然爲自己披上皇袍，並置公卿百官，郊祀天地。曹操此時的身分幾乎可算得東漢王朝的護法天尊，對此事當然不能不插手。

在戰場上，袁術幾乎是逢曹必敗了。當年九月，曹操親率大軍征討袁術。只消幾天工夫，助袁術成名立業的四名大將，全在戰場上陣亡了。橋蕤死於夏侯惇的槊下，李豐、梁綱、樂就三人，分別在徐晃、許褚、李典手上討得地獄的入場劵。袁術再次敗退，士氣大跌。

第十章
迎待劉備，曹身陷張繡營

在凱旋的路上，曹操先路過徐州，見了呂布，對呂布的才華武功再次誇耀了一番，並答應回朝後，上陳漢獻帝封呂布爲左將軍，施予印綬。呂布自然大喜過望。

曹操接著又路過小沛，見了劉備。曹操私下對劉備說：「玄德君可與呂布結爲兄弟，先穩住呂布。待我北力事畢，即當兵發許昌，劍指徐州，那時再取呂布性命不遲。玄德君果此也可在徐州永做州牧了。」

劉備聽後，自然打拱作揖，連表感謝。

※

曹操後方稍安，便重整軍鼓，於當年十一月再次南征張繡、劉表。荀彧現爲尚書令，處理京城內的一切軍國政務。

由於賈詡的出謀畫策，曹軍遇到了頑強抵抗，攻城，城不玻，拔寨，寨不克。

這時，荀彧派人飛告，都城袁紹有趁曹操外出征戰、藉機侵犯許昌的跡象。曹操大驚，急令全軍後撤。

「哈哈！曹操終於被我打跑了！」張繡大爲得意，當即集結起精銳騎兵，準備乘勝追擊。賈詡連叫「不可不可」，張繡顯然不加理會。沒想到曹操大軍正由最爲驍勇的許褚斷後，兩相接觸，張繡鎩羽而歸。

「請將軍再次讓兵，追擊曹操。」賈詡建議道。

「文和先生莫非在開我玩笑？」張繡不解，「我追擊未果，眼下士卒疲敝，鬥志盡失，如何還能再追？」

「事不宜遲，不容解釋，請將軍聽我一言，速追曹操，如若不勝，賈詡以人頭來獻。」賈詡說的斬釘截鐵，不容置疑。

奇蹟發生了，這一次曹軍竟被打的丟盔棄甲，連退一百里。

「我先前以精兵追退兵，先生以為必敗；接著以敗卒擊勝旅，先生以為必勝。情事乖違，而應驗如神，張繡無知，請先生教我。」

「這事容易的很。」賈詡微微一笑，「將軍雖然善於用兵，但恐怕不是曹操的對手。曹操撤退，並非戰敗，顯然是許都有事，故而撤退之時，必留精兵強將殿後，以防追擊。我軍輕騎而出，與之相遇，曹軍精猛善戰，我軍必不能勝。我軍既敗，曹操必不加防備，全力後撤，我軍此時出擊，正所謂攻其不備，焉有不勝之理。」

張繡、劉表聽的連連點頭，「先生高明，我等不及。」

對賈詡佩服的還有曹操，能敢於在失敗之後作第二次攻擊的，非賈詡莫屬。

事實上，賈詡此時正鼓動劉表、張繡聯軍傾巢而出，對曹操作第三次規模更大的追擊。龐大的曹軍已然被追的踉踉蹌蹌、疲於奔命。

馬背上的曹操此時在做什麼事呢？說來也怪，他竟然在教六歲的兒子曹丕背詩。

第十章

迎待劉備，曹身陷張繡營

長年隨父征戰的小曹丕，聲調裡已稚音無多，頗顯老成。曹操教兒子背的，正是才女蔡文姬當年感於董卓爲亂而寫的一首《悲憤詩》：

漢季失權柄，董卓亂天常。

……

卓眾來東下，金甲耀日光。

平土人脆弱，來兵皆胡羌。

獵野圍城邑，所向悉破亡。

斬截無孑遺，屍骸相撐拒。

馬邊懸男頭，馬後載婦女。

※

與此同時，留在許昌的荀彧接獲了曹操一封信。上面寫道：「賊來追我，我故意日行數里，予以招逗。待到安眾縣界，張繡必敗。」

曹操說的這麼有把握，首先得力於對安眾複雜地形的了解，其次則出於對兵法所謂「置之死地而後生」的自信。

軍到安眾，曹操親自揮鎬，與眾將士一起連夜開鑿了一條地道，運走所有輜重，以讓張繡確信曹操已越境而逃。曹操的全部精銳部隊，實則偃伏在山坡兩側的茂密林子裡。由於曹軍上下一個月來，被張繡追的怒火滿腔，這次見張繡入了包圍圈，當下人人憤慨、個個爭先。張繡萬萬沒想到氣息奄奄的曹軍，竟還能這般好整以暇的設下埋伏，大驚失色，所統領的部下見主帥失色，不一會兒也鬥志盡失、大敗虧輸。

這一仗，曹操不僅一舉擺脫了追兵，還迫使張繡從此不敢向曹軍挑戰。

淯水蒼蒼，白露為霜，有位英雄，埋骨何方？

曹操一行經淯水，曹操不覺又想起典韋，頓時氣悶莫名，悲不自禁，在馬上放聲大哭起來。夏侯惇與典韋交誼甚深，揣知主公心意，急令三軍勒馬，原地佇立，為典韋及所有在淯水岸邊陣亡的將士默默舉哀。

西風凜冽，蘆荻蕭瑟，只見曹操一人一馬，在淯水岸邊往來蹀躞。許褚始終與曹操保持五丈的距離，唯恐曹操發生意外。

曹仁手下的兵士，忽然集體吟起了漢高祖劉邦那首著名的〈大風歌〉：

大風起兮雲飛揚，
威加海內兮歸故鄉，
安得猛士兮守四方。

曹操戰袍飄飏，身影被夕陽拉得曳長。郭嘉等默默站列在一側，嘴唇微動，默誦著當年高漸離在易水河岸，爲荊軻壯行的那首古筑曲：

風蕭蕭兮易水寒，
壯士一去兮不復還……

第十一章 背敵除呂，水計三日敗呂

袁紹的探馬得知曹操大軍正急速後撤，不日即可返回許昌，急忙告知袁紹。袁紹再次因爲憂柔寡斷，坐失偷襲良機。

近幾年來，袁紹除了對付一個公孫瓚外，基本上處於休養生息的狀態。以鄴城爲根據地，他的勢力範圍在黃河中下游地區日漸擴大，北方的游牧部落已向袁紹投誠歸降。客觀的說，此時袁紹的軍事實力，遠在曹操之上。

這天郭嘉挑簾入帳，見曹操悶悶不樂，愁眉深鎖。「主公莫非爲袁紹之事而憂心忡忡？」

「什麼事也瞞不過你郭奉孝呀！」曹操說著，從袍袖內取出一封信來，遞給郭嘉。一看，原來是袁紹寫給曹操的手書，內中語詞澆薄、充滿挑釁。

「看來是要與本初開打了，躲得了初一，躲不過十五。」曹操沉吟道：「只是，

第十一章

背敵除呂，水計三日敗呂

以我目前的實力，尚不足與本初抗衡。」

「非也非也。」郭嘉連連搖頭，「若主公與袁紹對決，我敢以項上人頭賭主公有百分之百的勝算。主公與袁紹對壘，其勢正同當日之楚漢相爭。項羽何等英雄，而終爲高祖劉邦所敗，以致虞姬漫舞、壯士飲刀。問箇中原因，無非項王多勇、高祖多智而已。袁紹勇不及項王，主公智遠逾劉邦，箇中差池，可使勝負預定。郭嘉私忖，袁紹有十敗，主公有十勝，兩者相較，袁紹有必敗之勢，主公無不可勝之哩。」

「哦！」曹操興致盎然，「請奉孝君試作條陳，開我茅塞。」

時年僅二十八歲的郭嘉掠衣正冠，從容答道：「一、袁紹熱衷繁文縟節，你體任自然，不拘成理，此乃道勝。二、袁紹割據一隅，稱霸一方，你扶佐漢室，心憂天下，此乃義勝。三、袁紹行小國無爲之政，法治鬆懈，主公攬申商之術，軍國謹嚴，此乃治勝。四、袁紹外表謙和，內心陰惻，所重用者，多親戚故舊，你則任人唯賢、唯才是舉，是以八方景從，群賢魚貫而入，此乃度勝。五、袁紹謀多決少，當斷不斷，正所謂狐狸心、貓兒膽，你則臨機生變，處事果決，此乃謀勝。六、袁紹好名求利，行事花俏，你用人不疑，以誠感人，此乃德勝。七、袁紹慮多識淺，只在芝麻小事上經營，你目光長遠，絕不因小失大，此乃仁勝。八、袁紹聽信讒言，常藉機殺人，你秉公處直，不信流言，此乃明勝。九、袁紹不諳是非，每每誤曲爲直，你眼如秋鷹，黑白分明，此乃文勝。十、最後但非最不重要的是，袁紹只知虛張聲勢，全不識兵法妙理，你卻謀追孫武，以少勝眾，所在多有，用兵如神，誠非虛言，此所謂武勝也。」

一席話說的曹操哈哈大笑，「奉孝君如此美言抬舉，我曹操如何消受得起呀！依奉孝之言，我可以與袁紹對決，只是，兩軍相爭之時，難道不怕呂布突然發兵，斜刺裡給我一刀？」

「當然得有所顧及，因此，主公宜先征呂布。」

「征呂布之時，難道本初就不會襲我身後？」

「肯定不會。」郭嘉說的極有把握。

曹操低頭默想了一回，他知道在袁紹眼皮底下東征呂布，風險極大；呂布不除，則又隱患叢生，終難太平。曹操對袁紹太熟悉了，因此他決心贊同郭嘉的建議：爲了實現與袁紹的對決，必須先收拾呂布。

※

長年的戎馬顛簸、寒夜苦讀，使曹操得了間歇性頭痛症。這頭痛不發則已，一發則痛不可支。先是兩太陽穴受到擠壓，轉眼間整個頭顱便如一座蜂房，萬千隻工蜂在裡面嗡嗡振翅、吱吱亂螫，其痛楚不亞於遭受一番酷刑。宮廷內的太醫們不斷地爲曹操會診，卻收效甚微。

這天，程昱領來一人，乃名噪當時的遊方郎中華陀。

華陀年約四十開外，骨格清奇、相貌怪異，隱隱然如天竺國人。華陀聽了曹操一番病情自述，也不把脈，只是凝然不動地對曹操注視良久，方緩緩說道：「將軍此疾，治療不難，根治不易，須待華陀麻沸散練就，方可措手。」說罷，華陀從腰間抽出一針，指尖輕捻，在曹操頭上數處大穴逐一刺過。

說也奇怪，數針過後，曹操驀覺雲開日出，神清氣爽。

「先生乃上界高人，醫術之高，冠絕古今。」曹操頭痛症一旦消失，頓時來了興致，急令手下備齊上好金器一副，贈與華陀。

「遊方郎中，四海漂泊，八方寄食，賴一薄技足矣，不敢復戀金拜銀，此等物事，大違本性，恕華陀敬謝不受。」

「高人理當如此。」曹操點了點頭。

曹操有意讓華陀長期隨侍在側，做自己的私人大夫。華陀不願答應，但又不便斷然拒絕，便暫且在許昌逗留下來。

※

征討呂布，勢在必行，但還有眾多相關因素需要統籌考慮。比如，袁紹因公孫瓚的掣肘，縱然不敢侵犯關中，但以馬騰、韓遂爲首的大小十餘個割據勢力，卻很可能藉機孳生事端，需要預先加以鉗制。

「讓鍾繇去關中遊說一番吧！」荀彧提議。

「是呀！我怎麼把此人給忘了？」曹操猛地一拍大腿，心情極爲亢奮。

鍾繇與荀彧同出潁川，當初在李傕、郭汜手下做高參，曾說服李、郭二人收留曹操派來向獻帝效忠的使者，使曹操在朝廷裡確立了忠君愛國的形象。後來天子逃出長安，脫離李、郭二人的追捕，鍾繇亦功不可沒。鍾繇在長安城內的言行，使他在關中諸侯中具有極高的聲望。

曹操當即任命鍾繇爲侍中守司隸校尉，持朝節督率關中諸軍，負責說服或懾服關中諸軍，在曹操離開許昌之際，不生滋擾。鍾繇領命不久，果然不負厚望，克成使命。關中諸軍一致允諾不向曹操挑戰，爲表信義，爲首的韓遂、馬騰還將親生兒子送往許昌，作爲人質。

袁紹早已被曹操打怕，張繡、劉表自從在安眾大敗後，眼下也灰頭土臉，不敢再動兵戈。這樣，經過充分的準備，曹操終於等到對呂布再次用兵的最佳機會。

曹操一面修書給劉備，叮囑他出兵夾攻呂布，一面分撥五萬軍馬給夏侯惇，令他做先鋒。夏侯惇手下尙有夏侯淵、呂虔、李典諸將，陣容頗爲雄整，當即殺氣騰騰，

第十一章

背敵除呂，水計三日敗呂

衝向徐州。

很不走運的是，陳宮布置下的探馬獲知了曹軍的行動路線，夏侯惇的五萬先鋒軍還未進抵小沛，便中了呂布大將高順設下的埋伏，曹軍措手不及，吃了敗仗。

夏侯淳在與高順獨鬥之時，堪堪將處上風，誰知旁邊射出一箭，疾如流星，正中夏侯惇左目。夏侯惇大叫一聲，急忙用手拔箭，竟連眼珠一起拔出。夏侯惇搶痛之時，猶不失猛將本色，高順見狀，不敢相逼，遂退出圈外，麾動大軍齊上。夏侯淵一心想保護兄長，不敢戀戰，曹軍一退三十里，方才擺脫追兵，紮住營寨。

自此以後，人們便管夏侯惇叫「盲夏侯」。對自己外貌一直頗為得意的夏侯惇，也養成了見鏡子就摔的乖戾脾氣。當然，對自己這員忠心耿耿、驍勇異常的愛將，曹操少不得好言相勸一番。

高順勝了夏侯惇，立刻會合趕來接應的張遼，率得勝之兵，劍鋒直指劉備屯兵的小沛。劉備憑曹操借給的那三千人馬，是斷然無法與之交手的。何況，關羽、張飛二弟雖然武藝超群，對方的張遼亦非等閒之輩，單戰獨鬥，誰也沒有必勝的把握。好在張遼與關羽曾有交往，彼此敬重，故而張遼側身一讓，聽任關雲長從容脫逃。那邊劉備也棄了家小妻女，同糜竺、孫乾等人，逃向曹操。

「呂布眞是好樣的。」曹操暗想，一隻手卻拍向劉備的肩膀，「玄德毋憂，我大兵一動，將從此抹去呂布的痕跡。只是，世上若沒了這個呂布，不感到三分寂寞嗎？」

劉備聽罷，禮貌性的笑了笑。

由於陳宮在兗州的影響，呂布拉攏了一部分太山草寇，作爲狙擊曹操的第一站。只是，靠攻打黃巾軍起家的曹操，從來就不曾把草寇放在眼裡。太山人擺下陣腳，四名草莽英雄剛剛要出寨搦戰，只見許褚已單騎飛出，大刀橫抱，尹禮、昌豨二將竟幾乎同時落馬，徐晃麾動左軍，夏侯淵從右殺出，三軍齊發，太山人哄然而散。

曹操命令曹仁統三千人馬，進攻沛城。爲防呂布脫逃，勾結袁術，便交給劉備五千人馬，使他守住淮南要衝。此時呂布見曹兵勢大，已被迫放棄徐州，退守下邳，試圖憑藉下邳天然的地形優勢，與曹操對抗。在放棄徐州之前，足智多謀的陳宮早已將糧草盡散，移往下邳。

「我們的糧食足夠支撐半年，而曹操空著許昌，傾巢而出，必然希望速戰速決。我們只要挨過三個月，形勢必然有變。」陳宮向呂布進言。

曹操大軍此時已將下邳三面圍定。圍三面而不圍四面，正所謂「圍城闕一」之法，既可以誘敵出來，又不至於逼敵作困獸之鬥。當然，下邳城緊臨泗水、沂河，堪稱天險，極難攻拔，只見曹軍圍城已兩月有餘，竟與呂布相持不下。

第十一章

背敵除呂，水計三日敗呂

這天，曹操單馬出陣，在下邳城下高喊「呂布答話」，曹操身邊，僅橫握大刀的許褚一人。自典韋死後，與典韋武藝不相上下的許褚，便成了曹操警衛隊虎賁軍的首領，外出征戰，許褚與曹操總是形影不離。

「曹明公有何賜教？」呂布出現在城頭。

使曹操稍感訝異的是，往常極爲雄猛英武的呂布，此際形容，竟充滿憔悴之色。

曹操馬鞭一揚，高聲說道：「聽說奉先欲與袁術通婚。袁術自爲君王，大逆不道，神人共誅，而奉先曾有翦除董卓之功，皇上至今感懷在心。奉先與袁術，一清一濁，一爲功臣，一爲罪魁，相去何只萬里，今日卻棄明就暗，投靠袁術，何等不明智之舉？倘若我攻破城池，而又僥倖俘獲閣下，那時相求，恐怕已悔之晚矣。請奉先三思，若此時開城歸降，與我共扶王室，當不失封侯之榮。」

呂布聽的心驚肉跳，游疑滿腹，心裡早已鬥志盡失，降意大萌，況且放眼城外，曹操大軍漫山遍野，不可勝數。呂布對曹操手下戰將的武藝謀略亦有所領教，尤其是那個現在就在曹操身側的許褚，臂力過人，武藝驚人，縱然與呂布單打獨鬥，也絕計落不了下風。

想到此，呂布便向曹操欠身答道：「布謹敬謝曹明公金言相勸，請曹明公暫回，容布稍作商議，再作回覆。」

「這才像個識時務的俊傑。」曹操剛說了一句，城頭突然射下一箭，箭勢勁急，逕向曹操的頂額奔來。挽弓之人，正是曹操的勁敵陳宮。

那邊許褚看的眞切，從馬上橫身躍出，在間不容髮之際，雙指一夾，竟在曹操鼻前三寸處將箭枝留下。許褚也不回頭，單手一揚，那枝箭竟又以更爲突然、更爲迅猛的速度飛上城樓，不偏不倚，正好把陳宮的冠冕射穿。

「好！」城上城下，同時爆發出一陣讚喝。

「多行不義必自斃，公臺且姑待之。」曹操對陳宮說出這句話後，撥馬回陣。

陳宮心裡當然清楚，若呂布投降，別的人都可以竟得活路，唯獨他陳宮難逃一死。追究起來，使曹操失去兗州根據地的，不正是由陳宮的率先叛變嗎？陳宮既已鐵下心來與曹操作對，本著將心比心，他當然會以爲曹操對自己也有著切齒之恨，雖然論起交情來，自衛茲、鮑信、張邈死後，陳宮又幾乎算得上是曹操最老的朋友。

陳宮這一箭，也把呂布射怕了。要說降了曹操，自己就眞無性命之憂？甚至還有望封侯？呂布也沒有多少把握。爲了抗衡曹操，呂布確實曾試圖透過將女兒許配給袁術做媳婦的方式，試圖與袁術聯手。袁術非得見了新人才肯出兵，而呂布又非得等到退了曹兵，才可能把女兒交給袁術。袁術之不知變通、強蠻無道，亦可見一斑。

萬般無奈之下，呂布只得憑血氣之勇，將女兒綁縛身後，牽出赤兔馬，綽上方天戟，與張遼、高順一起偷出城門，打算憑三人的武藝，闖破曹陣，再由張遼負責將小女送達袁術手中，以換得袁術的出兵。

且不說袁術見了媳婦後是否就當眞敢於發兵相助，呂布、張遼、高順三人一出城門，便發現這項大膽的冒險絕無成功的可能。首當其衝的是許褚、徐晃二將的攔阻，其次鼓譟聲又驚動了劉備手下兩位武功蓋世的英雄，關於長揮動青龍偃月刀，張翼德挺起丈八長蛇矛，急速加入戰團。呂布、張遼、高順三人苦苦支撐，最終只能灰溜溜逃回下邳城，地上還留了一長條血跡。那是張飛的長矛在高順左肩上留下的記號。

陳宮向呂布建議：「我等困守孤城，非爲上策。將軍可率兵出城，占據土屯。我在城內，相互聲援，彼此照應。若覷得破綻，也可相機行事，一舉解脫圍城之急。」

呂布回到屋內，將陳宮的計畫告訴了貂蟬。貂蟬尚未聽完，便長袖漫掩，嚶嚶啜啜起來，「將軍此番出城，妾與將軍恐怕生離要換成死別了。陳公臺先生與曹公結下深仇，爲了自己的利益，便不惜脅迫將軍與曹公對抗到底。將軍如此英勇，卻深陷他人之手，妾深爲將軍抱憾。」

平心而論，貂蟬此語，極有見地。亦可見貂蟬名列中國古代四大美女之中，並非僅僅由於那沉魚落雁之容、閉月羞花之貌。她這一席話說的呂布聽得心煩意亂。

「將軍若出城而去，天上月圓之時，便是奴妾薄命之日，妾無將軍相慰，勢將不勝摧殘之苦，請將軍顧念。」

貂蟬此語一出，呂布如五雷轟頂，心意崩塌，自此以後，竟再也沒了鬥志，只是整日與貂蟬相與把盞。

張遼昂然而入，對呂布說道：「我聽說曹操糧草將盡，正欲速從許昌調糧。我願請五千精兵，強行出城。燒了曹操糧車，曹軍將不戰自潰。」

對自己手下這員大將，呂布素來有點忌憚。僅就武藝而論，張遼雖也相當英雄了得，但呂布尚沒有理由加以畏懼。但若說到謀略，不僅呂布甘拜下風，連陳宮都有所不如。何況，張遼為人忠義，對士卒體恤有加，有古來名將之風，在士兵中有著極高的威信。出於對自身利益的捍衛，呂布本能地不願對張遼有所重用。

「曹操大軍壓境，我孤城難保，兵員不足，哪裡還有五千精兵給你？你去燒糧可以，但只可帶兩千人馬。」呂布說罷，便擺擺手示意張遼退出。

張遼忿忿而出。

※

在曹操的軍事會議上。

「那日在城下與呂布對話。」曹操說道：「我看呂布神情憔悴，心緒頹敗，顯然已失昂揚之志。若僅以武藝而論，呂布無非匹夫之勇，不足深畏。呂布之可畏者，純粹在於他在沙場上的那一副作派，威猛亮麗，極有振揚士氣之效，他人不及。今他鷹揚之氣既失，厭戰之心漸萌，呂布之敗，指日可待了。」

「敢問主公，我軍存糧尚有多少？」問話的是程昱。

「僅可支撐三日，但諸君毋憂，我已發書給荀彧，許昌援糧，估計明日即可運到。」

曹操話聲剛落，一位裨將倉皇闖入，「許昌糧車，半途上已盡遭焚毀。」

舉座大驚。曹操問道：「押車者乃李典將軍，又有何人能戰而勝之？」

「燒糧者乃呂布大將，張遼。」裨將答道。

曹操低下頭，良久才說：「這便怪不得李典將軍了，李將軍本來就非張遼之敵。」曹操想說而沒說出口的是：「若我派徐晃或于禁押糧，便不至於出此意外了。」

滿寵在一側說道：「糧草被毀，大軍無以爲繼，勢難久滯。恐怕只得先回許昌，待春耕後再作計議。」

曹操未作答覆，只把月光巡視著自己的眾多謀士。

郭嘉一直懶洋洋地斜側著身子，這時突然張口說：「嘉有一計，三日之內，可使下邳城立破，呂布束手就擒。」

曹操眼睛驟然一亮，「奉孝快講。」

「此事不勞劍拔弩張，但需若干農人，數柄農具即可。」郭嘉緩緩道來；「春來水漲，泗水、沂河皆水位飽酣。下邳城地勢低窪，若決開兩河，水勢下湧，可教下邳城須臾即成水鄉澤國。」

曹操撫掌大笑，「奉孝一言，勝過十萬雄師。但如此妙計，奉孝何不早言，以至遷延至今？」

郭嘉神色愀然，聲音陡轉沉，「主公有所不知。與主公爲敵者，僅呂布、陳宮兩人，水淹下邳，勢必殃及無辜，荼毒生靈，若非情急勢迫，嘉實不敢貿然獻策。」

「奉孝毋憂。」曹操先看著郭嘉，繼而又環顧眾人，「諸將聽令，城陷之後，各位當先退大水，次安民眾，不得濫開殺戒。某昔日嘗有令曰『圍而不降者斬』，下邳城可以例外論處。」

「荀尚書有簡交付丞相。」一小校進來，將荀彧派人送來的急件遞給曹操。

曹操覽畢，即擲給郭嘉，哈哈大笑，「有道是英雄所見略同，此話絲毫不假。文若所獻妙計，竟與奉孝無一絲相左。兩位先生如此謀略超群，操可高枕無憂了。」

※

水勢滔天，下邳城除了高順把守的東門，已全部被半人高的水淹沒。

第十一章

背敵除呂，水計三日敗呂

曹操好像並不急於攻城，他在等待天上月圓。十五的夜晚，曹軍發動了攻擊。數十架雲梯同時架上城牆，弓箭手壓得敵人無法在城頭上露臉。何況，水淹之後，下邳城已無可防守。眼看城池就要被攻破，呂布手下侯成、宋憲、魏續三將一合計，便先偷走了呂布的赤兔馬、方天戟，趁呂布熟睡之際，突然闖入，把自己的主帥五花大綁起來，然後開啓城門，放曹軍進城。陳宮、張遼、高順諸人，全部被擒。

曹操、劉備及關羽、張飛等人高坐在白門樓上，命令將校把俘虜帶上。首先帶上的是高順。曹操問道：「高將軍武藝稀鬆，行事乖違，與我大將夏侯惇單戰獨鬥不能取勝，竟支使手下施暗箭加害。此等行徑，不配擔任大將。請問高將軍有何話說？」

高順不答，曹操想到夏侯惇，心下惱怒，「推出去，斬了！」刀斧手遂將高順帶下了白門樓。

呂布這時在一邊叫喚：「綁得太緊，請稍稍鬆一點。」

「綁老虎不得不緊一點呀！」曹操說的相當輕鬆，轉過身來，對陳宮作了一個揖，「公臺別來無恙？」

「斷頭之前，這身骨頭還算硬朗。」性格極爲強倔的陳宮悶聲說道。

「我與公臺幼年訂交，我待你不薄，你爲何蓄意謀反，幾度置我於狼狽之境？」曹操問道，聲音竟顯得和藹可親。

「你心術不正，有顛覆漢室之心。」

「好說好說！」曹操答道：「就算你拋棄我有理，但俗云良禽擇木，良士擇主，公臺卻緣何屈身於呂布手下？這太不給我面子了，難道我曹操還比不得只有匹夫之勇的呂布？」

「呂布雖然無謀，卻不像你詭詐陰險。」

「輸家指責贏家狡猾，這話說的可不夠漂亮！」

陳宮默默無語。

「請問公臺，今日之事，何去何從？」

「今日，陳宮有死無悔。」陳宮說的非常決絕。

「公臺撒手而去，難道一點不顧及老母、妻女？」

「我聽說以孝治天下的，不害人之親；施仁政於天下者，不絕人的後祀。老母、妻女之命，盡在曹公手中，我不必有所掛懷。曹公，請刀斧手，我倆就此別過。」

「公臺慢走。」曹操叫道，一邊又對侍從說，「速將公臺老母、妻女送到許昌貽養，怠慢者斬。」

第十一章

背敵除呂，水計三日敗呂

陳宮的肩膀微微一震，旋即大步下樓，直赴刑場候斬。

曹操連呼：「公臺慢走。」一步步直送到樓下。

呂布趁曹操外出，連忙對劉備說：「布往日與玄德公親如兄弟，現今公為座上客，布為階下囚，還請玄德公在曹公面前為布美言幾句，從寬發落。」

劉備不動聲色，點了點頭。

曹操返身上樓，眼角還掛著淚滴，似乎對陳宮之死心痛萬分。

呂布叫道：「明公所懼，不過呂布。今日布已誠心歸附，公為大將，布則盡力輔佐，天下不難平定，請明公三思。」

曹操聽罷，掉頭看著劉備，「玄德君有何高見？」

「曹公難道忘記當初丁建陽、董太師的教訓了嗎？」劉備反問一句，這一句話既立刻惹爆了呂布，也同時等於宣判了呂布的死刑。

曹操向刀斧手做了個手勢，示意把呂布推出門斬。

呂布急的大叫：「好你個大耳朵劉備，你太不夠交情了，當初若不是我轅門射戟，解了你的圍，你哪裡還有今天？」

劉備臉色一紅，旋即又平靜如常。

「呂布匹夫，大丈夫視死如歸，何懼之有！」說這話的是張遼，他恰在此時被刀斧手帶上大廳，見呂布如此窩囊，不禁心生鄙夷，脫口便罵。

「這位莫非就是燒我糧車的張遼將軍？」曹操問道。

「正是。」張遼面不改色。

「將軍這把火，可險些把我燒回老家呀！那日在濮陽相遇，呂布軍團中，唯將軍手下一軍，行兵布陣最爲精妙，曹操極爲佩服。將軍數度挫我鋒芒，今日被擒，我怕饒不得你。」

「敗軍之將，不復死生。張遼任剮任斬，悉聽尊便。」

張遼話音剛落，那邊已「撲通」跪下一個人來，一看，竟是關羽。「張將軍仁恕忠厚、武藝超群，有一代名將風範，請曹公刀下留情，關羽願以頭顱作保。」

曹操笑的前仰後合，好一會兒才說道：「雲長難道以爲我會取張將軍性命？」

曹操趨步上前，親手解開張遼身上的繩索，然後從自己腰間拔出長劍，遞到張遼手中，「張將軍若要取我曹操性命，現在便可動手。寧可張將軍害我，我絕不害張將軍。」

曹操此舉，大出張遼意外。他怔怔的握著劍，良久，擲劍於地，向曹操跪下，「張遼不才，敬謝曹公不殺之恩，從今而後，將永隨鞍鐙，竭忠盡智。」

曹操當即拜張遼爲中郎將，贈爵關內侯。

第十一章

背敵除呂，水計三日敗呂

這時，場外突然鴉雀無聲，一片靜寂。這分靜寂太奇怪了，彷彿上帝或魔鬼突然駕臨。曹操剛要探身去看，樓下已傳來裙裾曳地的聲音，貂蟬走進了白門樓。

「娘子敢情就是司徒的養女貂蟬？」曹操沉聲問。

「奴家正是貂蟬。」貂蟬向曹操斂衽，聲音嬌弱，顯是病體不支，不勝秋風。

「娘子身遭大難，曹操無以慰安，不知娘子願從何而歸？」

「貂蟬待罪之身，不敢復望憐惜顧念。唯盼曹公能允諾將貂蟬遺骸與夫君呂布合葬。」貂蟬的聲音既柔弱，又堅定，不由人不聽得心動神搖。

「娘子說哪裡話。當年娘子受王司徒之命，屈身董卓之下，致使呂布生忿，連環計成，董太師得以伏誅。娘子此舉，可彪炳史冊，功勞甚大。曹操錄娘子功猶嫌太晚，又何來『待罪』之說。操殺尊夫，乃秉公辦事，事屬不得已，這裡謹向娘子謝罪。娘子但有所求，盡說不妨，操當逐一秉遵。」

「貂蟬敬謝曹公不殺之恩。」貂蟬眼色淒迷，說道：「小女塵緣已盡，別無夙願，唯冀遁跡庵堂，長齋禮佛，永絕塵世。未知曹公能否玉成。」

「謹依嚴命。」曹操說罷，不覺又長長地嘆了一口氣。

第十二章

煮酒論雄，劉備請軍殺袁

呂布伏誅，對曹操而言，意味著一場大勝利，曹操曾三次向徐州用兵，終於將這塊戰略要地據爲己有。在張遼自告奮勇招安了太山首領臧霸後，東面之事已毋需操心。孫堅之子孫策，此時已與袁術分道揚鑣，獨自在長江以南經營自己的勢力。但以孫策眼前的實力，對曹操還遠遠構不上威脅。西涼群豪韓遂、馬騰者流，由於曹操與日俱增的實力聲望，加上鍾繇出色的招撫斡旋，現在也不敢動手動腳。袁術、劉表、張繡三人，都剛剛在曹操手下吃過敗仗，別說動兵，現在只怕連口氣都沒有喘過來。

放眼天下，曹操的敵人已只剩下袁紹一人了。當然，最後的敵人同時也是最強大的。聽說袁紹在與公孫瓚的連續戰鬥中正接連獲勝，公孫瓚的處境岌岌可危。

曹操率得勝之兵班師回朝，氣勢浩浩蕩蕩。劉備始終被邀與曹操坐在同一輛戰車上，可見禮遇之隆。當然，關羽、張飛二人照例緊跟車畔，步步相隨。

第十二章

煮酒論雄，劉備請軍殺袁

這年建安四年（西元一九九年）的年初，曹操和袁紹都已清楚地將對方看成自己最大的障礙，但要兩人眞的翻目、兩軍對決，尙需假以時日。曹操正可利用這段暴風雨前的平靜，大力整肅朝綱，確立自己的權威。

曹操的身分已經是丞相了，雖然他多次明確表白自己無意自立君王，取漢朝而代之，但一則因爲漢獻帝懦弱無能，一則又因自己功高鎭王，對當朝皇帝也就談不上有何尊敬。漢獻帝的傀儡身分，某種意義上也是時勢使然，不能全怨曹操的強悍人格。說來先是寄食於董卓，接著又仰息於李傕、郭汜，漢獻帝的傀儡人格只怕早已形成，習慣成自然了。

雖然曹操比董卓來的明智寬容，但丞相的威勢高過君王，總會引起部分人士不快。出身宦官之家，對宮廷傾軋即相當警覺，其本身又算得上箇中老手的曹操，對此顯然有所防範。曹操的親信已安插在朝廷的各個崗位上，許昌城裡任何風吹草動，都會及時送上曹操的案頭。

袁紹來了一封絕密信，示意曹操除掉太尉楊彪、大長秋梁紹及孔子後人孔融。楊彪係袁術親戚，的確有與袁術勾結的跡象。孔融則行骸放浪、目中無人，好結交、豢養一些具有「嬉皮」人格的門人清客，對許昌的人文環境頗有影響。按說除掉此二人，對曹操有利無弊，若輿論加以追究，還可輕易地推諉到袁紹身上，曹操大可以接受下來。但話反過來，如此一來，曹操不就等於默認袁紹對自己的支配權了嗎？這口氣曹操可嚥不下。

曹操因而便以一封冠冕堂皇的回函，拒絕了袁紹的要求。當然，曹操也不想把袁紹過於得罪，最後他藉機免了楊彪的官職，遣職鄉里，算是給了袁紹一點面子，只是袁紹並不領情，兩人的衝突正日漸公開、拔張。

三月，袁紹終於徹底打敗了公孫瓚。走投無路之際，公孫瓚先用劍殺死了自己所有的妻子、兒女，然後行一把火，自焚而死。黃巾賊餘黨黑山軍這時也投奔了袁紹，袁紹任命黑山軍首領眭固駐紮射犬，明擺著把矛頭直向曹操。

在不該給面子的時候，曹操可就眞地一點不給。曹操一面不動聲色地在許昌結交詩人文友，一面卻派遣曹仁、史渙偷偷出兵，突襲射犬。當袁紹還蒙在鼓裡之時，眭固的人頭已被曹仁斬落下馬，黑山軍一舉潰滅。這一仗，等於向袁紹發出了戰書。

曹、袁對決，匹似拳王決戰。在雙方明白了對手實力之後，剩下的便是戰前準備了。這時，愈能拉攏別的有形力量，無疑將愈添自己的勝算。兩人同時想到了張繡，分別向張繡發出招降書。

袁紹知道張繡對賈詡極爲尊重，言聽計從，因此，他給張繡寫信的同時，還給賈詡夾了一封私信。信中，袁紹對賈詡竭力奉承，並以高官厚祿爲誘餌，試圖說服賈

第十二章

煮酒論雄，劉備請軍殺袁

詡，與張繡共投袁紹。

吃了曹操敗仗的張繡，一直苦於找不到靠山，一天到晚憂心，說不定哪天又吃曹操的排頭，聽說袁紹招降，急吼吼便要答應。

使張繡大驚失色的是，賈詡在徵求他意見之時，竟當著袁紹信使的面，將袁紹的招降書撕得粉碎。

「一個對自己的兄弟都不能相容的人，又怎麼可能容得下我們？」賈詡從容又傲決，向來使說：「請轉告袁公，我軍無意歸附，敬謝抬舉。」

袁紹信使愣愣的看了張繡、賈詡一眼，方才傲慢地離去。

張繡聲音都有點發抖了，「文和先生此為何意？難道我張繡得罪一個曹操還不夠，還要同時與袁紹為敵嗎？」

賈詡淡淡一笑，「誰說我們要同時得罪兩大巨頭？主公毋憂，拒絕袁紹，正為了投靠曹操。」

「文和先生不是開玩笑吧？」張繡大惑不解，「對曹操，我始降後叛，濟水一戰，幾乎要了曹操的性命。曹操長子、侄兒皆死於我手，尤其典韋之死，更使曹操怒髮衝冠、悲痛欲絕。向曹操投降，豈不等於自投羅網嗎？」

「主公有所不知。」賈詡依舊那麼從容，「投奔曹操，其利有三。一、袁強曹弱，袁紹視我乃等閒之物，不以爲重，曹公得我，實力平添，如得強援，自然加以倚重。二、曹公奉天子以號令天下，實縱不至，名已先歸，從曹公如從天子，理正事直。三、有霸王之志者，絕不會斤斤計較個人恩怨，而試圖潑灑自己的仁德於四海之上。我與曹公有所交往，知道此人雖城府極深，但又極有遠見，若投靠了他，我敢擔保你我均得到重用。此外，袁、曹決戰，袁紹強蠻在前，曹操大笑在後，依我之見，曹操必勝無疑。到了那時再要去投靠曹公，只怕爲時已晚。請主公聽詡一言，從速決斷。」

於是，張繡便再吹向曹操投降了。

曹操見了張繡，大喜過望，竟彷彿兩人間完全不曾有過任何過節，不僅如此，曹操還與張繡結成兒女親家，並封張繡爲揚武將軍。如果說在此之前張繡還對賈詡將信將疑的話，這下可眞是佩服的五體投地了。

從此，曹操智囊團裡又多了賈詡這位出色的謀士。

※

與此同時，一場旨在推翻曹操強權統治的宮廷權謀，也在醞釀之中，主謀者竟然便是當朝皇帝劉協。

自從九歲那年被董卓立爲漢獻帝之後，經過十年來的遷徙飄搖，現年十九歲的漢

第十二章

煮酒論雄，劉備請軍殺袁

獻帝，終於有了清醒的君王意識。他試圖重新確立自己九五之尊的地位，而要做到這一點，首先就得扳倒曹操這個巨人。

漢獻帝知道，自己除了一張嫡傳正宗的皇帝招牌外，其餘的都無法與曹操抗衡。在曹操眼裡，所謂大漢皇帝，說不定只是個乳臭未乾的渾小子而已。不管曹操怎麼對待皇帝，劉協認爲只要曹操想改變江山的姓氏，便立刻可以著手，這並非杞人憂天。劉協出於本能對曹操有所畏怯，他的預謀必須進行的相當祕密才行。

說來可憐，身爲一國之君，關鍵時刻竟連一個值得信賴的人都找不到，除了自己的國舅董承。甚至連在自己的宮廷裡當著自己的國舅，皇帝都沒有吐露肺肺之言的膽量，而只敢藉一封玉帶詔，宣露自己的心事。

董承得到皇帝贈賜的這件大袍及一根玉帶，心知有異，急忙小心迅捷地逃回家中。待屏退所有侍從後，才敢將這件衣袍翻檢起來。一封皇帝親手蘸血寫成的詔書，從袍帶裡翩然飄落。董承讀完，當即大驚失色。

皇帝以極爲哀婉淒側的言詞，陳述自己的不幸，矛頭直指威勢鼎盛的丞相曹操。皇帝對董承的指示是：聯絡四方忠義兩全的慷慨之士，奮臂攘袖，共除操賊，復安社稷。

在相當隱蔽的環境下，董承聯絡了侍郎王子服、將軍吳子蘭、校尉种輯、議郎吳碩等朝廷政要。然而這些人手中都未握有兵權，光靠紙上談兵，又焉能對付得了曹操？三天以後，西涼太守馬騰也加入了董承的陣營，董承還想到了一個人。那人不是別人，正是被皇帝新近認做皇叔、被曹操剛剛任命為豫州牧的左將軍劉備。

※

素懷凌雲壯志的劉備，也是個生性極為謹慎的梟雄。自從加入董承陣營之後，劉備便整天生活在提心吊膽之中。劉備名義上是豫州牧，但曹操並沒讓他離開許昌。曹操撥給劉備一棟相當寬敞的宅院，對劉備極為尊重，但卻並不與他商討軍國大事。劉備知道，自己事實上已遭到曹操的軟禁，這當然表明，曹操對自己充滿了懷疑。心機深沉的劉備同時也注意到，在自己宅院附近那些挑柴賣豆腐的人中，十之八九即為曹操派來的暗探。

除非讓曹操相信自己其實是個平庸的凡夫，不然，劉備不僅永無出頭之日，還隨時可能惹來殺身之禍。能鑽狗洞，方有望躍過龍門。本著「大丈夫能屈能伸」、「小不忍則亂大謀」的想法，心比天高的劉備，居然在自己家裡闢了一塊菜田，煞有介事地研討起園藝學來了。劉備親自選種，還親自挑糞施肥，一連數月，使自己完全變成了一個莊稼漢。關羽、張飛見兄長突然變得如此窩囊頹唐，心中大為不滿。劉備也不作解釋，只顧種自己的菜，氣得關、張二人只得整天外出打獵射箭，與劉備不言不

第十二章

煮酒論雄，劉備請軍殺袁

語。

所有送上曹操案頭的情報在在顯示：自幼就做著織席販鞋營生的劉備，看來也只有這麼點出息，曹丞相大可不必神經兮兮，將他視爲潛在的勁敵。

「劉使君的志向，不過區區一方塘。」一手下概括論。

這天，關羽、張飛照例一大早就騎著馬外出打獵散心去，劉備則照例在日頭下弓著身，張羅自己的菜圃。將近晌午，許褚、張遼引數十名兵士突然闖入，張遼跨前一步，朗聲說道：「丞相有命，請劉使君即刻前去一敘。」

劉備心下慌亂，急忙問：「兩位將軍可否告知，丞相所請何事？」

「此非我等所知。」許褚答道：「丞相所請甚急，請劉使君不要耽擱。」

「如此，兩位將軍稍候，容劉備稍加更衣。」劉備滿臉堆笑，倒退著進入內室。

當初曹操聽到董卓相召，也是以與此刻的劉備差不多的表情退入內室的。曹操一入內室，便逕自躍過後牆，直向洛陽城外逃去。劉備可沒有這分膽量；當然，也許劉備此時也未必需要這分膽量，誰說曹操相請，就必然意味著凶兆呢？難道與董承合謀之事已然敗露？

不管怎麼說，走在路上的劉備，心裡的確有著凶多吉少的預感，雖然臨出門前，他並沒有忘了在自己的鞋尖上故意沾上點泥巴。

「玄德，你可眞會在家裡做好事呀！」曹操見了劉備，劈首就是一句。劉備頓時面無人色，運足了吃奶的定力，方才穩住腳跟。

「耕作之事，學來大非易事。」曹操握住劉備的手，臉色極爲和悅，「曹操也有志於此，常思親操井臼，專意稼穡，以爲退身之想。無奈政務山積，須臾不離，遂使美志不遂，空懷悵悵，只剩下對玄德企羨不已的份了。」

劉備聽曹操如此說來，一顆忐忑的心終於放了下來。兩人攜手步入後花園，在一座六角小亭內相對而坐，一男一女兩少童隨即端上一盤青梅、一樽煮酒、兩套酒具。

「剛才見枝頭梅子青青。」曹操呷了一口酒，「忽然想起去年征張繡之時，征途艱窘，久旱無雨，道上幾無水源可尋。隨軍將士皆口渴難當，士氣疲蔽。我心念一閃，便揚起馬鞭，朝前方虛虛一指道：『那邊有一片梅林。』將士聞知，心情踴躍，頓覺口舌生津，渴意大減，不知不覺間竟行進了三十里。也是蒼天不負，三十里外竟眞地出現了一片梅林。今日又見梅青，不可不賞，又恰有上好煮酒入宮。當年李陵有詩云：『嘉會難再遇，三載爲千秋』、『獨有盈觴酒，與子結綢繆』，所結者何人？李陵結蘇武，曹操好玄德，故而冒昧相擾，求劉使君與我一飲。玄德，請。」說罷，曹操又一杯酒訇然落肚。

「萍漂之士，寄食之客，乏功少德，而竟蒙丞相如此隆情，敢不衷心有感，捨命相陪。」劉備也乾下了一杯酒。

時逢初夏，天色變化無常，剛才還是麗日晴天，轉眼間便愁風迎地起，陰雲四圍合，天邊外隱隱傳來雷聲。一場飄潑大雨，怕是轉瞬即至。曹操興致大振，拉過劉備，兩人一起憑欄佇立。

曹操指著西天那塊似烏龍翻騰的黑雲，問劉備：「玄德知道龍之變化麼？」

「肉眼凡胎，不敢盡窺世間神物，備謹洗耳，敢請丞相加以點撥開導。」劉備心底陰虛，說話字斟句酌，竭力顯出一副闇弱無識的模樣。

曹操放聲大笑，「龍之為物，能大能小，能升能隱，蹈水則潛，遇風則化，搏練萬物而不露斧痕，神遊天外而萍蹤無覓。龍得造化之奇，含四季之精。伸縮俯仰。精審合乎律呂，大開大闔，志向遠超南海。方今春深，花開蕊綻，萬木轉欣，龍趁時而起，攜陽剛之氣，賦陰柔之形，上下斡旋，如人得志而縱橫四海。龍之為物，又豈可傾一言而概之。」

「丞相卓見睿智，備大為不如，今日受教，如坐春風。」劉備不時的奉承曹操。

曹操又是爽然一笑，「天上騰龍，人間英雄，兩者正相匹配，可供連類。玄德久歷四方，走遍江湖，於當世英雄，必然有所洞察，請試加指點。」

「備俗眼凡心，焉識天下英雄？」劉備意欲推卻。

「使君不必過謙，戲言之亦無妨。」曹操催促。

「劉備叨蒙天恩，得以為仕聖朝，每日躬耕草廬，心機不逾牆垣，於四方英雄，實在睽隔淡漠，急切之間，確實難言。」

「縱然未曾謀面，總會有所耳聞吧？」曹操趕追不捨。

看來，曹操的英雄話題已經牢牢地纏上了劉備，劉備怎麼說也得談上幾句了。

「淮南袁術，兵精糧足，現已南面稱帝，有拱手而天下畢治之態，此人當可稱做英雄。」

曹操頓現鄙夷不屑之態，「袁公路尸位素養，德寡才低，在我眼中匹似冢中枯骨，人未死而身已爛，我大兵所向，即可手到擒來。請劉使君再談別人。」

「河北袁紹，四世三公，門生故吏遍及天下，今虎踞冀州，幅員遼闊，手下猛將如雲，顏良、文丑皆有萬夫不當之勇；謀士塡海，沮授、田豐皆有張良、蕭何之智。文功武韜，天下鮮有可與爭鋒者。此人位列英雄譜，當無可置疑。」

「非也非也。」曹操連連搖頭，「袁本初我知之甚詳，其人色厲膽薄，好謀無斷。熱衷文飾，偏信讒言，愛才而又嫉才，崇賢偏又妒能。做大事而惜身，常常首鼠兩端；見小利而忘命，每每捨大就小。將才無多，師才闕如，雖然一時得逞，有狼顧天下之概，而終將與眞正的英雄失之交臂。」

第十二章

煮酒論雄，劉備請軍殺袁

「有一人絕對稱的上英雄。」劉備被曹操連續駁回，心裡已無多少談興，見曹操神色中又依舊充滿慫恿之色，只得硬著頭皮再往下說：「此人名標八俊之首，聲播九州之外，溫良敦厚，文才武略俱現事茂——荊州劉景升，當可算做英雄？」

「劉表盛名之下，其實不然。性好造作，情歸虛假，當機無斷，事後每做高談。此人亦與英雄無緣。」

「有一人血氣方剛，武藝超群，攻城拔寨，戰無不勝。弱冠之年，已盡有江東膏腴之地——孫策孫伯符，堪稱少年英雄？」

曹操聽到這裡，竟姿態不改，依舊只管把頭來搖，「孫策之名，多半得之乃父孫堅。即如孫堅，雖驍勇精進，曾教鼎盛時的董卓爲之膽寒，但籠統而言，尚不足以譜上英雄牒，更遑論盜父之名的孫伯符了。」

「益州劉璋，依丞相之見，恐怕也不能算做英雄吧？」

「劉璋雖係漢室宗親，但依操看來，無非一看家狗而已，去英雄何只十萬八千里。」

「那麼，比方說張繡、張魯、韓遂諸人，皆手握兵要、割據一方，不知可否以英雄視之？」從劉備的聲音聽來，顯然他自己都毫無把握。

「哈哈哈哈！」曹操開懷大笑，足足過了五分多鐘才稍稍收住。看那架勢，竟彷佛劉備剛剛生下一隻雞蛋出來，「玄德君何故如此相戲？此等碌碌之人，即使行那撓肩擦背之事，也覺不相匹配，更何從談起英雄。請玄德速速打住，再以他人相論。」

劉備倒吸了一口涼氣，神色頹然，「除此之外，備實不知天下尚有何人可做英雄。」

曹操端起酒盅，一飲而盡，緩緩說道：「夫英雄者，胸懷大志，腹隱良謀，萬類蓄心，百端縈懷，有包藏宇宙之機、吞吐天地之志者，庶幾才約略彷彿。」

「能行此者，不啻天神仙人，芸芸下世，又有何人可堪此重任？」劉備滿臉困惑，困惑中竟又不無幾分呆傻。

正如曹操對劉備鞋尖上的泥巴視而不見，他對劉備堆呈在臉上的傻氣也視若無睹。

「天上雙龍戲珠，人間雙雄玩世。」曹操伸出手指，突然指向劉備，旋即又指向自己，「今日天下英雄，唯使君與操耳。」

劉備大吃一驚，手中的酒器竟砰然落地。也是天假其便，一聲轟天焦雷，不前不後，偏偏在此時自西天炸響。劉備得以收束心神，從容拾起酒器，說道：「天威眞是可怕，一震之下，竟使得劉備如此喪魂失魄，讓丞相見笑了。」

「大丈夫也會怕雷？」曹操問道。

第十二章
煮酒論雄，劉備請軍殺袁

劉備點了點頭，「備自幼失估，心肺臟器，大較常人為弱。請丞相毋怪。」

曹操默默無語。

外面突然傳來嘈雜聲，曹操心裡訝異，直見關羽、張飛兩人各持長劍，疾速而來。原來關、張二人打獵方回，見大哥不在，又聽說被曹操派許褚、張遼請去，心裡不安，連忙來相府打聽，士兵遮攔不住，兩人竟一直突入後園。

玄德早知兩位義弟心思，臉上仍佯怒，「此乃曹公相府，非比市井人家，二弟緣何如此魯莽？」

關羽、張飛見此情景，早知大哥處境絕無凶險，便側立一邊。張飛只顧憨憨地笑，關羽心思敏捷，脫口答道：「聽說丞相與兄長飲酒，我等特來舞劍，以助酒興。」

「雲長難道以為我曹操在擺鴻門宴？」曹操問道，聲音聽來卻極為隨和，「上酒，給兩位『樊噲』壓驚。」

※

三人回到劉備宅邸，劉備對關、張二弟解釋道：「曹公適才以英雄話題相試，我以二袁及劉表、孫策等人相對，不料曹公搖頭不止，最後竟以手指我和他自己說：「今天下英雄，唯使君和操耳。」這還了得！」

「曹操將大哥看成天下一等英雄，也算曹公有眼力。」張飛粗聲粗氣的說：「此乃大好事，大哥爲何反而愁眉不展？」

「三弟你也太不曉事了。」劉備嘆了口氣，「曹操是何等精警的人，他志在一統天下、掃清群雄。大哥我現在勢單力薄，無力與他抗衡，又身陷許昌，無時無刻不受到他的監控。是以我只能每日灑掃庭院，行那老農之事，此乃韜晦大計，正爲了痲痺曹公，使他不以我爲勁敵。孰料曹公目光如鷹，竟一眼覷破我的用心，我焉能不驚？若我眞的被曹公看作當今世上唯一可與他並列的英雄，曹公又豈能容我？」

一席話說的關羽、張飛心驚膽寒。關羽問道：「依大哥之言，眼下該如何行事？」

「相機而動，切忌魯莽，一有良機，即脫身他逃。」劉備說道。

※

那天，曹操又招劉備前來相府飲酒。

酒酣耳熱之時，突然有小校來報：淮南袁術久嘗敗績，內外交困，部將雷薄、陳蘭已挾部叛逃，去那嵩山落草。袁術狼狽之下，只能放下臉皮，求救自己的異母兄長袁紹。爲使袁紹答應收留，袁術表示願意放棄帝號，以漢朝傳國玉璽相讓。現在袁術大軍已經起程，不日即將路經徐州，奔都城而去。

「二袁若捐棄前嫌，合力共心，對丞相的威脅可就驟然大增。爲今之計，當火速決斷。」荀攸在旁建議道。

「備不才，願請五萬精兵，前往徐州，截殺袁術。」劉備及時自薦，「備往日因丞相的隆恩及陶謙的相讓，得以暫領徐州，是以對徐州地形頗爲熟知。此番以王師之名，藉丞相之威，大軍到處，當可使袁術束手，爲丞相免除後顧之憂。」

曹操稍作沉吟，「劉使君如此忠心赤膽，捨身報國，曹操大爲銘感。如此，待面奏君王之後，便煩請玄德親自出馬，擒袁術而歸。」

爲了對劉備有所牽制，曹操同時任命朱靈、路昭兩位大將隨同統軍，與劉備一起率五萬軍馬，開赴徐州。

※

程昱、郭嘉兩人有事外出，這日回到許昌，聽說此事後，不約而同地來到相府，對曹操說道：「劉備不可放，今日之去，如縱虎歸山、龍歸大海，其勢斷不可回。丞相後此之日，難免大受其苦。」

「我已派朱靈、路昭二將隨軍前往，以牽制玄德。」曹操鬱鬱答道。

「難道丞相以爲朱、路二將，可作爲劉備的對手？」郭嘉問。

「自然不及劉備。但我言辭既出，不可收回，玄德追不得。兩位先生所言極是，但此事不必再議。」曹操心緒煩悶，轉身進入內帳。

※

不管怎麼說，曹操此次放劉備出徐州，成了他平生的一大失誤。在看出劉備乃是與自己齊名的英雄之後，依舊聽任劉備從容離去，這是曹操留給後人的一個謎。難道曹操嫌袁紹、袁術等太過庸碌，不堪一擊，爲了贏得更大的功名，而刻意要爲自己留下一個強勁的對手嗎？棋逢對手的競爭固然有趣，但危險性也著實太高。

當然，劉備的離去，事實上也並不從容，在面奏過漢獻帝之後，劉備便將此次出征改變成了叛逃。由於擔心曹操突然因反悔而收回成命，劉備便以軍情險急爲藉口，一出許昌便催促五萬大軍急行。

決意叛逃曹操的劉備，爲了維護自己盡忠漢室的聲名，對漢獻帝的任命可一點不敢違拗。大軍一抵徐州，劉備便分撥人馬，做好迎擊袁術的準備。袁術是個注重名分地位的人，因劉備乃織席敗履之輩，對劉備素表輕視。誰知兩軍交戰，被自己倚爲擎天支柱的心腹大將紀靈出馬十餘合，便被張飛長矛刺穿，未及回過神來，天神般的關雲長又舞動八十二斤重的青龍偃月刀，如一陣捲地罡風橫掃過來。劉備指揮的中軍及朱靈、路昭統領的左軍也同時殺到，袁術手下士兵本來經長途跋涉，已士氣低落，如今見此陣仗，哪裡還有鬥志？紛紛棄盔丟甲，奪路而逃。這一仗，劉備大獲全勝，袁

第十二章

煮酒論雄，劉備請軍殺袁

術手下只剩下一千餘人，倉皇逃往江亭。

劉備獲勝之後，即刻寫表向朝廷報捷，同時以攔截袁術的任務已經完成爲理由，命令朱靈、路昭二將回許昌。朱、路二將是單身回許昌的，因爲，所有的五萬人馬都被劉備留下，作爲「保衛徐州」的資本了。

「如此廢物，留你們何用！」曹操盛怒之下，便要將朱靈、路昭推出去斬首。荀彧急忙出來說情，「大軍歸劉備指揮，朱、路二將也無可奈何。再說，說文論武，兩人本來也不是劉備對手，不如權且寄下兩人頭顱，讓他們日後戴罪立功。」

荀彧的面子曹操總是要給的，朱靈、路昭就此保住了性命。

「徐州自有我任命的徐州牧車冑鎮守，哪裡用的上你劉備插足？」曹操嘴上這麼說，腦子裡卻布滿愁雲。

※

七日之後，一條驚人的消息傳到曹操身邊：劉備支使大將關羽，假冒曹軍，竟誘殺了徐州牧車冑。徐州再次落入劉備手中。

這是繼陳宮、張邈之後，曹操平生遇到的第二次重大背叛。

好在離別漢朝宮廷達十年之久的傳國玉璽，現在終於回到曹操手中，曹操不假思索的將它還給了漢獻帝。

事情是這樣的：袁術戰敗後，不久即憂忿交迸，吐血而亡。袁術的妻妾得到這塊過去一直被袁術死死纏在懷裡的玉璽，一路飄泊，打算北上都城，將玉璽送給袁紹，以換得一分優厚獎賞。這事為前廣陵太守徐璆獲知後，當即在道上排下人馬，攔截了袁術的未亡人。徐璆無意殺生，只要玉璽。袁術已死，這只玉璽留在這幾個女人身上又有何用？還不如用來換命要緊。徐璆得了玉璽，可絲毫不敢雪藏在自己身上，當即快馬催鞭，直奔許昌，將玉璽交給曹操。當然，他為此從曹操手中獲得了一個高陵太守的官職。

曹操動員大軍，準備進攻徐州。

第十三章 計擒關羽，巧破文丑大軍

來自都城的消息非常令人不安，種種跡象顯示，袁紹正在厲兵秣馬，準備進軍許昌。而劉備自從叛逃許昌後，自忖不是曹操的對手，此刻也加緊與袁紹聯合，試圖藉袁紹這座靠山與曹操抗衡，並進而消滅曹操。

曹操的處境變得有點兇險了，雖然曹操素來鄙薄袁紹的爲人及能力，但袁紹所能動員的軍事力量實在太強大了，在實力上，曹操明顯的處於劣勢。對此，曹操仍不得不火燭小心，高度戒備。

建安四年九月，曹操親率大軍開赴官渡前線，擺出了與袁紹決戰的架勢。與此同時，一支由將軍劉岱、王忠統領的軍隊被派往徐州，以攻討劉備。

除了這兩個不知天高地厚的將軍本人，誰都知道這是一支無法在劉備身邊討得便宜的軍隊，曹操心裡更是雪亮。他在等待自己軍隊的失敗，在曹操的戰略構想中，這是一場距最終勝利最爲近捷的失敗，正因此，他派出的才不是于禁或徐晃、曹仁或張遼，而只是兩個廢物。曹操一方面想了解袁紹對此做出的反應，另一方面，出於一個權謀家的直覺，他覺得有必要讓劉備先贏上一仗。

劉岱、王忠果然戰敗了，敗的非常狼狽。曹操只是象徵性喝斥了幾句，竟意外不加嚴懲。

當劉備獲知曹操欲進攻自己時，曾派孫乾火速趕赴都城向袁紹求援，並懷疑袁紹會乘許昌空虛之際，以圍魏救趙之法突襲許昌。袁紹的主要謀士田豐也建議袁紹這麼做，誰料袁紹竟以自己的寶貝兒子袁尙身體不好爲理由，斷然加以拒絕。

曹操因此知道了袁紹的態度，下一步可以放心去攻打劉備了。

劉備打贏了這一仗後，使得朝廷內圖謀推翻曹操的董承等人無不欣喜若狂，加緊顚覆活動。這正是曹操最希望的，曹操迅速查破了董承集團，並以鐵腕手段，將董承等人全部處死。曹操甚至當著漢獻帝的面，將參予叛亂的董皇后由兵士拖出後宮，接受處斬。

「曹公，請可憐可憐吧，她正懷著孩子呢？」漢獻帝淒慘地請求。

「那又何必呢？」曹操聲如寒冰，「孩子生下後一樣得死，還不如死在肚子裡好過些。」說罷，拂袖而去。

第十三章

計擒關羽，巧破文丑大軍

朝廷上下，一時對曹操懍然生畏，不敢再有他念。

※

建安五年（西元二〇〇年）正月，曹操大軍突然從官渡起動，直撲劉備屯兵的小沛。倉皇之下，劉備誤聽莽將軍張飛獻的計策，集中所有兵力夜襲曹營，不料弄巧成拙，反中了曹操設下的伏兵計。劉備手下士兵不少本來就是曹操的士卒，情急之下，紛紛倒戈，投降舊主。這一仗曹操贏得相當輕鬆，劉備輸的相當狼狽。三弟張飛匹馬而逃，上芒碭山做山大王去了，劉備身邊只剩下三十餘名隨從，隨同他逃到冀州，投奔了袁紹。

曹操寶劍一指，大軍再撲小沛，不多時，關羽鎮守的小沛又已被圍的水洩不通。

※

「承相暫緩發令進攻。」張遼策馬而來，「關雲長乃當世名將，才華勝張遼多多，若能說動他來降，袁紹便不足畏了。」

「我正有此意。」曹操說道：「聽說文遠與雲長交誼頗深，可否代為說項？」

「不才願往。」張遼自願請命。

曹操略作沉吟，「我知關羽為人，此人武功蓋世，飽讀經史，乃百年罕遇一絕代儒將，正因此，關羽亦頗為驕矜，我若不能在疆場上先挫其鋒，雲長便未必肯降。」

曹操言說及此，已計上心來。

數百名原劉備部下朝沛城而行，關羽毫不起疑，放他們入城。不多時，夏侯惇至城頭搦戰，言辭中頗有輕慢，關羽按捺不住，提刀出戰。二將鬥了十餘合，夏侯惇撥馬便退，關羽性起，奪蹄直追，不料左邊徐晃、右邊許褚倏然飛出，截住關羽。後面箭矢如雨，射住關羽援兵的陣腳。關羽剛剛擺脫許、徐二人，夏侯惇、曹仁又橫在馬前。

時間已近黃昏，關羽酣戰了兩個多時辰，座騎換了三匹，此時早已手疲心困，疲憊不堪，一把刀朝曹仁面門虛虛一晃，盪開四蹄，逕向附近一座土山逃去。回首山下，曹軍漫山遍野，已將土山團團圍定。放眼遠眺，下沛城火沖天，「曹」字旗插遍城樓。關羽不知道的是，那數百名逃回的兵士，原來是曹操派來的奸細。想到劉備的家小俱已落入曹操手中，關羽禁不住憂忿交迸，心頭頹然。

「雲長別來無恙？」張遼一人一馬步上山頭，一見關羽，便將手中大刀扔到地上，以示無敵意。

「文遠此來，莫非勸關某投降？」關羽驚覺，一邊請張遼落座。兩人各揀了一座土墩，相對而坐。

「當日若非關羽在曹公面前爲我說情，張遼焉有今天？雲長救命之恩，遼日夜掛

第十三章

計擒關羽，巧破文丑大軍

心，苦於相報無日。」

「文遠不必掛心。我倆各事其主，現今已成敵仇，當日之事，不過羽順水人情而已，不必再提。曹公欲羽投降，羽誓死不從。」關羽斬釘截鐵，言辭中幾無迴旋餘地。

「雲長差矣！」張遼淡淡一笑，「雲長雖負絕世武勇，但以今日之勢，若雲長執意相抗，遼請雲長自忖，轉機安在？」

「大丈夫有死而已。」關羽沉聲答道。

「一死，誠易事耳。」張遼說道：「然太史公有言，死有泰山鴻毛之別。雲長若逞匹夫之勇，執元戾之志，此死僅可作鴻毛比，徒貽天下笑。依遼之見，雲長若持死志，其罪有三！」

關羽默默，顯然是在等待張遼說下去。

「當初劉使君與雲長結義桃園之時，誓同生死，今使君方敗，存亡未卜，而雲長竟率爾戰死。倘使君復出，欲重振江湖，求雲長相助而不可得，豈不負當年桃園之盟？此乃其一。其二，劉使君以家眷鄭重託付，雲長若求死途，二兄嫂無所憑依，於劉使君大有辜負。其三，雲長博涉經史，武藝超群，有經天緯地之才，不思與使君共扶漢室，振作朝綱，而徒欲效赴湯蹈火之態，以成匹夫之勇，此天人同憾，雲長更於大義有虧。雲長有此三罪，遼令敵人之情，不得不違命相告。」

張遼這番話，設身處地，入情入理，不由關羽不心動。

「何況，曹公對雲長素有欽慕，不忍以力相害，對劉使君也大度爲懷。下沛城破之時，曹公下令，有入令兄嫂宅邸者，格殺毋論。」

「多謝文遠金言相教。」關羽答道：「請轉告丞相，欲關某投降，須允諾三事。」

「雲長但說無妨。」

「一、關羽降漢不降曹；二、二兄嫂處須嚴加照應，外人不得到門；三、一旦得知劉皇叔去向，不管千里萬里，便當辭去。三者缺一不可。」

「這個容張遼代爲傳稟。」

「若曹公恩准，還得請曹公暫且退兵，待我稟報二夫人之後，便出城請降。」

曹操聽張遼彙報畢，幾乎不假思索地就答應下來了。因爲，所謂「降漢不降曹」，無非名分之爭，曹操自命爲漢朝的當家人，降漢、降曹便無可分別。給二夫加以照應，這本是無勞多說的。曹操對呂布的妻小都不曾虧待，對劉備的家眷只會更加看護。第三個要求稍顯麻煩，因爲照此說來，曹操又何必養著關雲長呢？但曹操太想得到關羽了，關羽效忠劉備，無非劉備待關羽不薄，那麼，我曹操如若待關羽更好，

第十三章

計擒關羽，巧破文丑大軍

關羽不也會效忠曹操嗎？關羽的忠誠，正是曹操非常看重的，問題是如何把這分忠誠轉到自己這面來。

曹操二話沒說，當即傳令退軍三十里，聽任關羽從容進入下沛城。

「這恐怕有點不妥！」荀彧在旁諫道：「若關羽進城之後，轉而擁兵堅守，苦候外援，我軍吃虧就大了。」

「文若不必多慮。雲長乃忠信仗義之人，言出必行。」曹操顯得很有掌握。

第二天一早，關羽即領數十人並二兄嫂前來，曹操遠出轅門，親自迎接。

「雲長天下義士，曹操素所欽仰，今日再睹尊顏，私心敢不欣悅。」曹操上前，攙扶關羽下馬。

「敗軍之憾，深感不殺之恩。」關羽翻身下拜，「只是，文遠代稟三事，丞相諒已先聆。他日關某探知皇叔下落，恐不及遲，便要離去，還望丞相海涵。」

「我一言既出，駟馬難追，焉有翻海之理。」曹操佯作嗔怒，「只是，臨走時關照一聲，似乎不算過分吧？我也好為雲長餞行。」

關羽點頭稱是。

※

從此，關羽便彷彿置身於上界仙府，曹操三日一小宴，五日一大宴，不斷地加以招待。一處上好宅院，慷慨贈給關羽居用。金器玉帛，交錯相贈，美女仙姬，動輒相賜。

關羽外表唯唯諾諾，連聲稱謝，內心仍如鐵石一般，不爲所動。

爲了打動關羽，曹操可說是不擇手段。關羽看重義氣，曹操便首先顯出自己的義氣。當著關羽的面，曹操除不斷說劉備好話外，還頻頻表示自己正四處派人打探劉備的下落。

「雲長且寬心暫候，若探知玄德棲處，我必恭送雲長出營，以成全桃園美事。」

不僅如此，曹操對關羽竭力體現出的關心愛護，有時簡直到了婆婆媽媽的程度。曹操對關羽那把華麗的美髯都細心詢問，爲防斷落，還特意製作一個上好紗囊，供雲長作護鬚之用。曹操暗地派人體察關羽身量大小，然後命宮廷裁縫製作了一件威猛華麗的戰袍，贈給關羽。

遺憾的是，關羽口中稱謝，卻只把它作內衣穿，外面仍罩上那件舊袍。照關羽的說法是：「舊袍乃當年劉皇叔所贈，穿上如見皇叔，故不忍一日相棄。」

俗話說壯士愛馬，好漢惜鞍。一日，曹操命人牽來一匹馬。此馬通體大溜，無一根雜毛，身量雄偉，聲若奔雷。

「雲長識得此馬否？」曹操問。

第十三章

計擒關羽，巧破文丑大軍

「莫非呂布所騎之赤兔馬？」

「雲長好眼力。」曹操呵呵一笑，「我自得此馬，一直未找到配得上的英雄。及見雲長，才算爲牠找到了主人。雲長不棄，就請留用吧！」

曹操說罷，命左右連馬鞍一併贈給雲長。

說那赤兔馬也特神奇，往常見了別人，總是刨蹄撒野，威武不屈，及見了關羽竟好似久懷相思苦，扭扭捏捏，不斷用腮幫搔擦關羽的肩頭，一臉的深感寵幸樣。

關羽倒頭便拜，嘴上連說感謝，聽得出乃肺腑之言。

「我往日以美女相贈，雲長都不曾下拜，今見此馬，反而格外稱謝，雲長爲何要重物輕人呢？」曹操佯裝不悅，故意顯得自己極爲人道。

「丞相有所不知。」關羽答道：「我知此駒乃馬中極品，中原獨一無二，可日行千里，晝夜奔馳。今幸得之，一旦得知兄長下落，彈指即可相見。受丞相如此厚恩，關某焉能不拜！」

「雲長忠心赤膽，眞可彪柄史冊，感化萬世！」曹操嘴上這麼說，心裡卻有點後悔。

爲網羅人才竟是如此殷勤巴結，曹操其實也算得千古一人了。曹操縱使沒能使關羽回心轉意，至少也已讓關羽極爲感動了。關羽修正了當初所提的條件，變「一聞皇叔下落，即當迅速離去」，爲「我必以戰功報效曹公，方會離去」。

這個承諾多少給了曹操一點安慰。曹操想：不給你立功的機會，你就走不了了……

※

在許昌空虛、曹操與劉備相戰徐州之時，袁紹不向曹操用兵，等到曹操大敗劉備，班師回朝，陣容齊整、士氣高漲之後，袁紹反而發動了對曹操的戰爭。袁紹的行動方式，也算得上不可思議了。

這天，曹操接報，袁紹先鋒大將顏良，使十萬之眾，已向許昌殺來。同時，一封文辭犀利、文采斑斕，罵盡曹操祖宗三代的曠世檄文，也由都城發往各地州郡。

曹操頭痛病發作，及見此檄，竟霍然而癒。驚問：「這是何人手筆？」

「袁紹主簿吏陳琳所作。」曹洪答道。

曹操微微一笑，「我只怕袁本初的武功韜略，配不上陳琳的文采風流。陳琳文筆，可治我頭痛症。」

北海孔融當時亦在許昌，聞說袁紹兵犯，來見曹操，進門就嚷：「袁紹兵強勢壯，不可與戰，只可議和。」

「袁紹無謀之人，何必議和。」荀彧反對。

「袁紹土廣民強，士多依附。袁家四世三公，門生故吏遍及天下，一方策動，八方響應，當世無人可抗。其部下如許攸、郭圖、沈配、逢紀，皆智謀之士；田豐、沮授，堪稱忠烈之臣。顏良、文丑勇冠三軍，萬夫不當，其餘高覽、張郃、淳于瓊，俱屬當世名將。文若先生憑什麼說袁紹乃無謀之人？」

荀彧粲然一笑，「袁紹兵多而步伍無序。田豐剛烈犯上，許攸貪婪少智，沈配專斷乏謀，逢紀果敢無能。這幾人皆自行其是又自以爲是，彼此挑剔，難以聚沙成塔，摶指爲拳，一旦時局有變，必生內變。顏良、文丑，純屬匹夫之勇，一戰可擒。若許攸家人犯法受拘（這是極爲可能的），袁紹必不再聽信許攸，若此，則許攸必將叛離袁紹。袁紹部下無非如此，至於尋常碌碌之輩，縱有百萬之眾，又有何用？」

荀彧一番針鋒相對的駁難，說的孔融啞口無言。

「孔文舉不必再長他人志氣，滅自己威風。」曹操大笑，「我敢斷言，以後發生的事，皆不會出荀文若所料。」

※

曹操留荀彧鎮守許昌，自領大軍開赴官渡。這時，統兵十萬的袁紹先鋒大將顏良及部將淳于瓊、郭圖，已經急速向白馬（今河南滑縣東北）挺進，東郡太守劉延火速派人向曹操告急。而袁紹的主力部隊已在黎陽集結，打算渡過黃河，直搗許昌。敵眾我寡，情勢嚴峻。

「只有設法誘動敵人才能突襲白馬，救劉延之急。」老成持重的荀攸建議。

曹操會意，便引大軍來到延津，做出一副要渡河北上，直撲袁紹後院都城的架勢。

袁紹不知是計，連忙將主力移向延津，爲防人數不夠，還從顏良處抽調了五萬兵力，打算在延津渡口，一下子殲滅曹操。誰知袁紹到時，曹軍連個影子都沒有。訓練有素的曹軍，在機動性上遠遠超過袁紹。就在袁紹不知曹操何在，而顏良也爲急切間攻不下牆高城厚的白馬而焦躁不安時，神不知鬼不覺，曹軍經過一晝夜的急行軍，竟已從延津殺回了白馬。

直到曹軍馬蹄在視野可見處捲起漫天塵沙，顏良才發現曹操到來。

好個顏良，乍遇強敵，神不慌、心不驚，直把手略略一擺，整理好自己的隊形，再還刀入鞘，然後在一頂鮮豔的華蓋傘下悠然等著曹操，彷彿待迎一位好友相逢。憑常識也能知道，一者曹軍長途奔馳，體力大減，到此還能有幾分鬥志；再者曹操人數上又處劣勢。顏良想打一個漂亮的仗。

所謂漂亮，指的是開打前先玩幾下嘴皮，然後用用自己美妙的刀法陣，斬曹操幾員大將，然後再驅動士氣大振的軍隊進攻。簡言之，奉行個人英雄主義的顏良，有心

第十三章

計擒關羽，巧破文丑大軍

想使這一仗打出自己的百年聲名來。

誰知曹軍尚未排好陣勢，顏良還瞇著眼睛瞧太陽，西面土坡上突然飛出一名大將。那人紅臉長髯，手提一柄躍入眼目的青龍大刀，居高臨下，以不可思議的速度奔到眼前。

「來將通名，我刀下不斬無名之卒。」顏良剛說到此，還沒來得及亮出兵器，眾人但見精光一閃，紅血一道，顏良頭已落地。

殺顏良的，正是騎著赤兔馬的關羽。袁紹士兵何曾見過此等天神樣人。那關羽翻身下馬，倒提起顏良的人頭，將頭髮朝馬鬃上隨意綰了結，就勢一躍，跨上馬鞍，竟視顏良手下五萬士兵如蓬蓬野草，馬蹄開處，直回本寨。

張遼見關羽得手，立刻麾動士兵偃殺過去。淳于瓊、郭圖收不住陣腳，只能眼睜睜的看著自己的隊伍四面潰散。困守自馬城內的東郡太守劉延見狀，連忙開啓城門策應，截住敵人餘部，大大地斬獲了一通。

關羽突襲顏良，居功至大。曹操爲怕關羽離去，本來不是不想讓關羽取得戰功嗎？怎麼現在又聽任關羽在陣前逞威呢？

原來曹操已探知劉備現在袁紹處，因而故意讓關羽立功，袁紹若得知心腹愛將竟死在關羽手下，劉備便有問斬的危險。劉備既死，關羽還有何處可投呢？當然，關羽在張遼面前曾說過，「若皇叔已逝，關某願趨附黃泉」之類的話頭，但兩人關係再好，這類話多半不過說說而已，曹操並不當眞。

白馬之圍既解，曹操即向漢獻帝報捷，表封雲長爲漢壽亭侯，並鑄印爲記。

※

荀彧預料中的袁紹眾謀士不相聯合之事，已多次露出端倪。

當初袁紹欲兵發許昌之前，謀士沮授、田豐就表示反對，理由是曹操迎天子安宮許都，政績昭然，且法令統一，士卒精練，遠非土豪般的公孫瓚可比。爲今之計，當先務農休息，休戰養民，待根深葉茂，民離漸歸，再進屯黎陽，兵下黃河，與曹操爭鋒不遲。不可否認，這是頗有見地的建議。但河北豪強沈配、郭圖則持完全相反的意見，他們大肆吹捧袁紹的軍事實力，認爲袁紹打敗曹操，易如反掌，當今之計，當迅速發兵；早定大業。

後者的話很合袁紹的胃口，志驕意滿、素來聽不進不同意見的袁紹，本來將指揮權交付給沮授，這時竟因此剝奪了他的統一指揮權，而把軍權交給了主戰的郭圖和淳于瓊。

田豐的處境更加悲慘，因爲自己的剛烈直言，被袁紹在臨出發前發配大牢。

沮授灰心喪志，打算向袁紹辭職，袁紹斷然拒絕，一個私下的理由是：「我偏要

第十三章

計擒關羽，巧破文丑大軍

讓你看看我是怎樣打敗曹操的！」沮授臨出發前，盡散自己所有的家財，因爲他預感到自己再也不可能重回老家了。

在黃河上，面對滔滔河水，沮授發出深深的嘆息，「主上驕矜，志得意滿；士卒無識，唯功是競；黃河悠悠，東海不回；河清無日，我歸何年？」絕望之情，溢於言表。

※

這天，曹操得知袁紹大將文丑正要在延津渡河南下，當即準備率軍迎戰。曹操下了一個奇怪的命令：「以前軍爲後軍，以後軍爲前軍，糧草先行，軍兵後隨。」

負責賞管軍需物品的呂虔被弄糊塗了，「糧草在前，倘被敵人劫去，怎麼辦？」

「糧草在前，正可火攻退敵。」曹操回答的心不在焉。

「丞相不是開玩笑吧？方今春深，草木滋潤，並非火攻之時呀？」呂虔繼續追問。

「到時燒燒看吧！」曹操說著，隨同張遼、徐晃等人逕自騎向前去。

糧草在前，大軍在後，這意味著倘遇文丑來戰，可以迎擊敵人的兵力有可能不足六百人，著實太不可思議了。

將近延津，探馬急報：「文丑大軍將至。」曹操手下皆心慌意亂，建議曹操迅速撤退。

曹操點點頭，「活命要緊，糧草就不必管它了，送給文丑壓壓驚吧！」接著，用鞭指了指南面一座土丘，說：「撤退已來不及，我等權且到土山上躲避一下。」

言未畢，六百人急忙奔向南山，各自覓地躲避。獨有荀攸意定神閒，一上山頭，便酣然臥倒，擺出一副「我醉欲眠卿且去」的架勢。

看曹操呢，更絕，竟彷彿全然不知身邊險情，竟與郭嘉在一座土墩上下起圍棋來。

文丑大軍才抵山腳，見路上盡是曹軍棄下的糧草，未等文丑下令，大兵已紛紛下馬，各自搶劫起來。曹軍的糧草眞多，搶紅了眼的文丑士兵已完全不顧步伍陣形，純如一夥打家劫舍的強盜。

曹操在山坡上看的眞切，突然從腰門拔出青釭劍，直指山下。六百士兵霍然躍起，駕馬直奔山下。文丑軍隊猝不及防，頓時亂成一堆。曹操負責看管糧草的士兵極爲精銳，六百匹馬在蜂巢般的敵軍隊伍中左右馳突，其勢如虎撲羊群。文丑士兵縱不亡命刀下，也多半自相踩踏而死。

武功了得的文丑置身於混亂隊伍中，再高的身手也施展不開來。正在焦躁之際，後軍中翩翩躍出一桿旗幡，上書「漢壽亭侯關雲長」七字。文丑本來就懷疑好友顏良

第十三章

計擒關羽，巧破文丑大軍

死在關羽刀下，此時見了關羽，不戰自怯，便欲撥馬而逃。但關羽的赤兔馬來的太神太快，文丑正以爲已逃脫追擊，誰知腦門訇然一響，脖頸沸然一熱，人頭落地。文丑一死，敵軍更是大亂，而曹操後軍又源源殺到，不斷加入戰局。

這一仗較之白馬，曹軍勝的更漂亮，那遍地躺倒的死屍，十具中倒有九具九是文丑的士兵。另外，黃河裡還有不少急切間欲跳河逃命而被淹死的敵軍。當然，曹操事先放棄的馬匹糧草，此時已全部收回。

曹操整頓大軍，回返官渡。不過，這次已是軍兵在前，糧草在後了。

※

當關羽割下顏良首級之時，劉備的頭就差點被袁紹取下，幸有劉備強辯的一句：「天下赤面長鬚舞大刀的人有的是，憑什麼說那人就是我二弟關雲長？」袁紹想想有理，也就暫時放劉備一馬。

第二次延津之戰，劉備爲探聽二弟消息，主動請纓，與文丑一起作戰，因此，關羽刀斬文丑，劉備是親眼看見的。本待上前相認，無奈曹軍人多勢眾，只得暫隨敗退之軍撤回袁紹的大本營。

「漢壽亭侯關雲長，可是當年與玄德結義桃園的關羽？」袁紹冷冷的問。

「不錯，正是義弟關雲長。」劉備答道。

「我敬玄德爲座上客，你的義弟卻連殺我兩員上將，請問玄德還有什麼話說？」

「唯有一死以謝袁公。」

「那好，我這就爲玄德送行。」袁紹擺擺手，示意刀斧手上前。

「且慢！」劉備顯得極爲沉著，「備自忖一死尚不足以謝袁公，當別有報效。義弟關雲長既能陣斬袁公兩員大將，則我若能將雲長招來，爲袁公披卦上陣，顏良、文丑之死，恐怕就不足深惜了。」

「這倒是個好主意。」袁紹略作沉吟，「只是，令弟方爲曹阿瞞建立奇功，眼下正披金掛銀、春風得意，他還願意聽候玄德召遣嗎？」

「關雲長可不是貪戀富貴的小人。」劉備振聲道：「說忠論義，吾弟義薄雲天，罕有其匹。請袁公毋疑。」

「好！」袁紹臉色驟然大喜，「我得雲長，勝顏良、文丑十倍，又焉懼曹操？請玄德公作速發信。」

「信已寫好。」劉備就袖籠裡取出事先寫好的信札。

※

劉備的書信是以極爲秘密的方式，送到漢壽亭侯關雲長府上的。關羽小心地剝開蠟丸，展信而閱。劉備在信中以桃園之義及多年來彌篤的兄弟情分開篇，雜以對關羽

第十三章
計擒關羽，巧破文丑大軍

的失望和責備，言辭痛切哀感。

關羽方閱三行，即涕泗交錯、悲不自禁。當即回書一封，交予來人帶給劉備。然後大步直向曹操的相府走去。

曹操已探知關羽要去投靠故主劉備之事，故意藉口頭痛，一連三日不接見。

關羽去意已決，便書信一封，留給曹操。信上寫道：「羽少事劉皇叔，誓同生死；皇天后土，實聞斯言。當初下邳失守，羽所請三事，悉蒙恩允。今探知故主現在袁紹軍中，回思昔日之盟，豈容違背？新恩雖厚，舊義難忘。茲特冒昧上書告辭。其有未報之舊恩，願俟之以異日再報。」

曹操得知，心下傷感。下人飛報：「關羽上赤兔馬，率領舊日跟隨人役，並二夫人，出北門而去。」

程昱說道：「丞相待雲長甚厚，而他竟不告而別，冒犯鈞威，其罪至大。若聽任他回歸劉備，為袁紹披掛上陣，於我軍大有不利，不如追而殺之，永絕後患。」

「請丞相發令。」許褚高聲叫道：「借我精兵三百，我即將關某頭顱拿來。」

「關雲長財賄不足以動其心，爵祿不足以搖其志，不亡故主，去留決絕，其是大丈夫，我深為敬佩。」曹操微嘆一口氣，「我願取信於天下，又安肯背負前言。想必他去此不遠，我還是送送他吧！好事做到底，送佛送上西。文遠！」

「在。」張遼應聲而出。

「你速去趕上雲長，請他稍候，我隨後就到，爲他餞行。」

「是。」張遼飛馬而去。

※

關羽橫刀立馬，站在橋上，恭候曹操，「丞相莫非欲劫留關某？」

「雲長說哪裡話。」曹操攤開雙手，「我這裡雖有數十餘人，但無一寸兵器在握，又如何劫得手握青龍大刀的將軍？」

關羽見曹操手下果然無一人握有兵器，甚至許褚也沒有帶著大刀，便放下心來。但見他不下馬，只在馬上向曹操施禮，「關某前曾稟過丞相，今故主劉皇叔在袁公府中，不由我不急去。累次造府，不得參見，只能拜書告辭，封金掛印，納還丞相。伏請丞相毋怪。」

「我既答應在前，又何怪之有？」曹操佯作怒，「今日之來，恐將軍途中乏用，特具路資相送。並略備薄酒，爲將軍壯行。」一將便從馬上托過黃金一盤。

「累蒙恩賜，尚有餘資。請丞相留此黃金，以賞將士。」

「區區薄禮，何能報將軍大功於萬一，請將軍萬毋推辭。」

「如此，多謝！」關羽依舊不敢下馬，只在橫馬轉刀柄，以刀面托住金盤。

「請將軍滿飲此杯如何？」曹操端起酒杯，一飲而盡，關羽接過一僕從端上的酒，也一日見底。

曹操慨言：「曹某無緣，不得與雲長常相廝接，唯有一嘆。我唯祝將軍此番千里奔波，日後將鵬程萬里，前途無量。劉皇叔處請代爲致意。我對玄德素感親近，區區芥蒂，請玄德不必介懷。不論何時，玄德君若欲前來相聚，曹操當喜不自禁，灑掃以候。」

「關某謹代表故主劉皇叔，深謝丞相雅意。」關羽再次在馬上欠了欠身。

「青山不老，綠水長流，請雲長上路罷！我已通知沿途各道關隘，不得阻攔，將軍盡可從容離去。」

關羽內心一緊，眼睛一痠，橫刀在鞍，向曹操及張遼、徐晃眾將士一一拱手作別，然後倒拖大刀，悠悠而去。

曹操一直目送著關羽轉過山頭。

第十四章 官渡敗袁，燒密函獲人心

延津、白馬之戰後，袁紹連折顏良、文丑兩員上將，士氣大受影響。雖然袁軍總體實力依舊還勝曹操，但戰爭已進入了僵持階段。

在全力抗衡袁紹的同時，曹操不得不密切關注江東的動向。孫堅死後，他的長子孫策繼承父業，竟做得比他那曾使董卓膽寒的父親還要出色。他在長江以南打了一連串勝仗，大大擴張了自己的地域，不僅曹操對他憂心忡忡，心高氣傲的袁紹也打算低下頭來，請求孫策與自己聯合。

「孫策好似雄獅之子，武功才情皆不讓當年項羽，眼下風頭正勁，急切間頗難與之爭鋒。」曹操對眾謀士說道：「我目下最擔心的，莫過於孫伯符趁我與袁紹對峙之時，突然發難，偷襲許昌。」

眾謀士面面相覷，皆深懷憂懼。那邊突然傳來三下掌聲，循聲看去，乃是郭嘉。

「主公不必擔心，我敢斷言孫策到不了許昌。」郭嘉漫不經意地喝了口酒，說道：「孫策新近吞併江東，所誅殺的多爲英雄豪傑，個人不乏春申、孟嘗之類能得人死力者。意欲得孫策人頭而甘冒殺身之禍的，大有人在。孫策爲人又過於輕信自負，對身邊險情置若罔聞，這樣便縱然有百萬雄兵，也無異於單身孤影，獨行中原。在我看來，旬日之內，孫策必死於刺客手中。」

這是一個高明而又充滿荒誕色彩的見解，依此辦事，怎麼看都顯得輕率。曹操默默注視著這位謀略超群的青年，郭嘉白皙聰慧的臉上，一雙眼睛明澈如秋水，也正注視著曹操。在這番對視中，兩個天才的直覺突然相撞，迸發出只有他倆才看得到的藍光。

「奉孝言之成理，諸位不必再將孫策縈之在懷了。」

「這恐怕太冒險了吧！若孫策僥倖未死並眞的打上許昌，難道奉孝君能擔當此責？」說這話的是程昱。

「我贊同了，責任當然由我負。」曹操說完後，便示意各位退下。

※

正如當初攔截袁術而脫離曹操一樣，從來不甘居於人下的劉備，在袁紹帳內待了些時候，又盤算起脫身之計來。這次的藉口是：「爲了對付曹操，必須得到荊州牧劉表的贊成，若劉表願意發兵，與袁公合力對曹操呈夾擊之勢，曹操必敗無疑了。」

那麼，誰又能說動劉表同意出兵呢？當然非劉備莫屬，因為兩人有點沾親帶故。袁紹未假深思，便輕率的答應了劉備。

劉備倉皇離開袁府，在古城與關羽、張飛、趙雲會合後，果然來到了劉表坐鎮的荊州，只是，劉備又哪裡眞想勸劉表聯袁攻曹呀！當務之急，劉備得先安頓自己要緊。袁紹要惱怒就由他惱怒吧！反正他現在也不敢擅動荊州。

※

孫策被已故大將許貢的三位門客刺死的消息傳到許昌後，曹操的謀士團裡起了一陣騷動。回想郭嘉兩星期前的驚人預言，不由人不心驚肉跳，由衷折服。

「我得奉孝，勝過百萬雄兵。」曹操得意的說：「奉孝才識出眾，智超群倫，實乃天縱奇才。我有奉孝，縱然戰死疆場，也可確保江山無虞。」

來自孫策的威脅既已消除，曹操便可專心對付袁紹了。劉表實力雖強，曹操卻並不把他放在心上。值此兵戈擾攘之秋，劉表不僅不整軍備，反而執意在自己的州內大興儒學、廣開學府，其人之不切實際與不思進取，可想而知。

孫策死後，江東的基業便落在年僅十八歲的弟弟孫權手上。曹操對孫權了解不多，但想到他的父兄如此英勇，又傳聞有相士預測孫權有帝王之相，因而也不敢過於

第十四章

官渡敗袁，燒密函獲人心

懈怠。為了穩住孫權，曹操奏請獻帝封孫權為討虜將軍，領會稽太守。

※

建安五年八月，曹操大軍在官渡已經與袁紹僵持了半年之久。袁紹先是築射箭臺，接著又挖地道，試圖攻破曹操的防線，但都被曹操手下能幹的工程師劉曄一一視破瓦解。

將近九月來，一直困擾著曹操的問題，突然變得尖銳了起來，即曹軍的糧草將要用完，而坐鎮許昌的荀彧，也沒有更多的糧草可以運往前線。駐節長安的鍾繇給曹操急送了兩千匹戰馬，但軍糧的窘困絲毫沒有改善。

「這是戰爭的轉折關頭。」荀彧在給曹操的信中寫道：「頂住了必然會有轉機，千萬不能退守許昌，先退者必然陷入被動。主公，如果你善用智謀，出奇制勝的時刻一定會來臨。」

荀彧的這番言辭使曹操大為感動，他選擇了堅守。當然，在郭嘉身上曹操也看到了信心。大敵當前，郭嘉竟像沒事一樣，照例羽扇綸巾、自在逍遙，全沒有把袁紹看在眼裡。

※

轉機終於來了，這一次則是荀彧成了成功的預言家。袁紹的重要謀士許攸，其家人貪贓枉法而受到沈配的懲治，他本人向袁紹獻計不僅未得到採納，反受到袁紹的奚落，羞忿迭迸，一氣之下便連夜逃出袁營，投向敵陣曹操。

曹操正欲解衣就寢，聽說「南陽許攸求見」，大喜過望，竟鞋也不穿就開門相迎。

許攸帶來一個可使袁紹「三日之內，不戰自亂」的重要消息。曹、袁決戰，某種意義上已取決於後勤供應的優勢，誰掌握糧草，誰便可能贏得勝利。曹操的存糧已經耗盡，而袁紹的糧草似乎沒有用完的時候。

許攸的消息是：曹操可以使袁紹一夜之間喪失全部存糧。許攸說道：「袁紹的軍糧輜重，全部堆放在烏巢，由大將淳于瓊守備。那淳于瓊性情狼戾，嗜酒無度。曹公若選精兵五千，詐稱袁紹部將蔣奇的軍隊，前往烏巢護糧，沿途守軍不會起疑，必然放行。一到烏巢，曹公便可恣意縱火了。」

曹操早年任西園新軍的典軍校尉時，曾與淳于瓊共過事，深知他的爲人。

「袁本初視人太差了。」曹操說道：「沒有比淳于瓊更不適合守糧了，也算天敗本初。」

曹操想說而又沒說的是，沒有比我曹操更熟知烏巢地形了，那是他慣常打獵之所，也曾與亡友衛茲、鮑信一起在烏巢射殺過一頭野豬。

「主公不擔心箇中有詐嗎？」賈詡稍感不安。

「文和毋須擔心。」曹操拍拍賈詡的肩膀，「許攸此來，早已在荀文若的算度之中。許攸智謀雖多，卻頗爲怯儒，他當不敢效藺相如而捨命，他既肯留我寨中，便再無可疑。」

「丞相知人之明，賈詡不及。」

一旦烏巢得手，烈焰橫空，情急之下，袁紹必然會前來劫寨。曹操留下夏侯惇等嫡系將領守寨，自己帶領張遼、許褚、徐晃、于禁諸將及五千人馬，打著袁將蔣奇的旗號，軍士皆身藏柴薪，直向烏巢而去。這是一個星光燦爛的晚上。

※

許攸所說一點不差，曹軍冒充蔣奇的軍隊，竟沒有受到絲毫的懷疑。兩個時辰後，訓練有素的曹軍已經抵達烏巢。

曹軍一走進屯糧處，二話不說，便將事先準備好的火摺丟向糧垛，士兵則用弓將著火的箭矢向糧堆胡亂射去。

中秋時節，風乾物燥，正是放火的絕佳時辰。等到淳于瓊從夢中驚醒，外面已是火光沖天，大氣中充滿著令人喪氣的稻香。淳于瓊還沒來得及穿戴停當，破門而入的張遼已用劍柄抵住他的後腰，淳于瓊乖乖的做了俘虜，他的士兵半數也已淪入火海，其餘的則哄然而逃。

「主公，敵人援軍已到，請分撥人馬應戰。」于禁上前報告。

曹操料定袁紹的援軍不可能到的這麼快，這肯定是袁紹就近的一隊守軍，便大叫道：「眾將士奮力向前，直到烏巢無一粒存糧，方可返身應敵。」

曹軍聽的既振奮，又懍然，無不爭先恐後，奮力燒糧。終於在敵軍距曹軍僅百餘步遠的時候，袁紹堆在烏巢的最後一座糧倉也化爲焦土。

曹操青釭劍反指，士氣高昂的曹軍倏然轉向，直向敵軍殺去。說實話，這股援軍甚至還沒有弄清楚起火的原因，他們或許只想到前來救火而不是打仗，懵裡懵懂的遭到曹軍的突然反擊，頓時陣形大亂，傷亡極爲慘重。

曹軍本來完全有可能徹底殲滅這股敵軍，但被曹操制止了。

「換上夜行陣行，迅速返回官渡。」曹操命令道：「今晚還有一仗要打。」

曹操料定袁紹見了烏巢的火光，一定會派兵來官渡偷營劫寨。既然夏侯惇、曹仁等人早已嚴陣以待，今晚的最後一仗，便是攔截偷營失利的袁軍。

※

一切都在算度之中，天方破曉，曹操高速行軍的先頭部隊正撞上敗退的袁軍。于禁一馬當先，舉刀直進，誰知敵軍中閃出一將，手挺長矛，當頭截住于禁。兩將一來

第十四章

官渡敗袁，燒密函獲人心

一往，乍進乍退，酣戰了六十餘合，竟然不分勝負，直教兩軍看花了眼。

「此將名喚張郃。」張遼對曹操說：「武藝並不在顏良、文丑之下，可智謀過人。依遼之見，他是曹操手下最難對付的一員大將。」

張遼語音剛落，那邊張郃長矛虛刺，突然兜轉馬頭，衝破一隊曹軍，逕向袁紹所在地逸去。

對將才素來貪得無魘的曹操，對張郃頓起眷戀之心。

日午時分，徐晃撩帳而入，說：「袁紹上將張郃、高覽在營外請降。」

「此話當真？」曹操萬分驚訝。

「二將正在營外。」徐晃答道。

原來，袁紹見烏巢火起，便聽信謀士郭圖的建議，打算乘機劫寨。張郃表示反對，理由是曹操極善於用兵，斷然不可能虛寨而出，必然會布置重兵把守，若貿然偷襲，難免陷入埋伏。

郭圖斷然否決，「曹操兵馬無多，火燒烏巢已屬孤注一擲，哪裡還有多餘士卒守寨？張將軍莫非心有畏怯？」

袁紹聽罷，便當任命張郃、高覽領軍五千，前在官渡偷襲曹營。張郃無奈，雖心知必敗仍不得不披掛上陣。

等到張郃、高覽果然中了曹軍埋伏的消息傳到郭圖耳中後，郭圖生恐袁紹怪罪，便搶先一步向袁紹進讒言：「張、高二將久有戀慕曹操之意，此戰故意不思進取，折我軍威，理當處斬。」

郭圖又怕張郃回營對質，便密差心腹於半路上迎候張郃，只說：「袁公怪二將故意敗給曹操，眼下已傳下軍威，要拿二位將軍的人頭是問。」

張郃、高覽聽的大驚失色。張郃道：「與其坐而待斃，不如往投曹公。」

高覽嘆口氣，「事到如今，也只能投靠曹公了。」

於是二將便盡率本部人馬，向曹操主動投降。

「張、高二將投降倉卒，其中可否有詐？」夏侯惇問。

「不會，這必然是袁紹內部的內訌所致。」曹操說的極有把握，「張將軍人才難得。再說，二將縱有異心，我以恩厚待，久而久之也會變爲我所用。」

曹操親自接待了張郃、高覽，爲兩位把酒接風，彷彿兩人根本不是降卒，而是凱旋歸來的英雄。

席間曹操封張郃爲偏將軍，都亭侯；高覽爲偏將軍，東萊侯。使得兩人既感動又慚愧，只能互相勉勵；「來日一定在疆場上奮力拚殺，以報效曹公。」

正說著，張遼、許褚大步入堂，張遼向大廳中央擲出一個包裹，裡面徐徐滾出一顆人頭。張郃看的眞切，此人正是袁紹的大將蔣奇。

從烏巢被燒，張郃、高覽投降，到蔣奇被殺，不到一晝夜的時間，袁紹蒙受了重大損失。

雖然此時雙方的兵員仍是袁紹居多，但曹軍上下的士氣卻已前所未有的高漲。三軍以氣爲主，依次看來，經過漫長的相持，曹操終於看到了勝利之光。

第二天夜裡，曹軍又分兵三路，偷襲袁紹的營寨。曹操的用意很明顯，即便無法一下子擊潰袁紹，也殺的他喘不過氣來，然後再進一步摧折敵軍的士氣。偷襲大獲成功，剛剛投降過來的張郃、高覽主動請纓，曹操用人不疑，慨然允諾。兩位立功心切的將軍率領五千人馬，竟殲滅了袁紹一支三千人的軍隊。曹操自然又是大大犒賞一番。

老謀深算又總是不動聲色的荀攸這時向曹操進言：「袁紹大勢已去，眼下內外失和、士氣低迷，這正是敵軍最易受謠言蠱惑的時候。主公若輔以攻心之術，擾亂袁紹，袁紹可一戰而勝。」

曹操當即會意。

※

三天以後，心緒低落的袁紹同時接到來自各方的情報，說是曹操已分兵兩路，一路直撲袁紹老巢，一路過守黎陽，斷絕袁紹的退路。袁紹心下慌亂，當即便要調動大軍赴都城馳援。

郭圖諫道：「不可。不若乘曹操北上之機，率軍南下，他取我都城，我取他許昌，先把皇帝弄到手再說。」

老實說，這條計謀不算太壞，誰知袁紹竟斷然拒絕，「都城豈許昌可比，一個傀儡皇帝，要他何用？我袁家在經營基業已歷三世，論規模氣度，皆較許昌更具皇都氣派，一旦失守，我以何面目相見先君於泉下？」

於是，袁紹也分兵兩路，一路往救都城，一路進攻黎陽。

其實，曹操除了派曹仁、夏侯淵略爲布置了一點疑軍外，大部隊一直駐紮在官渡大本營內，並未作絲毫行動。曹操知道，一舉擊潰袁紹主力的機會終於到來了。

機會來自袁軍將士的錯覺。袁紹既已深信曹操大軍正在向都城移動，因而他的軍隊也就想當然耳，以爲自己正在追擊曹軍，他們哪裡會想到自己反遭到曹操的追擊呢？因此在曹操事先選擇好的狙擊點——一條大河邊，袁軍突然遇到曹軍數面夾擊，一時之間簡直以爲正在作夢呢！

曹操的攻擊面很大，徐晃、張遼、許褚等猛將又過於威風，加上袁軍因猝不及防而士氣大落，致使這場兩軍全方位的交戰，一開始就呈現出一面倒的局勢。訓練有素的曹軍在單兵作戰方面，本來就強於袁軍，袁紹第一流的大將不是被殺、被擒，便是降了，剩下的都是許褚在三合之內，就可砍下馬的二流貨色，況且，曹操手下在三合內取敵將頭顱的大將，又遠非許褚一人。更要命的是，剛剛投奔曹操的原袁紹大將張郃、高覽立功心切，竟在這場廝殺中大開殺戒，斬首極多。

心理上的優勢，在戰場上也是決定性的優勢之一，這次大戰便是最佳例證。相當多的袁軍因爲害怕而倉皇逃命，在試圖泅河之時，被曹仁布在岸邊的弓箭手擊斃，江水流紅，漂屍成岸，場面既極爲壯觀，又甚爲可怖。

除了自己和愛子們的性命，袁紹已無暇顧及其他了。當袁紹終於逃離險地後，他帶來的二十萬大軍只剩區區八百人在身邊，而且所有的公文圖籍都丟給了曹操。

※

一名書卷氣十足的俘虜被帶到曹操跟前。他就是曾替袁紹起草檄文，在文中對曹操本人及其祖宗三代、竭盡諷刺挖苦之能事的才子陳琳。

「你罵罵我倒也罷了！」曹操措辭嚴厲，語調卻不帶一絲火氣，給人高深莫測之感，「說善道惡，皆應適可而止，你爲何把我的先祖列宗都扯進去？」

自知人頭不保的陳琳嚇的大氣不敢出，過了好一會兒才吶吶辯解，「袁紹所命，一介書生又焉可抗拒？還望丞相大度開恩，給陳琳一個速死的機會。」

「急什麼，難道百年後還怕閻王不會找到你？」曹操訓斥。只是對陳琳來說，天使的聲音亦不及曹操這聲訓斥來的美妙。果然曹操說道：「把你的命留下吧！只是你得同時把你的文章才華留下，從此以後做我的文書。」

一隻突然掉進米缸裡的老鼠，也不比此時的陳琳更感到喜出望外。陳琳跪在地上連連謝恩，曹操寬容一擺手，示意他退下。

※

這時，曹操的大秘書陳群目光嚴峻地走了進來，湊近曹操低語：「我們從袁紹的公文堆裡發現了一綑信函，內中全是許昌的官員向袁紹討好的信件，充滿諂媚之辭。更有甚者！」陳群的聲音細若蚊蚋，「其中竟還有丞相往日最信任的人。」

一道陰影在曹操眼裡一閃而逝，沒有任何人覺察。人們聽到的只是曹操爽朗的笑聲。

「信呢？」曹操高聲問道。

「全在這裡。」陳群用手指著一個楠木盒子。

不消多說，在座中差不多都已從陳群的神色中，猜出信中所藏究竟爲何物了。

夏侯惇叫道：「丞相宜即刻開啓此盒，核對筆墨，然後逐一斬首。」張遼、許褚等也同時附和。

第十四章

官渡敗袁，燒密函獲人心

曹操用手拿起楠木盒，在手上鄭重地掂了掂。

「文遠，麻煩你在廳中央點上一堆火。」曹操吩咐道。

張遼得令，轉身出門，不一會即摟進一大堆枯柴，燒了一堆騰騰的篝火。

「文遠的火也燒得忒旺了。」曹操笑道：「難道以為我要在此間設火刑柱嗎？」

話音剛落，但見曹操單手揚起，楠木盒子連同上面那把尚未開啓的銅鎖，已落在火堆中央。

「袁紹是強大的。」曹操目視炎炎大火，緩緩說道：「當初，連我本人都不知道明天是否還能活在世上，因此，有些人試圖未雨綢繆，與袁紹套套交情，實屬人情之常，犯不得賠上一條性命。這些信是寫給袁紹的，連袁紹都扔下不看，我又何必去偷看呢？」

大廳中央篝火熊熊燃燒，大廳兩側一片寂靜，烈烈大火燒的所有人對曹操由衷的崇敬，當然，也燒的些許人士的慚愧和慶幸，無疑的這把火更燒出曹營謀士、將領的一片死忠之志。

※

如果有足夠後勤供應的話，曹操本可以揮師北上，一舉端走袁紹的老巢鄴城。遺憾的是，曹軍僅剩的口糧甚至都不夠他們打道回府。眼看勝利在望，曹操仍不得不被迫下了撤軍令，讓袁紹藉此獲得一個喘息的機會，也是無可奈何的事。但話又說回來，若不是曹操當初遣散大量軍隊開展屯田，曹操根本就不可能取得官渡之戰的勝利。

建安六年（西元二〇一年）四月，南風拂人，滿地花黃，曹操再次麾軍北上，在倉亭黃河渡口處與袁紹軍團再次相遇。

由於袁紹屬地跨四州，幅員遼闊，因此可以輕易徵得大量兵源。官渡慘敗之後，袁紹竟在短短數月間，再次徵得十萬兵員。從人數上說，曹軍依舊處於劣勢。但是，人數從來就不是決定戰爭勝敗的唯一關鍵，何況曹軍人數上雖不占優勢，但士卒精練，個個久經沙陣，士氣高昂。他們之中大多數人還從來不知道什麼叫失敗。反觀袁紹，士兵中不乏黃口小兒和疲沓老爹，屬臨時拼湊而成的雜牌軍，不僅舞刀弄槍全然不成路數，演練戰陣更是亂七八糟，教人看不出個子丑寅卯。在這支袁家軍面前，曹軍幾乎個個都有以一敵三的能力。

但是，四十七歲的曹操依舊顯得相當謹慎，他親自制定了《步戰令》，對行伍進退乃至上馬下馬之事，都作了嚴格周密的規定。

對軍事常識其實只有一知半解的袁紹，此刻又犯了一個致命的錯誤，他的軍隊居然駐紮在漳河岸邊的低地上。眾所周知，由於黃土高原的泥沙俱下，中下游黃河水系的水位均高出地面，試想，如若曹操決開黃河堤壩，袁紹的十萬大軍，豈不要成了滔滔黃水裡的沉魚爛蝦？

向曹操獻出這條毒計的不是別人，竟是袁紹的老部下許攸。說來也難怪許攸，由於他對袁紹的叛變，使他生活在冀州都城的一家老小盡遭夷滅。

決開漳河堤壩對曹軍是輕而易舉的，對袁紹則不啻爲滅頂之災。自上而下洶湧而至的濁流，以人力所不及的速度，排山倒海掩向袁軍。在當時的軍事條件下，曹操藉助的這股黃水，不啻等同於後世美國人扔向廣島的原子彈。被河流迅速席捲的袁軍將士成千累萬。曹操不費一兵一卒，再一次同時也是最後一次，打敗了自己有生以來最大的強敵。

當然，流水無情，在它渦捲袁紹大軍的同時，不可避免的給黃河左岸的無辜百姓帶來了禍害。這雖然是曹操不願意看到的，卻又是他無暇顧及的，這或許就是政治家的本色罷！

※

在荊州劉表處剛剛覓得一塊棲身之地的劉備，聞訊曹操大戰袁紹後，機心頓生，又鼓動麾下二千士卒，冒冒失失地打算來偷襲許昌。曹軍急速作出反應，大軍橫兜，抄近道趕來迎戰。曹軍速度之快，實在遠超出了劉備的預料，尚未交鋒，劉備軍隊就亂了陣腳，最後只落得與關羽、張飛、趙雲幾員大將逃得性命的份。

曹操幾年來東西邀擊，所向披靡，唯獨劉備、孫權不甘雌伏。

劉備志向遠大，實力不濟，而本人除外表上的溫厚忠和外，並沒有多少謀略。劉備真正可怕之處，在於他能籠絡人心，使一些如關羽、趙雲、張飛等叱吒風雲的大英雄，心甘情願追隨鞍前馬後，飽受顛沛流離之苦。

來自孫權的敵意，從孫權拒絕將兒子送到許昌作人質這一點上，已可看出端倪。孫權坐鎮的江東，風雲際會、人才輩出，而年方弱冠的小小孫權，居然有能耐加以擺布調停，並繼續擴充父兄留下的基業，其人之不可小覷，已屬昭然。

說起來還有一人對曹操一點也不買帳，不是別人，正是在曹操面前屢戰屢敗的袁紹。由於曹操曾有段時間做過他的部下，當初討伐董卓時，也曾聽候他的調遣，因此，袁紹實在無法嚥下這口氣，除非乾脆嚥了自己的氣。黃河大敗後的第二個月，鬱鬱寡歡、羞忿交迸的袁紹一病不起，咯血不止，不數日便撒手西去。

聽到這個消息時，曹操正與愛妻卞姜一起核算家政。經過二十多年的戎馬生涯，嬌小瘦弱的卞姜已經顯現出老態，雖然某種程度上，她的氣質較之以往似乎更加明淨了。卞姜注意到自己的丈夫，一點也沒有因袁紹之死而感到快樂，相反的，她看到一張悲淒傷感的臉。

第十四章 官渡敗袁，燒密函獲人心

「我人生的大半部分，都與本初有關。」曹操幽幽的說：「本初面白貌美，態度儒雅，極具魅力。少年時就效法春申、孟嘗，愛士並且養士，終能開拓父祖基業，幾達輝煌的境地。唯一可抱憾的，在於氣度局促，謀智稍遜，又不能兼聽取明，致使賢達之士盡去，諂媚之徒咸附。纏綿於家事親情，常常因小失大。小事豁達，大事耿耿，用人多疑，妒才忌高，終於陷入沉淪之地，實在可嘆！」

「袁公臨死時，指定幼子袁尚為繼承人。」陳群繼續稟告：「長子袁譚隨後便自封車騎將軍。」

「車騎將軍本來也是本初的封號。」曹操說道：「如此一來，兩位公子必將彼此爭鬥，互較短長，袁家基業再厚，怕也撐持不了多久了。」

「還有，」陳群再言：「袁紹的髮妻劉氏，性格殘忍好妒。袁紹尚未入殯，她便將亡夫的五位寵妾盡數殺害，為怕她們死後再與亡夫相會於黃泉，這個女人竟又對那五具女屍肆意凌辱，以至面目全非，無人能辨。少公子袁尚又倡虎作倀，將五位先父寵妾的家人盡行屠戮。」

曹操眉頭一挑，緩緩說道：「夫妻相處既久，性情常常趨同，藉本初可以想見劉氏，睹劉氏又可以揣測本初。官渡戰敗後，木初不是鴆殺了謀士田豐嗎？理由僅僅是，田豐曾好意勸他專意修民，暫緩出兵，並預言了本初之敗。」

曹操沉然了一會兒，突然脫口問道：「那麼，紅蓮也已不在人間？」

「恐怕是的。」陳群答道。

「斯人已去，還是不提爲好。」曹操說罷，便吩咐手下去叫自己那位才華卓絕的少子曹植。

這一晚，曹植陪父親外出散步，直到夜半三更，兩人才回到相府。

※

曹操外出征戰，朝中之事一概交給尚書令荀彧。荀彧的職權，相當於內閣總理。荀彧的才能是既全面又出色的，他的謀略不僅高出儕輩，他傑出的管理才能更爲他人所不及，還有他的忠誠。只是，這分忠誠與其說是對曹操，還不如說是針對東漢王朝。

曹操用人的高明之處在於，他不僅不奪他人之美，必要的話，甚至不惜貶低自己以抬高他人。對荀彧就是這樣做的。曹操多次在人前人後誇說荀彧的功勞，在漢獻帝劉協面前，更把荀彧抬舉到自己頭上。荀彧基本上不跟隨曹操四處征戰，但這更能表現曹操對他的倚重；曹操事實上等於把漢室朝柄全部拜託給荀彧了。

生性謹嚴、淡泊名利的荀彧，對自己擁有的權利非常謹愼，絕不越雷池一步。曹操多次奏請皇上賞賜給他的封邑財貨，他總是能推則推，不能推便回家後盡數分賜給老少族人。

說到修養人品，荀彧眞可算是朝中第一人了。

第十五章

料事如神，最奇謀士郭嘉

這天，曹操正與兩個具有極高文學天賦的兒子，在一起吟玩漢樂府詩。司空陳群，這位曹操私底下委以督察軍紀重任的書生，逕自跨入室內。

「丞相，」陳群面色凝重，「軍祭酒郭嘉，平時慣與顛僧妖道為伍，舉止落拓，行為散漫，性喜狎妓飲酒，更愛與遊方郎中切磋求仙研藥之事，整日裡導引飛升，軍中頗有責言。眼下，郭嘉又在酒樓裡喝酒浪言，行為極為乖張，大違風教，特此奏請丞相，宜將郭嘉收束下獄。」

「很好，你的情報相當準確。」曹操讚道：「奉孝之事我會認真對待的，陳司空以後對奉孝不必再做理會。」說著，曹操從身邊拿出一管尺八，遞給陳群，「這是鍾繇派人從長安給我捎來的，聽說陳司空擅吹奏之術，我即以這管胡笛相贈，但願陳司空不要過於沉迷，以致忘了我相囑之事。」

第十五章

料事如神，最奇謀士郭嘉

「多謝丞相。」陳群接過尺八，喜滋滋地走了。

「奉孝之事，該如何處置？」曹操問兩個兒子。

「治軍惟謹嚴不苟，方能臨戰不亂、克敵制勝。私意以為，郭嘉不宜法外逍遙。」曹丕朗聲答道。

曹操不語，把目光移向曹植。曹植想了想，「兄長所言甚是，只是，有大智者必有大癡。郭嘉才非世出，風神飄逸，屬造物主獨鍾之人。戛戛如出岫之月，隱隱似潛波之龍，思維常出意表，怪論每成實證，其人有列御寇之風，出俗入機，人多不及，直追莊生逍遙之境。依我淺見，對郭嘉這類卓絕之士，尚需法外施恩，不可與凡人共論。」

「好小子！」曹操脫口稱讚：「正說中我心事。世俗之法，乃因俗人而設，而非用以拘囿聖賢。治軍唯謹，此言固然不差，但仍不得一概而論，非常之人，只有給予非常之自由，方能臻其大用。丕兒宜牢記此理。要知道每當奉孝飲酒喝藥，或醉歸之後，也就是最能給我貢獻良策之時。」

曹操突然話鋒一轉，眼裡充滿憂慮，「奉孝體質羸弱，我只擔心他如此行止無度，會銷折歲數。」

曹丕見父親讚賞弟弟，臉上不覺泛起一陣潮紅。

正在此時，郭嘉酒色醺醺，撩帳而入，劈首問道：「主公緣何你還不兵發都城，就勢奪取遼東？」

這正是曹操最感困惑之事，「劉表、劉備在荊州虎視許昌，甚可焦心。」

「主公完全不必介意。」郭嘉侃侃而言：「劉表，坐而論道則可，上馬征戰則力所不逮。若逢盛世，劉景升不失爲一個有德之君，既處亂世，則他斷然無力加入中原逐鹿的遊戲。劉表不想給任何人惹麻煩，同時又一廂情願的，希望別人也不給他找麻煩。嚴格說來，劉表不屬於我們這個偉大而又動蕩飄搖的時代，這個時代召喚強者而不是所謂飽學之士。我願意預先對劉表掬一杯同情之淚，因爲他本來不至於如此渺小，是我們這個充滿鬥爭的時代，硬是讓他英雄無用武之地。」

郭嘉入理分析，句句說的曹操連連點頭，接下他又說：「值得警惕的倒是劉備，這位中山靖王劉勝的後代，自從戴上一頂皇叔的冠冕之後，梟雄心態驟然暴長，從他當初藉故逃離許昌並殺了徐州刺史車胄的行爲中，便可明顯看出他欲與主公分庭抗禮的決心，而關羽在大受主公寵愛之後仍不辭而別，投靠故主，從中我們便可看出劉備的力量和危險。好在劉備手下目前兵力不足萬，又寄身劉表的屋簷下。劉表對劉備也煞是難辦。劉表自知才能不及劉備，重用他怕劉備羽翼漸豐，自己反受其害，排斥他又怕劉備心懷不滿。劉表心意既委決不下，這便正是主公虛國遠征，一舉蕩乎北國的絕好時機。」

郭嘉這番話，曹操內心也早有所感，只是，別忘了，曹操在外出征戰的經歷中，畢竟曾兩次讓人端了老巢，這不能不使他心有餘悸。

郭嘉早洞悉曹操的心思，未等他開口問，又言：「主公雖然威震天下，但胡人自恃關山遙隔，必然不加防備，我軍若晝夜兼程，驟然兵到，胡人斷難抵禦。須知袁紹在時，與胡人多有聯絡，也嘗廣施恩澤。這些游牧部族雖粗疏無文、不諳教化，但於感恩報德之道則執迷有加。一旦袁尚、袁譚輩與胡人再加勾結、施以恩惠，那時兩方聯手，互為犄角之勢，則青、冀之地便恐怕非主公所有了。」

※

建安八年（西元二〇三年）三月，曹操大軍麾動，開始對袁紹餘部展開追擊。在黎陽的第一仗就高奏凱歌，袁譚、袁尚倉皇逃回都城，曹軍緊追不捨。

這時，郭嘉突然又勸曹操放棄追擊，暫回許昌。曹操頓時會意，當即下令班師回朝。

夏侯惇不解，「主公莫非以為這麼一路追將下去，還會逮不住袁尚？」

「非也，非也。」曹操呵呵笑道：「誅袁尚、袁譚不難，但我軍的傷亡恐怕也會相當慘重。袁尚只不過是個毛孩子，不配與我爭天下，我犯不著拿將士的生命去換他的腦袋。這也是郭奉孝的意見。奉孝無疑想告訴我，這兩兄弟爲了繼承人的名分，彼此心裡都充滿仇怨，我大兵壓境，他們迫於情勢，必然會聯手做殊死戰。我若退回許昌，他們便沒了聯手的理由，剩下的便是內戰了，待他倆打的差不多的時候，我再去坐收漁翁之利，豈不更好？」

「主公妙計！」夏侯惇心悅誠服。

「我可不敢掠他人之美。」曹操又是一笑，「這妙計是奉孝的。」

※

事態的發展果然不出郭嘉的算度。

曹操大軍剛撤，袁氏兄弟就爲了繼承權的名分而激烈火拚，袁紹舊部也旋即分裂成兩派，各事其主。其中沈配、逢紀效忠袁尚，辛評、郭圖輔佐袁譚。袁譚爲兄，照中華古國長子繼承制的傳統，按說當獲繼承權無疑，但繼承權事實上在袁紹寵愛的幼子袁尚手裡。廢長立幼，歷來是宮廷爭鬥的禍主，從中亦可看出袁紹臨死時顯得非常不明智。

袁尚占據都城，實力較乃兄爲強，兄弟爭鬥，袁譚每處下風。這時郭圖向袁譚獻計，「不如向曹操投降，讓曹操發兵打冀州，袁尚必敗。到那時我軍再去劫燒曹軍糧草，曹操糧草供應線一斷，只能退軍，這時冀州便是主公你的了。」

許給袁譚爲妻。

「曹公精警非凡，會否識破我的用心呢？」袁譚問。

「難說，但爲今之計，先救眼前之急要緊，我們只得試一試。」郭圖說道。

事實上曹操立刻就答應了，不僅答應，還慨然允諾袁譚的求婚請求，將女兒曹整許給袁譚爲妻。

這時，袁譚暗地支使手下兩個兄弟將軍呂曠、呂翔投靠曹操，希望做爲日後謀叛的內應。可惜這對呂氏兄弟也太識時務了，他們一到曹營便將眞情實況全部告訴了曹操。曹操當即封賞了兩位將軍，並叮囑他們暫勿聲張，裝作還在爲袁譚做事的樣子。

「夫君緣何將小女許配給袁譚？」卞姜心有不滿，雖然聲音仍是怯聲怯氣的。

「怕什麼？這只不過是定親，距正式成親還早著呢！」曹操說道：「花轎未到，袁譚這小子的人頭先已落地，我哪能給他這等美事？」

「如此說來，對小女則不太公平。」卞姜說。

「知女莫如父，整兒非尋常女流之輩，何況兩人又未曾成親，還怕日後找不到郎君？」曹操不無得意，「我若爲整兒招夫，應聘者恐怕得繞城牆三周還排不過來！」

「瞧你說的。」卞姜嘴上這麼說，心裡的一塊石頭卻早已落了地。

曹操自言自語道：「袁譚娶整兒，這比癩蛤蟆想吃天鵝肉還要過分，這簡直是小山羊想吃老虎肉。」

※

曹操招安袁譚、封賞呂氏兄弟的消息，在河北頗引起震動，曹軍對百姓、莊稼的秋收毫無侵犯，也為曹操收買了不少人心。

曹操命令軍士截斷淇水，以便糧草可以源源運入白溝。曹操先命大將曹洪圍住鄴城，自己大軍突然殺回毛城，與沈配調撥在那裡的尹楷守軍交戰。尹楷不識許褚厲害，只三合，便死在許褚刀下，守軍見狀，葡地投降。曹軍轉而兵發邯鄲，沮授的兒子沮鵠親自出來迎戰，又被曹操另一位虎將張遼射殺。

這樣，當七天後曹操大軍再次圍住鄴城的時候，這座袁家經營了數十年的城池，已成了一座不能指望任何援軍的孤城。這一招大出沈配意外。

鄴城是易守難攻的，曹操曾試圖以掘地道的方式突破城池，此計被沈配察覺，三百壯士盡皆葬於地下。鄴城儲備的糧食，也足夠沈配與曹操就這麼天長日久的乾耗下去。曹操在等待機會，他知道軍事上的勝利，往往需要仰仗心理上的優勢，他在等待守軍士氣上的瓦解。此外，他還寄望於沈配的出錯。

沈配和他效忠了幾十年的舊主袁紹一樣，屬於謀略無多而又剛愎自用的那一類人。但是，希望沈配出錯倒不太可能，因為，沈配與袁紹的唯一區別便是他的嚴謹。只是，過分的嚴謹有可能成為苛刻，一個在危險關頭卻苛刻地對待部下的將領，距失敗也就不遠了。也許這正是曹操期待的錯誤，正如他曾經透過許攸叛逃袁營而贏得官渡之戰的勝利一樣，這一次他藉助的竟是沈配的侄子沈榮。

事情是這樣的，當初袁譚欲降曹操，他派出的使者乃是辛評的弟弟辛毗。辛毗能說善道、見解過人，使曹操一見之下就生相見恨晚之心。曹操將辛毗挽留在帳下，而辛毗在鄴城有不少故交舊友，他知道鄴城終究會被曹操攻破，曹操軍令中有「圍而不降者斬」一條，這使辛毗非常擔憂，一天他終於忍不住，跑到城下高叫，希望守軍投降。沈配震怒之餘，當即將城內的辛毗家人共八十餘口盡皆斬首，一顆顆人頭悉數丟向城外。不僅如此，還派兵搜羅辛毗在城內的朋友，發現一個，斬首一個，以絕後患。

沈配只有一個人沒斬，這人雖然是辛毗的好友，同時也是他沈配的侄子，沈配想來總不會出什麼意外。

沈配錯了，中國古人中將友情看成至高無上者大有人在，沈榮就是其中一個。爲了不至於失去辛毗這個好友，沈榮偷偷地向城外射出一枝栓著一封書信的箭，上面寫好他將於三更時分大開西門。曹操本來還有所顧忌，但辛毗告訴曹操，這世上幾乎沒有人比沈榮更注重朋友之情了。

曹操下令，入城之後，除了逢遇頑抗者，任何人都不得隨意殺戮，對袁紹的闔家老小更要加倍保護。

一旦入得城，曹軍人數及素質上的優勢，便立刻顯現出來了，報仇心切的辛毗，隨同大將徐晃率領的軍隊率先入城，直奔沈配的宅邸。沈配被徐晃活捉，城內守軍盡皆投降。這座最不可能攻破的城池，就這樣輕易落到了曹操手中。

沈配拒不投降，顯得相當慷慨昂奮。曹操既覺得他可笑，又頗爲他的忠義動容，便命人將沈配厚葬於城北，並叮囑部下，不得殺戮沈配家人。當然，慘遭滅門之禍的辛毗心裡非常不滿。

※

自幼隨父出征的曹丕，這年正值十八歲，文武全才，英氣勃發。這天入城後，帶著隨身兵士，直向袁紹宅邸而去。好大的宅院呀！曹丕看得目動神搖。袁府也許比不上當年董卓的別墅郿塢，但與許昌漢獻帝的宮庭相比則不遑多讓，而比之曹操的相府，更不知好多少倍。裡面樓閣重疊，曲徑通幽，迴廊更是有說不盡的富麗闊綽。早有曹操的兵士在門前站崗，拒絕任何人入內。

任何人，但不可能包括曹丕。曹丕單身提劍，入內細看。僕人們顯然事先都已逃離去了，院內幾無人聲。正納悶著，西廂隱隱傳來幾聲嚶啜，顯是婦女的聲音。曹丕心念一動，大步上前，劍挑門簾，隨即以一個華美的將軍步入得室來。

室內是兩個女人，其中一個正是袁紹的髮妻劉氏，另一個呢？長髮橫披，低眉向隅，止不住地在一旁泣啜。劉氏訴說道：「此乃次子袁熙的妻子甄氏。」曹丕以一種很不公子哥兒的方式，用劍撩起那女子拂在臉前的長髮。

她太美了。

王國維當年在分剖好詩等級時，曾粗判爲三種，一種具有濃抹美，一種具有淡妝美，而眞正的好詩則屬於那種「蓬頭垢面不掩國色者」，在王國維看來，具有此等大美的，古今詞苑裡只有李後主一人。而曹丕此時眼中的甄氏，則正屬於這後一種典型。驚世的女性美從來就是一種征服的力量，曹丕收起了自己的傲慢，按捺下急劇的心跳，良久，才向兩個女人自我介紹道：「我是曹丞相的兒子，妳們莫怕，有我在，誰也傷害不了妳們。」

曹丕太想得到這個女人了，他當天晚上就向父親表達了這分心意。

「哦！快帶我去看。」曹操很感興趣，便叫上小兒子曹植，隨曹操一塊來到袁府。

我們誰也無法想像甄氏到底美到什麼程度，反正，她同時迷住了曹操父子三人。

曹操嘆了一口氣，說道：「這是個令所有英雄都感到氣短的女人，即使僅僅爲了她，這鄴城也非破不可。兒子，算你福氣，好自爲之吧！不要虧待了她。」

才華蓋世、多愁善感的小曹植，這年雖只有十三歲，卻仍被眼前這個女子牽惹出無盡的伊人之思。曹植當然知道，這個女人今生不可能屬於自己，他只能默默的把這分相思刻在心裡，不讓任何人察覺。這太痛苦了，好在詩人的痛苦永遠是詞章的福音，正因爲這分長夜永在的相思，若干年後，曹植才寫出了那篇傳誦千古的《洛神賦》。讀到這篇作品，恐怕上帝都會在讚嘆之餘，給月下老人頒一道聖旨：永遠不要讓詩人得到美女。後世的詩聖杜甫不是說：「天意君須會，人間要好詩。」

※

第二天一早，曹操率領文武百官，前往城北祭掃袁紹的墓。

曹操在墓前放聲嚎陶的那股勁，就彷彿袁紹乃自己的恩師知己，而根本不是什麼你死我活的沙場敵手。其實曹操手下那些出色的謀士，大抵都能看出曹操的用意：都城雖破，袁尚、袁譚尚在，他們若勾結烏桓，隨時可能再生成一股龐大的武裝力量。事實上袁譚乘曹操攻打袁尚之機，大肆搜刮土地，從袁尚敗卒中吸收士卒、擴充實力。因此在此情形下，安撫當地百姓就顯得極爲重要，這是穩定的前提。祭掃袁紹以及優待袁紹家人，目的正爲了顯示自己的仁厚寬大。當然，謀士們看出這一點後，並沒覺得曹操有多麼奸詐，他們倒是更佩服丞相了。

爲了應付北方的戰事，攻占都城顯得相當重要，要知道袁紹也不是白癡，他在都城的多年經營，正是出於戰略的考量。現在曹操彷彿占據了制高點，袁紹的各路餘部全都裸露在他面前，他唯一需要做的，是對他們加以分隔，不使他們聯合，然後便是逐一加以收拾。

在攻打袁譚之前，曹操當然先堂而皇之的指責他出爾反爾、背信棄義，以使自己可以就此毀棄婚約。

當年十二月，曹軍出征，這場戰爭很快變成狼群對羊群的追逐，最後，在南皮，袁譚、郭圖被俘。在此之前，曹操殺人還從來不曾像誅殺袁譚這樣不眨眼過。

有道是樹倒猢猻散，鄴城失守，沈配、袁譚、郭圖的伏誅，極大地動搖了袁紹舊部的軍心，袁熙部將焦觸、張南等，串通了各郡的太守令長，殺馬誓師，響應曹操。袁尚、袁熙走投無路，眾叛親離，倉皇逃往塞外，投奔了烏桓。

曹操率軍馬不停蹄，又對袁紹外甥高幹統領的并州發起了進攻，並在建安十一年（西二〇六年）正月，取得了決定性的勝利，并州終於也歸入曹操的版圖，高幹在南逃到荊州的途中，被上洛都尉王琰所殺。

※

郭嘉日漸消瘦了，飲酒與服藥看來不僅沒給他帶來健康，反而給他帶來了損害。這一次的病情加重又與水土不服有關。想來也夠難爲他的了，郭嘉非比張遼、許褚等人，乃天生一介書生。平時所熱衷的養生之道，又多屬消極之舉，而於眞正的強身健體幾無作用。他追隨曹操差不多已有十一個年頭了，雖然曹操對郭嘉的起居康否極為掛心，但軍旅生活固有的艱險，仍是郭嘉無法避免的。

這天，曹操夢見幾隻鳥兒，呆楞楞的站在一道門檻上，阻止他的進入。醒來後，曹操一反往常，沒有將夢況告訴手下，供他們做出或吉或祥的分析。曹操的謀士中頗有幾位釋夢專家，如賈詡、程煜、董昭等，他們的預測往往為後事所驗證。但這一次不必了，曹操心裡已有了不祥的預感，這是一個他堅信同時卻又強烈希望它泡湯的預感，為此，他不想對任何人說出口來。

曹操最感苦惱的是，沒有人能幫他找到華陀，這位醫術卓絕的高人又不知到何方雲遊去了。

「華陀若能在都城，奉孝定然不會有何大礙。」曹操這麼想著，又不知不覺地朝郭嘉的宅邸走去。

「主公。」郭嘉躺在床上，面色枯敗，聲音卻依舊顯得清峻而富饒智性，「袁熙、袁尚不除，北邊不可視為主公囊中之物。兩人倉皇北逃，軍心渙散，步伍不整。烏桓人數雖眾，但文教不逮，無一統之軍，純屬烏合之眾。他們唯一的優勢，便是處地偏遠，外來軍團頗難深入。但是這個優勢也很容易成為他們的敗因，因為他們自恃地理上的長處，必然未加防備，這正是我軍一鼓作氣拿下他們的絕好時機。主公，請不要再猶豫了。」

「關山迢迢，糧草輜重等皆轉運惟艱，千里襲人，亦非易事。」曹操問。

「主公不必心憂。糧草輜重不宜隨軍，兵貴神速，若盡選精銳士卒，配以張遼、徐晃等百戰上將，五日之內可抵鮮卑庭。戰則必勝，回師之糧草且可向蹋頓單于索取。」

曹操被說服了，他補充道：「看來我還得物色一名深諳路徑的嚮導。」

「去找田疇吧！」郭嘉提議，「此人現在徐無山，對北邊形地極爲熟悉。若得此人，大功告成。」

「多謝奉孝。」曹操滿面誠摯，「奉孝請暫在都城療疾，待我班師後，再來與君把盞共飲。」

「主公不必將郭嘉縈懷。」郭嘉說完，便頽然地閉上眼睛。

曹操親手爲他蓋好被褥，又在床邊靜坐了好一會兒，見郭嘉呼吸停勻，已入夢鄉，方悵然離去。

※

烏桓，秦漢以前稱東胡，漢初爲匈奴冒頓單于所滅，餘部退守烏桓山，人便也以烏桓名世。烏桓人經數十年經營，勢力重趨強盛，不僅屢屢寇犯東漢北界，甚至還能抄擊強敵匈奴。匈奴人與烏桓，做爲漢王朝的威脅，一直沒有消除。當時的烏桓人分居遼西、上谷、遼東和右北平四郡，其中遼西、遼東、右北平又聯爲一體，合稱三郡烏桓。遼西部大人丘力居死後，兒子樓班年紀尚幼，侄子蹋頓就升爲總管。

三郡烏桓勢力強悍，曹操對它一直耿耿於心，圖欲殲滅，只是由於國內戰局波蕩，才遷延至今。袁熙、袁尙的叛逃及郭嘉的授計，終於使曹操定下心來，準備收復那一片遼闊草野。

烏桓人之所以難除，地形是一個重要因素，幸虧郭嘉向曹操提到了田疇，曹操當即向田疇發出請帖。

田疇乃一個嘯聚山林的山大王。當初袁紹與公孫瓚混戰的時候，田疇召募了五千名鄉黨部曲，屯兵徐無山，不投靠任何一方，卻又成爲任何人都不敢招惹的一支力量，甚至烏桓人對他也不無忌憚。田疇爲人正直板肅，曾屢次拒絕袁紹的重金召聘，不知怎地，曹操請帖一到，他竟一反常態，一人一騎星夜趕來，使得他的部下都摸不著頭緒。

田疇趕到無終縣時，曹操正被眼前的滔滔洪水困的一籌莫展。

這是建安十二年（西元二〇七年）的夏天，這年暴雨頻仍，沿海地帶尤其泥濘不堪，雖然是在陸地行軍，但看起來船比馬更適合些。

曹操知道時間的寶貴，若改在秋冬進軍，二袁無疑將獲得喘息的機會。袁紹家人擴充兵員的能力，曹操是早有領教的，更何況袁家與烏桓還有秦晉之後。

田疇提供了一條人跡罕至、因而也罕有人聽聞的近道，那便是走盧龍口，在今承德縣西邊越過白檀天險。

「這是一條只有少數大膽的牧羊人和藥農才敢捨身一試的道路，不知曹公敢不敢闖一闖？」

「有煩田先生帶路。」曹操說道，同時命令自己的士兵脫去盔甲，每人限帶五公斤糧草。

富饒心計的曹操在偷襲之前，沒忘了放出風聲，表明自己正受困於滔滔洪水，眼下急待撤軍。這樣，當曹軍突然在白狼山頭出現時，冒頓單于及他手下的名王們，還渾然不覺地在汗帳內飲著酒。

不管怎麼說，敵人還是糾集了兩萬人馬，各個舞著狼牙棍。烏桓人鮮豔的服飾及那副張牙舞爪的作風，多少有點可怕，雖然他們那雜沓錯亂的陣形，又令任何一個曹軍士兵感到好笑。

最使冒頓感到困惑的是，雖然白狼山頭曹字旗幡高高招搖，他仍懷疑眼前這支部隊的曹家軍身分，因爲，這個醉眼惺忪的莽漢居然在陣前喊道：「何方狂徒，敢冒曹丞相的大名？」

這是敵人步伍最不整、心理上也最爲驚駭的關頭，曹操吩咐于禁在左、徐晃在右、許褚居中，分三路同時出擊。

「丞相，張遼待命。」張遼見曹操未給自己下命，按捺不住，忍不住叫將起來。

「文遠武藝驚人，威猛無比，我這裡親自爲你擂鼓，但願三通鼓罷，冒頓人頭已然落地。」說罷，曹操從鼓手手中抓過大錘，「咚」地敲出了第一通鼓。

「多謝丞相。」張遼大獲感動，隨即抖開韁繩，一匹銀白寶駒驟然飛出。

曹操二通鼓方罷，張遼已在百米之外。雖然敵軍人數眾多，張遼舞動大刀，硬是截取一條最接近那頂華蓋的直線，直衝而去。

「咚！」白狼山頭遠遠傳來第三通鼓，張遼大叫一聲：「冒頓，看刀！」徐晃在一邊看的眞切，只剛剛來得及叫聲「好」，冒頓肥豬般的人頭，已然在地上滾了三匝。

曹操見狀，竟像一個現代搖滾樂師，迅速改變擊鼓頻率，但見手臂翻動，一串急雨般的鼓點疾疾飛出。

曹丞相親自在山頭擊鼓，士兵們焉能不人人爭先、個個奮勇。許褚虎性大開，一

第十五章
料事如神，最奇謀士郭嘉

柄血口大刀，逕向一個個名王頭上找晦氣。冒頓的部下雖然皆極爲強悍蠻橫，但這時也支撐不住了。

這一仗僅花了一個時辰，經營數世紀之久的三郡烏桓，便遭到毀滅性的打擊。在俘虜和陣亡者中，都沒有找到袁熙和袁尚。十天以後，曹操才知道，二袁已逃往遼東，投奔了遼東太守公孫康。

※

這天，郭嘉派人送來了一封密信，曹操閱罷，便率領部隊進駐三郡烏桓的首府柳城。

「丞相，何不乘勝追擊，取二袁首級而後歸？」徐晃不明白曹操的意圖。

「不必了。」曹操搖搖頭，「我們就在柳城待上幾天，等公孫康把二袁首領送來再走。」

「這可能嗎？」張遼問。

「至少有人認爲這是可能的。」

張遼、徐晃兩人對視了一眼，他們都知道這個人是誰。

「那麼，我們爲什麼不回鄴城，這不一樣麼？」張遼接著問。

「不一樣，至少有人認爲不一樣。」

張遼、徐晃二人，某種程度上也可算是曹軍將星中最具謀略的，因而他倆也比任何人，更能欣賞郭嘉的超群才華，但說到曹軍不發一兵一卒，只需要在柳城曬上幾天太陽，就能使驕狂的公孫康乖乖把二袁首領送來，這無論如何到了令人難以置信的荒謬揣度了。

又過了十天，公孫康派人送來兩個木盒，曹操下令當堂打開。徐晃、張遼本能地跨上一步，咦！這太不可思議了，裡面竟放著袁熙、袁尚兩顆血淋淋的人頭。

「末將無知，請丞相告知箇中奧妙。」張遼問。

「這是奉孝才智的又一次驚世顯現。」曹操呵呵大笑，「奉孝認爲，公孫康既畏二袁，對我又頗爲忌憚。二袁往投之時，我若發兵追趕，勢必逼他們合心同力，聯手相抗。我暫住柳城，距遼東若即若離，公孫康雖無表面之危，卻又時刻產生兵臨城下的預感。在此情況下，唯一能同時消除來自二袁和我軍壓力的辦法便只有一條了，那便是備下刀斧手，將二袁的首級割下送我。這便是奉孝的預見，今已全部驗證。」

「郭奉孝，太不可思議了！」徐晃吐了吐舌頭。

曹操下令班師。

曹操回到鄴城，在大廳裡等待他的，竟是郭嘉的靈柩，曹操當場昏厥過去。

郭嘉享年僅三十八歲。

第十五章

料事如神，最奇謀士郭嘉

※

就在曹操失去郭嘉的同時，長年顚沛流離的劉備，三顧茅廬，終於請出了中國史上震古鑠今的一代奇才諸葛亮。郭嘉沒能遇上諸葛亮這個敵人，只能算是歷史的遺憾了。他們倆至少有一點是相同的：出山時的年齡都爲二十七歲。

第十六章 假手殺人，招降荊州劉琮

白狼山一役，曹操的勝利是空前的，投降者近二十萬。其中有十多萬，乃當初被烏桓人強行擄掠走的漢族百姓，對他們來說，曹操無疑成了一位偉大的解放者。

爲了永久消除來自北面游牧部族的威脅，曹操將這些烏桓俘虜悉數帶入塞內，與漢族人混居，接受漢化。因爲這些慣於「黑車白帳，逐水草而居」的遊牧人，一旦進入中原的農耕生活，他們身上慓悍的野性，因爲失去草原這個支點而將洗脫，當然，中原大地發達的文化氛圍，也有助於移變他們的根性。

這場由曹操強制執行的民族大遷徙，雖然大違烏桓人的本性，從中國統一的角度出發，仍不失爲一個高明之舉。

夏侯惇、李典二將軍接到曹操的命令：必須在兩個月內，將烏桓的騎兵訓練成一支驍勇善戰的部隊。夏、李二將軍順利的完成了任務，這支部隊經過整編後，後來成了令人聞名喪膽的天下名騎。

※

曹軍從柳城返回的路上，遇到的艱險不亞於一場惡戰。現在不必再翻越盧龍天險了，那道天險令曹軍士兵回想起來，都覺得腳腱發軟。只是所謂的大道也並不好走。出發時的滔滔洪水，回軍時已轉爲難忍的奇旱了。北地十月，朔風漸吹，戰士們的一件單衣已感不勝其寒。行軍兩百里居然找不到一口活井，糧食也即將告罄。飢寒交迫、疲渴交攻，這關係到曹軍的士氣。

「有沒有可能就地挖一口井出來?」曹操問田疇。

「幾乎不可能。」田疇道：「土質漸硬，水源深潛，憑人力是無法深入三十丈以下的地心的。」

「公明。」曹操高叫一聲。

「徐晃聽命。」徐晃撥馬出列。

「限一晝夜的時間，你部須在此地挖出井來。」曹操的命令簡短生硬，但明顯地不容違背。

「徐晃明白，到時若打不出井，徐晃提頭來見。」說罷，急速而去。

曹操對徐晃是深信不疑的，說到治軍謹嚴，徐晃堪稱軍中第一人。曹操曾多次說過，「徐公明有周亞夫之風」，曹操也注意到，在眾將校中，說到得部下的愛戴，徐晃也屬第一人。如若徐晃也挖不出井來，曹軍看來只能坐以待斃了。

與此同時，曹操又果斷地下達了屠馬令。善於鑑別馬匹年齡優劣的樂進將軍帶著一隊屠夫，將一匹匹羸弱老馬抽出隊列。殺馬是最令曹軍將士痛惜的，在那個征戰的年代，馬的作用比現今的坦克還要重要。但是殺馬是不可避免的，而且由於曹軍人數過於龐大，樂進的屠夫隊一連殺掉了三千匹馬。這個場景與其說殘忍，倒不如說令人心痛。但不管怎麼說，曹軍畢竟獲得了充分的口糧。

在地下三十五丈處，徐晃督導的部隊終於打出了一口井。這幾乎是一個奇蹟。

曹軍終於來到渤海邊。曹軍中不少人從未見到過大海，這時乍見海水蒼茫，白浪滔天，立時群情激奮，紛紛顧不得海水奇寒，一個個往水裡跳，想藉此洗脫身上多年的征塵。曹操沒有攔阻，因爲，他同樣受到這片大海的感召，心裡既感慨萬千，又心潮澎湃。

曹操信步走上碣石。這塊現今已沉落海底的巨礁，曾經負載過精衛填海的傳說和孟姜女的眼淚，命中注定，它還得聆聽一代雄主曹孟德的陽剛詩篇。

時值「孟冬十月，北風徘徊，天氣肅清，繁霜霏霏」，曹操置身在這個自己描述過的大氣場裡，陷入深深的回憶之中。

第十六章

假手殺人，招降荊州劉琮

是的，這是建安十二年（西元二〇七年），曹操已經五十三歲了。在「人生七十古來稀」的年代，五十三差不多已是暮年的標誌。在自己的戎馬生涯中，目睹了董卓的興亡，帝王的陵替，還曾用自己的力量，討黃巾、滅呂布、降張繡，巍峨的袁氏基業訇然而倒，大半個北方中國已經消除了兵災。這是曹操深感自豪的，然而，大西北尚有韓遂、馬騰的割據勢力，劉表、劉備坐臥荊州，劉璋也霸占了西蜀，江東自歸孫權統領後，實力大增。江東幅地遼闊，人丁興旺，實在不容小覷。曹操生性裡有一股秦始皇般的志向，他是絕不會滿足已有的赫赫戰功。

此時身在碣石，他的思緒都已同時飛臨塞北江南。未來的艱險透過眼前這片大海的引逗，竟生成一股博大的詩意。極具詩才的曹操手綽馬鞭，步上礁頂，緩緩吟出了那兩首名傳千古的四言詩——

東臨碣石，以觀滄海。
水何澹澹，山島竦峙。
樹木叢生，百草豐茂。
秋風蕭瑟，洪波湧起。
日月之行，若出其中；

星漢燦爛，若出其裡。
幸甚至哉，歌以詠志。
神龜雖壽，猶有竟時。
騰蛇乘霧，終為土灰。
老驥伏櫪，志在千里；
烈士暮年，壯心不已。
盈縮之期，不但在天；
養怡之福，可得永年。
幸甚至哉，歌以詠志。

曹操以「老驥」自比，以「烈士」自擬，箇中的慷慨悲涼，千載之下猶有遺響。在這一刻，曹操的人格器度臻於極大，傲視群儕。

※

然而，東臨碣石，尤其在得知郭嘉死訊後，曹操完成了一個轉折點。這個精明豁達的強者，漸漸地生出一股乖戾之氣。回到都城後，曹操一連殺了三個人，還藉他人之刀，殺了第四個人。

第十六章

假手殺人，招降荊州劉琮

曹操的兒子個個具有稀世聰明，曹丕能文能武，騎射功夫相當了得，所著《典論》也堪稱名山事業。次子曹植更是風華絕代，「才高八斗」的成語便是因他而來。其實，曹操還有一個幼子曹沖（字蒼舒），智力更在兩位兄長之上，事實上也最獲曹操寵愛。曹操甚至考慮讓曹沖獲得自己的繼承權。曹沖不僅智商極高，還天生一股仁愛惻隱之心，說到容貌的俊秀，曹沖也遠在諸位兄長之上。

當時鄴城還有一位神童名叫周不疑，才智卓絕，曹操極爲賞識，甚至主動欲將不疑聘爲女婿。周不疑審慎的拒絕了。

這年五月，曹沖突然染病，三日後即魂歸西天。剛剛遭受郭嘉之痛的曹操，轉眼又失愛子，精神幾至崩潰之境。一貫樸素節儉的曹操，爲兒子辦了一個隆重奢華的喪事。七七未過，曹操突然擔心起周不疑來。

這天，曹丕進帳請安，並請求父親節哀，曹操卻還以冷言，「這是我的不幸，卻是你的大幸，你等無需節哀，我又焉能節哀？」說得曹丕面無人色。

當著曹丕的面，曹操叫來曹洪，囑咐他去刺殺周不疑。曹丕大驚。

曹操依舊面如凝蠟，「周不疑的才智，只有倉舒可以相剋。倉舒既死，便無人能勝，終將帶來後患。爲了你這個無能的人，不疑只能死。爲了天下的安寧，不疑必須接受這個不公平的裁決。」

說曹丕無能，這當然是曹操氣頭上的話。然而，在曹丕後來皇袍加身做上魏文帝之後，他也不得不在內心裡承認：「如果倉舒在，我也無天下。如果不疑在，我難保天下。」

一代神童周不疑死了，年僅十七歲。

素來愛才重才的曹操，原來也會如此忌才。

回頭該說到孔融了。曹操與孔融，其實彼此都談不上敬重，曹操把孔融招徠在身邊，無非想藉孔融之名，綴飾一點京城的人文氣息。

孔融名聲的確是夠大的，早在他只有四歲的時候，就因在席間讓梨的舉動，令天下士人嘖嘖稱嘆，加上他又是孔子的二十世孫，祖籍正是孔子的故鄉山東曲阜。

孔融的口才也是自幼馳名的，仗著至聖先師的庇護及當時人文風氣的襲染，孔融身上充滿著落拓不羈的名流士氣，生活中奉行「座中客常滿，杯中酒不空」的準則，整日昏昏沉沉，口沒遮攔，在私人宴席上大肆評判當時的名流，來自孔融的評價，總是令人不快。

當初曹操因軍糧無多，國庫空虛，便下了一道「禁酒令」。曹丞相權勢遮天，他的禁令通常是無人敢冒犯的，誰知孔融偏不買帳，不僅在家中照喝不誤，還不顧當時京城的社會現況，向曹操上了一封諫書，大談酒的功德，並且還語帶譏刺的，建議曹操乾脆把人間的婚姻也一併禁了。這對曹操來說是一口惡氣，但曹操忍住了。

曹操攻破都城，曹丕娶甄氏爲妻。這事本屬無可無不可之列，誰知孔融又來道賀了，他給曹操寫了一封信，說是：「當初武王伐紂，把紂王的寵妃賜給了周公，這回你明公有心師法古人，把甄氏賜予世子，實在可喜可賀。」

說到肚裡的學問，曹操即使比不上孔融，但恐怕也相差無幾。曹操細閱來信，對其中「以妲己賜周公」一節實在困惑，因爲這典故曹操可聞所未聞呀！曹操不無天真的想，孔融到底是大學者，能掌握如此冷僻的典故。

一天，曹操便特地請孔融來相府，擺出小學生的姿態，向孔融請教何謂武王「以妲己賜周公」？

誰知孔融仰天大笑，過了好一會兒才說道：「這事哪裡有何出典，乃是我根據當時情勢臆想而出。試想周武王如此英明，當不至於殺死一個女子，妲己又如此美豔，只功高蓋世的周公才配受用。以妲己賜周公，事屬推測，情歸理中。」

嚴格地說，這是對曹操一次極大的奚落。好個孔融，當眞是膽大包天；好個遭操，言後竟莞爾一笑，不慍不怒，反而勸孔融挾菜喝酒。

唯曹操心裡已有了殺孔融的打算，孔融卻渾然不覺，大口大口吃菜喝酒。

※

這天，孔融又向曹操推薦一個名叫禰衡（字正平）的人。孔融在曹操面前，將個禰衡誇說的雲裡霧裡，媲似仙界中人，曹操頗有興致，便邀禰衡來相府一見。

這禰衡的確有不凡之處。年齡不過二十一二，腹內書傳經史，一個飽學鴻儒都將甘拜下風。此人還多才多藝，記性超群，每每過目成誦。但是不知生性使然，還是受了孔融的慫恿，他在曹操面前所體現出的輕狂之氣，幾到駭人聽聞的地步。他自稱自己：「天文地理，無一不通；三教九流，無一不曉。上可以致君堯、舜，下可以德配孔、顏。」

同時，他又當著眾人的面，將曹操手下那班文武逐一點評，挨個奚落，言辭苛薄，神態可比潑婦罵街有過之而無不及。

比如，他說荀彧這張俊臉，用來弔喪倒還合適，郭嘉徒有一副好嗓，充其量只能念詞誦賦。老成持重的荀攸，在他眼裡只可當個墓地看守人，有謀有膽的程昱，在他看來用來開開門倒還湊合。張遼可以擊鼓，許褚可以放牛，于禁可以做一名瓦工，徐晃可以做一名屠夫。禰衡管瞎了一隻眼的夏侯惇爲「完整將軍」，將熱衷於聚斂財富的曹洪稱做「要錢太守」，至於那些他不屑於掛在嘴邊評論的，則一概成了「衣架、飯桶、酒囊和肉袋」。

曹操愣看了禰衡好一會兒，「我這裡倒是缺少一個鼓手，你就每天早晚來給我擊鼓罷」。

禰衡侮辱了曹操，但曹操倒沒了殺他的興致，只想好好把禰衡給羞辱一番。讓他做鼓手，正是這個目的。

曹操對拔劍欲殺禰衡的張遼說：「殺死一個禰衡，比打破一個雞蛋還容易。只是此人頗有虛名，四海皆知，我若把他殺了，天下人還以爲我曹操器量狹小，容不得人呢！還不如讓他敲敲鼓，這等於告訴他，他只配當一個下等賤民，一個鼓手。」

張遼覺得有理，雙手卻仍按住刀柄。畢竟，禰衡的言辭太過唐突了。

然而，誰也沒想到，禰衡的鼓點竟擊的如此美妙。他穿一身破舊長衫，站在鼓旁，雙手輕揚，一曲《漁陽三鼓》依次遞出，音節精準，鼓點裡隱隱有秋風秋色，脈脈斜陽。包括曹操在內的所有人，都被這首鼓曲驚呆了，不少人竟輕聲哼唱起來。

「禰衡！」夏侯惇喝道：「此乃宗廟之地，破衣爛衫焉可入內，還不更衣？」

「是嗎？」禰衡看了夏侯惇一眼，雙手舉向衫領，解起扣子來。眾人尚未來得及制止，禰衡已把衣服脫的精光，站在大廳中央，說：「拿衣服來。」

此舉令曹操動殺心了。一日，曹操任命禰衡爲使者，負責去荊州召降劉表，「如果先生能說動劉表來投降，當不失公卿之位。」

禰衡當然拒絕，但這卻已由不得他了。這位特命全權大使，事實上是被兩個武夫挾持著送到荊州劉表處的。

劉表一見到狂士禰衡，頓時明白曹操的用意。說起來他對曹操身邊的事，一刻也沒有停止關注，曹操欲藉劉表之手殺禰衡，劉表當然心知。何況他也不愁找不到殺禰衡的理由，這禰衡分明柔弱如天鵝，卻伸長了脖子、到處口沒遮攔地說昏話，彷彿存心要找刀子挨。

劉表暗想，你曹公怕殺了禰衡後名聲不好，難道我劉表就不顧及臉面嗎？

但是，劉表出於對曹操的畏懼，只能再次學著曹操的樣，讓禰衡去江夏黃祖處。想那黃祖乃一介武夫，後來為孫權所滅。果然，黃祖容不得禰衡那無忌憚的碎嘴，一劍把他殺了。

曹操聽說此事，只笑了笑，連一口氣都未曾嘆出。

孔融如果夠聰明的話，便應該從禰衡的下場中領略教訓，並就此有所收斂。他應該看出，他之所以還活在世上，並非曹操的仁慈，而只是曹操沒有找到合適的藉口和方式。

只是，正如禰衡永遠是禰衡，孔融也決計捍衛自己的名士本色。當曹操準備南下荊州攻打劉表之時，孔融再次挺身而出，發表截然不同的觀點，並利用自己的名望，打算再聯絡一些當朝名士，對曹操施加壓力。

曹操覺得該對他下手了，便召來負責監察百官的御史大夫郗慮，命他在三日之內，羅織好足夠致孔融於死地的罪名。

也是孔融合當受死。就在貓頭鷹都因看到他額頂的煞氣，鎮日在他房前屋後怪叫的當口，他居然擅自在家門口接見孫權派來的使者，並當著江東使者的面，說了不少曹操的壞話，甚至還有跡象表明，他洩露了曹軍的若干機密……

沒說的，曹操派出的緝捕隊，第二天就把孔融入了獄。第三天，孔融的屍首便被吊在城樓上示眾。

同時被殺的，還有孔融兩個相當年幼又相當聰慧的兒子。當時兩人正在下棋，有好心人進來告訴他們：「令尊被丞相下到大獄裡去了，兩位公子快快逃命去吧！」

「覆巢之下，安有完卵？」年齡稍長些的孩子說出這句石破天驚的妙語後，竟頭也不抬，繼續下著那盤棋，直到曹軍廷尉將他們連同他們的母親一塊抓走。

曹操，這個當初連呂布都不想殺的人，這年竟殺了三個無辜的孩子，令人嘆息。尤其可嘆的是，數月後他又殺死了一代醫聖華陀，理由僅僅是，華陀不願意做曹操的私人醫生。荀彧曾替華陀求過情，但被曹操蠻橫的拒絕了，使荀彧大感訝異。

※

這天，曹操召見了那些當初反對自己輕兵疾進去攻打烏桓的謀士們。這些謀士們面面相覷，皆不知曹丞相葫蘆裡賣的什麼藥。

什麼藥也沒有，呈現在眾人面前的是一桌精美的酒席。曹操開言道：「愚者千慮，偶有一得；智者千慮，難免一失。諸位當初勸我不要冒險去攻打烏桓，所見極為正確，現今我沒有採納諸位的高見，卻仍打贏了這一仗，箇中著實也有僥倖的成分。世人每好以成敗論英雄，而世事大抵又是很難以成敗論英雄的。現今我眼前又擺著劉表、劉備、孫權三人，惡戰在所難免，極需諸位竭忠盡智，妙策頻上。請諸位滿飲此杯，莫要辜負我的殷殷厚囑。請！」

一席話說得眾人群情慷慨、感動非常，恨不得立時三刻就貢獻出十條八條妙計來。

※

曹操開始著手南征了，為了對付長江天險，他必須訓練一支水軍。因此，他下令在都城玄武園內開挖一座玄武池，做為水軍的訓練基地。十五萬士兵也在半個月內迅速集結，目標是劉表經營了數十年的荊州。

曹操知道這場戰爭的艱鉅，目前他迫切需要軍心的穩定和輿論的支持。他殺孔融即出自這個目地。同理，他廢除了朝中三公之職，自己以丞相的身分獨攬大權，在朝中占據高位的也都是自己的親信。漢獻帝已完全成為一個華麗的傀儡。

第十六章

假手殺人，招降荊州劉琮

劉表聽說曹操決意起兵，一時也慌了手腳。倒是劉備沉得住氣。劉備自從出入江湖以來，仗可沒少打，可偏偏就是打不了勝仗，顛沛流離，四處寄食，曾先後投靠過呂布、曹操和袁紹，現在則又在劉表的卵翼下討日子。劉備身上沒能陶冶出多少霸王之氣，卻比任何人都學會了忍耐。他建議劉表派大兒子劉琦鎮守江夏，自己則屯兵樊城，與劉表一起組成一條聯合抵禦曹操的防線。這是一條說不上有多少妙極的計策，然而劉表還是採納了。和劉表一起駐守在荊州的，還有他寵愛的小兒子劉琮。

局勢的突變，是從劉表的去逝開始的。

從劉備這一方來說，劉表的死顯得非常不合適，大敵當前，身爲主帥的他竟撒手西去，客觀上有點不負責任。但死生由命，誰也做不得主，唯劉表在彌留之際，竟也犯了一個和當年袁紹同樣的錯誤，把荊州的繼承權，讓給了年僅十三歲的幼子劉琮。在一個奉行「長子繼承制」傳統的社會裡，廢長立幼的作法，往往帶來家族內部的爭鬥和社會的動蕩，而在強敵大軍壓境的時候就更是如此了。劉備私心希望劉琦接任荊州牧，但劉琮在荊州城內也有一批支持者，如蒯越、王粲等。

諸葛亮早在隆中決策時，就向劉備獻策占據荊州和聯吳抗曹，此時見劉表病逝，便建議劉備乘機占據荊州，再南下東吳聯絡孫權，在地形地利上先占據一個有利點，以便抗衡曹操的來犯。這個建議很高明，只是劉備顧念到與劉表的交情，才沒有採納。

曹操大軍在半路上得知劉表死訊後，當即給荊州劉琮寫了一封招降書，許以高官厚祿，要求劉琮率荊州投降。這裡，就像曹操當初利用袁譚、袁尚的不和而各個擊破，最終蕩滌了袁氏基業一樣，曹操再次把突破口放在劉琦、劉琮的兄弟衝突上。很顯然，劉琮若投靠了曹操，則不僅來自長兄劉琦的危險得到消除，荊州也將免除一場兵戈之災。這樣，再加上蒯越、王粲等人的慫恿，劉琮終於做出向曹操投降的決定。

當年九月，曹軍進抵新野，後來成為著名的「建安七子」一員的文學家王粲，便將自己書寫的降表及荊州的地圖、戶籍，親手送到曹營。

「上兵伐智。」曹操相當得意，「不戰而屈人之兵，乃兵法之最上乘，我得荊州，兵不血刃，正應了孫武子的理想。」

荊州人文薈萃、名流雲集。曹操進城後的第一件事，便是把蒯越請來府中。曹操握著這位荊州第一名流的手，久久不放，臉上堆滿誠摯和殷切，語氣既急促，又激動，「久仰蒯公大名，如雷灌耳。得荊州並不使我欣喜，真正教我喜出望外的，乃是我從此有幸與蒯公長相盤桓呀！」

這最後一句話就像一條出色的廣告，曹操藉此為自己罩上一層金光。這樣，當這句話傳遍荊州的大小里巷時，城內的所有名流，便競相以攀附曹丞相爲榮了，箇中最著名的，便是那個寫出傳世名作《登樓賦》的王粲了。事實上王粲後來也成了曹丕、曹植的文友，爲由曹氏三父子倡導的建安文學，起到了積極的推動作用。

※

劉琮投降，最感狼狽的莫過於劉備了。劉琮是在向外界封鎖消息的情況下投降曹操的，這對被蒙在鼓裡的劉備而言，幾乎是一個滅頂之災。因爲曹操一旦獲得荊州，自己所在的攀城，便如同一座不設防的城市，完全暴露在曹軍的攻擊目標之下。劉備能做什麼呢？只有逃。

是的，是逃而不是撤退。由於大量當地百姓的介入，劉備便更像是在統轄一隊難民。數十萬民眾混雜在劉備的軍隊裡，大大延誤了脫逃的時間。在這些百姓眼裡，他們顯然把曹操看成了董卓似的人物，而把劉備使君則看成了救世主。公平的說，劉備雖然沒有救世主的能力，卻有一顆救世主的心。本來，他如果拋棄這些婆婆媽媽的百姓，是完全有可能逃的快一些的，但是劉備不願。百姓們啼飢號喊的聲音，深深感動了劉備，他決心做一回以色列的摩西，把受苦受難的子民帶出埃及。

到荊州城內，曹操則給許褚下達了追殺令：「帶上五千鐵騎，限一晝夜追上劉備。」

外號喚做「虎侯」的許褚，最適宜接受這樣的命令了，尤其他手上有了五千名烏桓鐵騎，在此情況下，他甚至可以像後世蒙古大將速不臺、窩闊臺那樣，接受成吉思汗這樣的命令：「你們一直向前，直到世界的盡頭。」

曹軍引進的速度，在當時世界上是無與倫比的，無論羅馬軍團還是漢尼拔領導的伽太基人，都將望塵莫及。僅僅一夜之間，許褚的五千鐵騎便奔馳了三百里，追上了劉備。風沙滾滾，馬蹄翻飛，劉備後面的數十萬百姓，剎那間被衝的七零八落、雞飛蛋打。這時的劉備便再也顧不得百姓的安危了，甭說百姓，事實上他連自己的夫人和寶貝兒子阿斗都顧不上了，只能與諸葛亮、徐庶一道，越過長坂橋，先逃命要緊。猛張飛負責斷後。

張飛在這裡上演了他人生最輝煌的一幕，他獨自一人踞守在長坂橋頭，對著曹軍鐵騎大喝道：「燕人張飛在此，誰敢上來決一死戰？」

許褚被弄迷糊了，論武藝膽量，他倒是敢去和張飛決一死戰的，誰知他偏偏在此時，想起了曹丞相往日裡對自己的開導：「將軍武功雖高，但欲成良將，謀略比武功更加要緊。」

許褚難免會想：「他敢於如此吆喝，身後必定有埋伏。」便眼睜睜地看著張飛抖動丈八長矛，耀武揚鞭而去。

※

曹操趕到後，難免對許褚有所責怪，他說：「張翼德身後若有伏兵，定然不會拆毀橋梁。他拆橋在先，表明心下已怯，身後定無伏兵，將軍若奮勇渡河，劉備便難覓生路。」

許褚聽得唯唯諾諾，滿臉羞慚。

這時，徐晃上前，告訴曹操那邊有一位不知名的小將，武藝驚人，勇不敢當，兜裡抱著一個嬰兒，正在陣中廝殺，已經有五十餘人死在他的長槍下。

「是麼？我倒要領教領教。」曹操急步走上一座高崗，向下一看，不覺呆了。下面果然有一匹白馬，一位小將，手執長槍，在陣中往來翻飛。胸前一個護心紅兜裡，顯然還抱著一個嬰兒。那將領的身手是曹操聞所未聞的，儼如一條羊群中的狼，槍起處，便有一位曹兵落馬。張郃的武藝在曹軍中已屬了得，誰知交手才五合，便敗下陣來。

夏侯惇快步上崗，對曹操說：「我已布置好弓箭陣，準備亂箭射殺此人。」

曹操擺擺手，「你還是去問問此人的名號吧！」

夏侯惇飛馬下山，揚鞭高喊：「曹丞相請問來將大名。」

「我乃常山趙子龍。」趙雲說完，一匹馬又已竄出十丈之外，曹操在坡上直看的心驚肉跳。

「主公，爲什麼不射殺此人？」夏侯惇撥馬上山，問曹操道。

「用亂箭對付趙雲這樣一位勇將，我心不忍。」曹操說道，不覺又長嘆了一口氣。他不懂的是，爲什麼像關羽、張飛、趙雲這樣武藝驚世的大將，都願意死心塌地的追隨劉備？

這一天也是趙雲大放異彩的一天，他居然單身獨騎，從漫漫曹軍中救回了劉備的兒子阿斗。

第十七章

連環船計，赤壁戰天下分

賈詡，這個身世坎坷、謀略超群的謀士，自從隨張繡一起投靠曹操後，多年來一直謹小慎微，三緘其口。賈詡心裡充滿著一個罪犯的負疚感，因為當初正是聽信他的建議，李傕、郭汜才以為董卓報仇的名義打上長安、劫持皇帝，把個皇城鬧的天翻地覆，眾多無辜的百姓因此遭殃。後來賈詡投靠張繡後，又曾設計打敗過曹操，曹操的兒子、侄子因而陣亡，尤其是典韋的死，使曹操至今想來都悲忿滿懷。凡此種種，在在使賈詡自慚形穢，學會在曹營中夾著尾巴做人。除非曹操問及，不然他是絕不開口的。

然而這天，賈詡一反常態，主動到相府求見曹操。

賈詡說：「待罪之臣賈詡以為，丞相目下不宜攻打東吳。丞相雖曾破袁氏、平河北，現又降劉琮、收荊州，威名遠著、軍勢浩大，然尚不足以下江東。江東非比二袁、劉表，能臣武將眾多、人才濟濟。周瑜有大將之才，魯肅有張良之智，主帥孫權，統兵布陣、籠絡民心皆有一套。目下江東士氣高漲，軍資充足，百姓心存敵愾之氣，武將皆思沙場建功，又兼長江天險及劉備在一旁的策應，此仗便難有勝算。不若暫時藉荊州豐饒的物產休養生息，待我軍戰鬥力更加提高之時，再向江東動武不遲。到那時，也許不用動武，就可迫使孫權投降。」

曹操口頭上表示理解賈詡的建議，心底卻一點也不想採納。曹操想的是，我可以憑自己的實力迫使荊州不戰而降，爲什麼不能同樣也迫使東吳來降呢？曹操覺得自己已經夠強大了，尤其在得到荊州之後，長江天險已不再可怕。曹操很想早點打下東吳，實現一匡天下、九合諸侯的偉志，但說穿了，曹操並不認爲這一仗打的起來，他希望並且相信東吳人會效仿劉琮，不戰而降。

正因此，他才在給孫權的戰書中誇張自己的兵力，將十五萬人誇說成八十萬人；也正因此，他才不顧軍中已經開始流行的瘟疫，把軍隊帶到長江北岸的烏林，與對岸周瑜三萬水軍所在的赤壁遙遙相對。

瘟疫來的突然又迅速，不少將領（如張遼）都感染了。死於瘟疫的兵員雖然不多，但事實上，不少士兵已喪失了戰鬥力，只有在床榻上呻吟的份。軍中大夫對此也束手無策。當這些士兵被迫駐紮在船上時，長江上的波濤顛簸，更使這些自幼生長在

第十七章

連環船計，赤壁戰天下分

北方的馬上英雄，感到極大的不適，他們整天不是上吐就是下瀉。

「把各條船鏈起來。」曹操命令道。

曹軍在長江北岸的那一長溜戰艦，一旦用鐵鏈加以固定，各船之間的力量制衡作用頓時生效，因顛簸導致的嘔吐於焉消失，甚至，由於連接使這些船構成一艘龐大的航空母艦，在船上騎馬都已成可能，水兵的操練也可在船上進行。然而瘟疫還在蔓延，那些僥倖沒有沾染上的士兵，多少也因水土不服而鬱鬱不振，一副病態懨懨的樣貌。

程昱道：「丞相的連環船固然高明，只是潛伏著大的危險。」

「仲德先生莫非擔心周瑜用火攻？」曹操反問一句。

「正是。」程昱面色凝重，「時值初冬，風乾物燥，船身皆用木製，遇火即燃。倘周瑜用火，我船又因連環，急切間難以運轉自如，便有一仗而敗的危險，請丞相務必三思。」

荀攸、賈詡聽後也點頭表示贊同。

曹操撫弄著自己的垂髯，呵呵一笑，「人無遠慮，必有近憂，仲德所言極是，唯有大氣物候有所不知。周瑜倘要用火，前提是必須得到風的幫助，然而這一點老天爺卻不肯給他方便。周瑜在南，我船在北，周瑜位置近東，我船位置在西，除非天颳東南風，不然火攻將只淪爲紙上談兵。諸君莫忘，眼下是十二月而不是七月，正是西風凜列、北雁南歸之時。說到火攻，周瑜倒必須小心提防。我隨時可以用火，他恐怕得等上三個月才能撞上一次東南風。三個月，只怕東吳早已盡落我手了。」

「丞相高明，程昱不及。」

如果曹操此時此刻心裡有一分驕矜之情，這其實也是人之常情。因爲自從陳留起兵以來，他縱橫沙場二十年，並沒有遇到眞正值得他刮目相看的對手。早在與劉備青梅煮酒的時候，他便已看清了所有的對手，並預先爲他們計算好了滅亡的時日。雖說曹操也曾打過不少敗仗，但由於他具備從失利中迅速發現勝機的能力，遂使得每一次敗仗，都能轉化爲下一次更爲徹底的勝利，彷彿那敗仗乃是他最終獲勝的一個必不可少的環節。

曹操對劉備雖不無欣賞，但那主要是針對他那韜光養晦及善於籠絡部下的能力，並非在謀略上，把他看成一個勢均力敵的對手。事實上劉備在曹操眼中已是常敗將軍了，曹操早年對他的那點敬意，也已漸漸消泯。

說到孫權，曹操倒也不無欣賞，以至於說過「生兒子就要生孫權這樣的」，但那主要還是針對孫權處事待人的能力。如果孫權願意投降，曹操很樂意對他加以重用，但也僅止於此，在戰場上，曹操顯然還不認爲他配稱自己的敵手。

第十七章

連環船計，赤壁戰天下分

一個時代不可能只有一個傑出之士，如果是這樣，人間也就太單調乏味了。曹操聽說過諸葛亮和周瑜，但卻並不知道這是兩個在智力、謀略和膽識上，完全可與自己抗衡的人。如果曹操在詩上才上占據上風，在關於大氣物候上的修養上則處於下風。這是一個小小的不足，但卻足夠被對手用來致自己於死地。

※

未出隆中，已知天下三分的諸葛孔明，告誡他的主人劉備，在曹操的超強兵力面前，只有與東吳孫權密切聯合，才有望立於不敗之地，並最終獲得與曹、孫二家平分天下的利益。爲此目的，諸葛亮甫一出山便策畫了一系列外交活動，使孫、劉兩家的關係大爲密切，並初步奠定了聯合抗曹的共識。

當初曹操的一紙戰書，的確嚇壞了孫權手下以張昭爲首的一班文臣，他們竭力誇大曹操的力量，使孫權宮廷內瀰漫著投降的氣氛。誰知諸葛孔明單衣渡江，先以簧口巧舌說的張昭等人瞠目結舌，啞口無言；再用激將之法挑動吳主孫權的鬥志，使他橫下與曹操決戰的心。最後，諸葛亮又與周瑜、魯肅等人，對時局作出縝密的分析，並將勝利的曙光明確的指點給孫權看。

諸葛亮告訴孫權，曹軍號稱八十萬，其實不過十五六萬。這些人中，眞正長年跟隨曹操的曹家軍爲數並不多。曹操統治了那麼大的地盤，背後還要防備馬騰、韓遂西涼兵的偷襲，再加上許昌、鄴城的守護，這些在在都牽制住曹操，使他不敢投入更多的兵力，況且現有兵員中不少還是烏桓騎兵，烏桓人性情野悍，明顯的還缺乏訓練，又兼長途奔波、士兵勞頓。曹操手中還有剛剛投降的七萬荊州兵，由於劉表軍事上的懦弱，使荊州兵本來就缺乏戰鬥力，與曹操的正規軍不可同日而語，此外，由於歸順不久，這些荊州兵對曹操，還沒到死心塌地跟隨的地步。

諸葛亮這一番揭櫫曹操老底的分析，已經夠教孫權滿意的了，而周瑜緊接著又指出曹操此行犯了四個兵法上的大忌，則更教孫權心緒激盪。

風流倜儻、在音樂方面具有驚世造詣的周瑜，也是一個軍事的大行家。他說：「縱使曹操後方穩定，沒有任何後顧之憂，他也未必能打的贏我們。須知在陸地上打仗和在長江上打仗，完全是兩回事，在陸地上，曹操的軍事才能值得我敬重，在長江上則輪到他來向我討教了，只是他恐怕不知道，要訓練出足以抗衡東吳的水軍，光靠在玄武園裡鑿個湖是遠遠不夠的，在士兵的質量上，曹操差我好幾個檔次。我想曹操自己也會同意，士兵的素質較之人數更加重要。」

周瑜口不停頓，只用一雙美麗的丹鳳眼急速掠了一下眾人，繼續說道：「我想也是天意，一貫思路周全、精通軍事的曹操，此番竟同時犯了四個兵家大忌。一、北方未安，馬騰、韓遂尚在關西，使他不得不瞻前又顧後；二、北方士兵不擅水戰，馬上

第十七章
連環船計，赤壁戰天下分

雖然悍勇，一入長江便如同稻草人一樣軟弱無能；三、目前正值隆冬，戰馬缺草，士兵乏糧，再加上水土不服，數旬之後，士氣必然大跌；第四，同時也是最致命的一忌是，曹操居然異想天開地，將所有戰船用鐵鏈鏈在一起。此時，我腦子裡已映出一片熊熊火光，我不知道當我用上火攻的時候，曹阿瞞將如何尋找生路？」

「公瑾！」孫權道：「得有東南風才行，可現今這個季節，天下颳的是西北風呀！」

「此話不假─」諸葛亮接口道：「天上常颳西北風，但這並不等於東風一天也吹不得。亮頗有意於氣象天文，對長江上的風向亦略有研究。亮可預料，二十日之後，當有東風起於青蘋之末，可使曹操倒戈而走。」

諸葛亮低頭附耳，將與周瑜合謀的一條妙計，如此這般的告訴孫權，孫權聽的連連點頭，只在最後說道：「這樣可就太委曲黃老將軍了。」

「那也是黃將軍自己的意思。」周瑜答道。

※

曹操派往江東的諜報人員，帶回的全是令曹操感到滿意的消息，唯曹操不知道的是，他的首席間諜蔣幹，是在被周瑜看穿身分以後才帶回情報的，因此曹操得到的，乃是周瑜希望曹操知道的情報，而非曹操本人所希望知道的情報，其中就包括有關東吳大將黃蓋的最新消息。

蔣幹告訴曹操：「周瑜年少氣盛、恃才傲物，自任東吳三軍總督後，更加獨斷專行，等閒聽不得一絲言語。東吳三世老將黃蓋，當年曾在破虜將軍孫堅手下共抗董卓，戰功赫赫，東吳人氏咸所欽仰。只因在軍機會議上，對東吳的實力提出一點疑問，竟惹惱了周瑜，當即拍案而起，便要以惑亂軍心治他死罪，因眾將軍在一旁苦苦哀求，周瑜才免他一死，然而仍當場杖笞五十棒，直把個忠勇不屈的老將軍打的皮開肉綻、奄奄一息方才住手。」

曹操當年與袁紹等人共同討伐董卓時，與黃蓋曾有一面之緣。印象中的黃蓋不僅善舞一把大刀，還是個具有俠肝義膽的好漢，按以他的輩分戰功，在東吳堪稱德高望重。周瑜之打黃蓋，在曹操看來，也是東吳局勢動蕩的反映，曹操因此頓覺得前途樂觀起來了。

第二天，一個名叫闞澤的東吳人，被曹軍士兵押解到曹操帳中。在要求曹操摒退無關人員之後，這個自稱黃蓋朋友的東吳人，從袖籠裡掏出一封信交給曹操。

大出意外的是，這居然是一封血書。信上寫道：「我黃蓋在東吳深受孫氏厚恩，擔任將帥，待遇不薄，也嘗思奮臂攘肩，無愧於江東子弟。但是縱觀天下大勢，以江東六郡之人，抵擋中原百萬之師，實在是眾寡懸殊。東吳文武，不論愚直，皆知無法

第十七章

連環船計，赤壁戰天下分

與明公統帥的北軍交戰。一個不知進退、不識時務，爲了自身的利益而罔顧百姓存亡的人，不是一個好統帥，也是黃蓋深惡痛絕的。誰知周瑜、魯肅偏偏是這樣的人，見淺謀短，心胸狹隘，自負其能，視百姓如草芥。蓋挺身而出，意欲爲民傳言，江東百萬無辜之命，誰料竟遭笞刑。哀莫大於心死，悲莫大於不知恥，當此之際，蓋已不能再在江東立足了。蓋久聞明公誠心待人，虛懷納士，英明賢哲，人所不及，思前想後，唯有歸降明公一途。知仇不報，人非其人。請明公相信，我將在合適的時候，牽部下前來投降，打敗周瑜，以拯救百萬江東父老……」

這是一封降書，其中卻充滿了慷慨之音、正大之氣，與黃蓋的處世爲人極爲吻合。

曹操想過其中的欺詐，但這個念頭只閃過一瞬就消失了，甚至當賈詡提醒他，這可能是一條高明的苦肉計，曹操反而這樣勸解自己的這位謀士，「保持懷疑是重要的，但有時候堅信比懷疑更具價值」。

西風漸緊，霜氣砭骨，曹操與夏侯惇、徐晃諸將巡視江岸。但見曹軍的營帳連山越林，緜延數里。水中用鐵鏈鎖住的戰艦，亦如一道長堤，煞是壯觀。

曹操問徐晃：「今天是什麼日子？」

「今天乃建安十三年十一月十五日。」徐晃道。

「是月圓之日呀！」曹操心念一動，當即命夏侯惇傳令：「今天晚上，我要在水寨中心大宴文武，共慶良辰。」

這是一個美妙的冬夜，天上滿目青黛，一輪明月升起於東山方之上，白露橫江，水光接天。曹操在自己那艘也許是當世最爲豪華的五層帥船上，擺開豐盛的筵席，文武百官，分列兩旁，樂師侍女，伺候左右。但見江上風輕，月影澄沙，南屏如畫，西陸蟬息。北眺烏林，唯餘茫茫，東瞻柴桑，瑟聲漸來。四顧空闊，好風滿懷。

曹操勸眾愛將滿飲了杯中酒後，就衛兵手中綽過那枝追隨了自己數十年的長槊，往腰間一放，開口道：「『今日良宴會，歡樂難俱陳』，此乃樂府詩意，正合吾心。我持此槊，破黃巾，擒呂布，討袁術，滅袁紹，收烏桓，平遼東，降劉琮，下江南，縱橫四海，未逢敵手。現唯有劉備、孫權尚未歸順。彼等雖有諸葛亮、周瑜、魯肅輩爲之畫策，然見淺謀短，不睹天機，爲逞一己功名，不惜以卵擊石。我軍兵力十倍於彼，下荊州後，彼等賴以支撐的所謂長江天險亦已不復存在。江東膏腴之地，原爲大漢所有，勢將還歸大漢。天命垂我成此偉業，諸將敢不共勉乎？來，請再滿飲此杯。」

「諸位隨操驅馳，」曹操繼續說道：「用武獻智，足見劬勞。我之有今天，純賴諸君鼎力相助，此事我心知。唯盼奏凱之後，江山合爲一金甌，我將退隱林下，與諸君共樂青山。」

樂師奏樂，侍女獻舞，月色清亮，江聲空曠。曹操壯懷激烈，不覺已有三分醉意。這時忽聽一聲鴉鳴，隨即便是數隻鴉影迤邐南飛。

曹操擺擺手，示意樂師停奏，侍女罷舞，眾文武歇酒，緩緩說道：「仲冬之夜，最宜入詩。我行事已五十有四，爲國征戰連年，私心不無缺憾。如得江南，亦有一私願欲得逞。江南喬公，往昔與我交情甚篤，喬公仙逝有日，我當親臨祭掃。喬公有二女，大喬、小喬，皆屬國色無雙，不意爲孫策、周瑜所點，我心恨恨。我已在都城高築銅雀臺，專意二喬，此娛暮年。未知諸公以爲過分否？」

眾文武當然以丞相功高莫名，娶區區二喬自不在話下。

「丞相。」陳群說道：「久聞丞相善詠，吉日良辰，不可無詩，丞相何不賦詩一首，以供清賞。」

「此言正合吾意。適才風來，我心已怦然有感。」

曹操低頭半晌，便吟出那首著名的四言古風：

對酒當歌，人生幾何？
譬如朝露，去日短多。

慨當以慷，憂思難忘。
何以解憂？惟有杜康。
青青子衿，悠悠我心。
但爲君故，沉吟至今。
呦呦鹿鳴，食野之苹。
我有嘉賓，鼓瑟吹笙。
皎皎如月，何時可輟？
憂從中來，不可斷絕。
越陌度阡，枉用相存。
契闊談讌，心念舊恩。
月明星稀，烏鵲南飛，
繞樹三匝，無枝可依。
山不厭高，海不厭深。
周公吐哺，天下歸心。

這首詩的出色是無庸置疑的。重要的倒不是它體現了曹操的詩才，而是揭示了詩

第十七章

連環船計，赤壁戰天下分

人豐富的內心情感世界。慷慨中混合著悲涼，柔婉裡透析出豪邁。志向極為深沉，詩思又極為綿密。詩人善於將偉大的抱負、細微的情感冶成一爐，將非凡的才情與當下的環境融為一體，詩韻流亮，詩趣渾然天成。尤其，當我們聯想到詩人在此後的遭遇時，這首詩就更值得玩味了。

闞澤再次送來黃蓋的書，信中約定：冬至日率糧船來降，標誌是，船頭插牙形青龍旗。

建安十三年（西元二〇八年）陰曆十一月二十一日，正值冬至。曹操一早就聚集文武，在五層主帥船上擺開酒宴，一邊喝酒，一邊等待黃蓋投降的糧船。由於各船都用鐵條鎖住，坐在船上十分平穩，雖然江上風聲漸緊，船上卻是平穩如常，連一杯滿斟的酒都不曾溢出分毫。僅僅從追求平穩的角度看，「連環船」的確是曹操的傑作。

賈詡衣袂飄飄，獨立船頭，突然急折返身，對曹操道：「丞相請留意，今日風向已轉為東南。東吳人若思火攻，風向正可助紂為虐。」

「文和何慮之太甚！」曹操顯得很不以為然，「冬日偶有東南風，原屬天候之常，不必多慮。黃老將軍此番來降，乃冥冥中天意助我。你看，那不來了嗎？」

從小養成一雙鷹眼的曹操，未等小校來報，已第一個發現遠處的一溜黑線般的船形。「黃老將軍眞是言而有信。」當曹操看到船頭那影影綽綽的牙形青龍旗，便抑制不住地呵呵大笑起來。

來船約有二十多艘，船速極快，不一會兒，船頭上「先鋒黃蓋」四字亦已映入曹操眼簾。

「不好，來船有詐！」一直注視著來船的程昱突然驚叫一聲。

「何以知之？」曹操問。

「黃蓋言明是糧船。若是糧船，吃水必深，船速難急。今觀來船，吃水甚淺，船速逾常，又乘東風順耳。若船上所裝僅爲枯柴，一旦遇火，我軍便有葬身火海之虞。」

曹操心下一凜，再凝目看去，一點不假，至少船上所裝，已可斷定絕非軍糧。那船體實在是過於輕浮飄忽了。

一道不容覺察的陰影，驟然罩上曹操的心頭，他腮幫子動了一動，叫道：「文聘。」

「有。」水軍統領應道。

「迅速出動，將來船截在江心，千萬不可使它靠近。」曹操命令道。

但是，太晚了。文聘奮力砍斷鐵鏈，綽一條船及二十餘名士兵剛剛出航，那邊已

第十七章

連環船計，赤壁戰天下分

有一枝箭悄悄射來，正中文聘喉頭，文聘一下子便栽倒江中。

於此同時，另有數十枝著火的箭矢，如金色的甲蟲，齊向曹軍的連環船飛來。來船迫在眉睫，在東南大風的相助下，事實上已不可攔阻。尤其可怕的是，爲了達到火攻曹營的目的，黃蓋已把自己的船隊本身變成一條火龍，它們猶如偷襲珍珠港的神風敢死隊，義無反顧的朝曹操的船隊撞來、撞上。

兩公里遠處長江上，又出現另一支龐大的艦隊，不用說，那是周瑜統帥的三萬水軍。

曹操依舊愣愣的站在帥船上，面如死灰。他已經無法統帥自己的軍隊了，自己的船隊已全部著火，烈焰騰空，隨風流散，連帶使得岸上的營帳也依次著火。火光吞噬萬物，火光中的曹軍紛紛丟盔棄甲，那些沾染瘟疫無力逃竄的士兵，便被飛揚的火舌迅速撲上，成了火下的冤魂。

「情況緊急，請主公即刻撤離。」張遼不知從哪兒弄來一艘小舟子，駛到曹操身邊。

曹操用青釭劍又起一枝火柴，奮力一擲，正落在五層船頂。這個舉動說明什麼？關鍵時刻，曹操居然動手燒了自己的船，他難道嫌自己失敗的不夠徹底嗎？有一點可以肯定，不管八萬還是二十萬，這把天風般的罡火，已使他這支當時世界上最不可一世的軍隊，變得不堪一擊。

曹操走進張遼的小舟子。「走吧！文遠。」他的聲音顯得異常平靜，聽上去彷彿正要去參加一次晚會。

「操賊休走。」身後一條船急速追來，船頭一員大將，正是東吳老將黃蓋。

「主公請掌好舵，待張遼退敵。」張遼把舵柄交給曹操，從肩後取下弓箭，拉個滿環，那箭逆風而行，勢道不減，「噗」地一下，正中黃蓋左肩。老將中箭，敵船難免要手忙腳亂一番。

張遼從將軍手上攞接過船舵，那船便順風順流，直向烏林而去。

「文遠染疾在身，竟還有如此神力，不可思議。」曹操坐在船頭，誇獎著自己的愛將。

張遼朝曹操粲然一笑。

※

到得烏林，天已擦黑，檢點兵馬，只有三千餘人，且個個神情淒惶、衣衫破爛，萎靡之色溢於言表。當此之時，曹操已顧不得往日治軍的規矩，命李典、樂進二將帶從人到附近村寨裡劫糧，先塡飽肚子再說。

隊伍堪堪走到華容道，道路泥濘，荊棘叢生，幾不可行。這時，曹操腦子裡竟奇怪的想到了袁紹。當初袁紹兵敗官渡，只有八百餘人跟著他逃回鄴城時，半路上的心情，大概與此時的曹操相彷彿！

華容道乃曹操敗退時的必經之途，曹操不禁又想：劉備何不也在此地設下一隊伏兵呢？

「丞相，你笑什麼？」程昱見曹操神色怡然，心裡奇怪，不覺問道。

「我想，劉備眞不愧爲我的敵手，但仍嫌棋遜一籌。換了我，在這華容道上再放一把火，如果這樣，我們便眞箇都要完蛋了。從純軍事的角度看，劉備應該算到這一著，那樣的話，我將完敗無疑。」

眾將被曹操這麼一說，反倒疑心疑鬼起來，不住的東張西望，唯恐半道上突然殺出劉備的軍隊來。以曹操目前的戰鬥力，的確，不用多，一支五千人的精兵，就可使曹軍死無葬身之地。

更何況，曹軍在沒有碰到任何敵人的情況，便已在這惡劣的華容道上丟損了千把人。那些都是老弱病殘的士兵，他們被迫砍柴伐樹，以改善道路條件。一旦道路可行，急於逃命的後軍便又爭先恐後、推推擠擠，致使這些人或者掉隊陷入泥淖，或者更慘，慘死在馬蹄下。

終於到了南郡，曹仁在此駐紮的曹軍後方。

爲了預防孫、劉聯軍的乘勝追擊，曹操迅速作出新的布署。曹仁仍負責守衛南郡，襄陽由夏侯惇把守。合肥最爲緊要，在當時的情況下，它必將成爲孫權最想突破的一道防線，曹操把這個重地任務交給了張遼。

※

曹仁擺開宴席，爲曹操及眾文武壓驚。酒過數巡，眾人皆嘻笑談讌，似乎已然忘卻兵敗赤壁之事。突然，居中的曹操仰天大哭起來，弄得眾人面面相覷，不知所措。

「丞相於那等險情中，都能泰山崩於前而心不驚，指點江山，風采不減，其樂觀豪邁之性，每每感動三軍，使人敗而不失其志。今日安然返回，諸君無恙，正擬重整旗鼓，捲土重來，緣何反而鬱鬱不快？」問這話的是陳群。

曹操沒有回答，哭聲反而更爲淒絕、更爲哀惋，似乎只有孝子哭母或老娘送子時的哀痛才可稍稍比擬。

「奉孝呀奉孝！」曹操終於說話了：「老天何苦如此摧折我心，倘使奉孝在，我斷然不會遭此慘敗，而成全周瑜的一世英明。奉孝呀奉孝！你年齡才三十八歲，爲什麼要離我而去呀！」

座中人默默無語，大多心生慚愧。他們多半同意曹操的說法，如果郭嘉在，以他那超越常人的分析能力和直覺能力，曹軍很可能早就逃過此劫。
也有人暗地裡不服氣，如賈詡和程昱。

第十八章 離間馬韓，平關西立魏公

曹操在赤壁的慘敗，本來有可能使他經營的江山及前此獲得的功名全線崩潰。當曹仁在南郡（即江陵）看到曹操時，這個權高震主、名動天下的當朝丞相，騎著一匹唐吉訶德式的瘦馬，滿面塵灰，神情憔悴已極，而他身後那些出入沙場、戰功赫赫的威猛武將，也都一個個模樣張惶、眼神淒怖，與身裹一套爛銀盔甲的曹仁，形成鮮明的強烈對比。這支縱橫疆場無敵手的曹家軍，僅僅一夜間，便沒落的如同一群逃亡的難民。看上去只要再輕輕的一點外力，曹操連同他的英明便將從此消亡。而這時，周瑜的軍隊正緊追在後。

能夠使赤壁的慘敗就地中止，而沒有一路連敗爲袁紹式的全線崩潰，箇中關鍵仍在於曹操超常的鎮定與機敏。雖然在此之前，曹操並不認爲自己會在赤壁碰壁，但他的前期準備工作，卻顯得他彷彿對此早有防備。來自都城與許昌的援軍源源開來，並

第十八章
離間馬韓，平關西立魏公

迅速在各個戰略重鎮上駐紮完畢。這樣，當周瑜自以為在追逐一群敗兵殘將時，不料卻碰上了訓練有素的曹軍頑強抵抗。

曹仁與周瑜在江陵足足周旋了一年，最後曹仁被迫放棄江陵，周瑜的臂膀上留下致命的箭傷，因此，一年之後周瑜便因箭傷復發而去逝，江東的棟梁隨之發生傾斜。

孫權親自坐鎮指揮的合肥戰役，也同樣遭到失敗。驍勇的張遼在逍遙津上，差點衝上孫權的華蓋傘，將這位吳主生擒。孫權能揀得性命已屬萬幸，而張遼的威名在整座江東，已成了魔鬼的代名詞，甚至百姓母親為了止住夜間幼兒那無休止的哭嚎，都施出這一絕招：「別哭，再哭張遼就要來了。」孩子一聽到張遼的名字，當然也就再也不敢出聲了。

諸葛亮就要比孫權明智的多了，他看出曹操在赤壁雖說吃了大敗仗，但曹家基業依舊穩固非凡，因而便沒有讓劉備頭腦發昏的追擊曹操，只是象徵性的擺出追擊姿態後便回撤，將部隊帶到豐饒的蜀地，經營屬於劉備的那一片國土了。三分天下，這原本是諸葛亮的出色預見，現在他正開始付諸現實。這樣，出道以來一直苦於找不到立足之地的劉備，藉助諸葛亮的智慧，終於可以安穩下來了。

劉備的舉措點醒了孫權，他也開始收縮回防，籌畫建立未來的吳國。

曹操雖然極不情願，但目前恐怕也只能接受三分天下的局面。雖然他時刻準備再下江南，只可惜困於現況，遲遲未能成行。

※

就在曹操發動赤壁大戰的同時，朝廷的西部動蕩起來了。為首的便是原鎮西將軍韓遂和征西將軍馬騰。馬騰死後，他那武藝超群的長子馬超繼承父業，並迅速使自己成為一個令人可怕的對手。當初韓遂與馬騰對曹操表示臣服之時，曹操就沒有對他們有多少信賴，只是認為他們雖然尚武好勇，但並沒有太大的野心，才沒有下決心去拔除。但現在情況不同了，也許他們認為曹操赤壁戰後元氣大傷，暫時無力動武，便覺得可以乘機把事情鬧大了。

建安十六年（西元二一一年）正月張魯對漢中的占領，給了曹操一個警告。緊接著，韓遂、馬超聯合了侯選、程銀、楊秋、李堪、張橫、梁興、成宜、馬玩等共十支割據力量，稱霸關西，試圖別立朝廷，與曹操代表的東漢政權分庭抗禮。

就像曹操當初不能容忍袁術一樣，他也同樣容忍不得韓遂、馬超。並且，就在韓遂認定曹操無力在此時對他們發動征討之時，夏侯淵的先發部隊已經與駐節漢中的司隸校尉鍾繇會合，開赴漢中。

曹仁帶領的第二梯隊，此時也已開赴潼關，與馬超夾江對峙。

當年七月，曹操親率大軍，開赴潼關前線。

「關西軍相當強悍，尤其善用長矛，除非我們集結最精銳的部隊，不然很難戰勝他們。」說這話的是一位下級軍官。

曹操怫然不悅，「戰爭由我操縱，而非由馬超小子所左右。你看著吧！最終他們會發現自己的長矛全然無用。」

曹操按兵不動，而敵人的兵力卻在日益加強，每天都有新的山大王加入馬超陣營。對此，曹操竟顯得和馬超一樣高興。

荀攸不解而問：「敵軍漸多，我軍頹勢惭明，不知丞相何以不憂反喜？」

「公達有所不知。」曹操笑道：「關中幅員廣大，地勢複雜，若各支力量都各霸山頭，憑險據守，雖窮畢生之力，也難以一一夷除。而今他們齊來對陣，關中便有一仗而平之機。須知他們人數雖多，而彼此各懷戒心，頗難統一調度，是以並不可怕。」

曹操的自信心，是一種相當鼓舞士氣的力量。事實上曹軍之所以屢屢獲勝，部分也由於曹軍將士堅信，他們的統帥較敵酋更聰明，更善於尋找並把握勝機。這一點相當重要，不說別的，這些關西軍便普遍認爲馬超、韓遂在謀略上，差曹操好幾個檔次。

※

戰爭的成敗，取決於曹操能否渡河以及渡黃河的方式。長江上的失敗，已經使曹操耿耿於懷，在這條中國第二大河面前，他就得格外慎重了。

這天，曹操和自己的愛將徐晃走上黃河灘頭。此時，夕陽正好，黃河湍急。

曹操對徐晃說：「馬超正在對岸等著我們，韓遂是個老滑頭，估計也在等我們渡河，以便當我軍將渡未渡之際驟然發難。但是黃河我非渡不可，不知將軍有何良策？」

「全軍渡河，此非其時。」徐晃答道：「然可先遣一軍，繞道蒲坂津，乘敵無備，強行渡河，待其在彼岸紮下營寨，吸引馬超主力西移，那時丞相再率全軍渡河不遲。」

「此著甚妙，可也相當險急，不知誰人可領此命？」

「丞相毋憂，徐晃甘領軍令狀，率四千士卒，夜渡蒲坂津，保證擊退守軍。」

「若公明出馬，夫復何憂？」曹操呵呵而笑，「我率全軍東行，給馬超以尋找渡口的假象，公明可今夜北上蒲坂津。注意，蒲坂津守將梁興，手中有五千餘人，一場惡戰，在所難免。」

「五千馬賊，徐晃視如草芥。」

曹操回營後，立即吩咐下人備好牛羊肉及眾多美酒，送到徐晃寨中，給眾軍士壯膽。

遙望星天，曹操暗祝徐晃成功，因爲他比任何人都清楚此仗的凶險，雖然他同時更清楚徐晃的才能。

「只有公明能完成此次突襲。」曹操想。

藉助黑暗和黃河濤聲的掩護，徐晃率領的這支曹操手下紀律最嚴明的軍隊，無聲無息，猶如一群鬼魅，隨著洶洶的潮水爬上對岸。此時，梁興的五千士卒大都在夢鄉裡，哨兵的零星呼喊後來雖然吵醒了他們，但他們那副睡眼惺忪的模樣，注定了自己將渾渾沌沌送命。才上岸，徐晃的四千士卒便迅速分爲三股：一股到馬廊搶馬，一股到帳篷裡殺人，還有一股則負責放火，向曹操也向馬超宣布渡河成功的消息。

估計馬超已經開始向蒲坂津調動兵力，第二天一早，曹操開始大規模渡河。曹操坐在岸邊一隻太師椅上指揮渡河。船少人多，直到接近黃昏時，渡河也接近完成，慣下的便是最後一批那一二百人了，其中包括曹操和他的私人護衛許褚。

後面塵頭突起，顯然有一隊騎兵正追襲而來。馬蹄聲疾，地平線上隱隱升起一桿旗子，正書著一個「馬」字。

「馬兒來的眞快呀！」曹操自言自語，心裡擔心的卻是徐晃的安危。「馬兒」是曹操對馬超的稱呼，在曹操的預感中，馬超不該在此時出現，除非徐晃的軍隊己盡遭殲滅。

事實是，馬超根本就沒有和徐晃交手，他的奸細將曹操的真實意圖報告上來後，才使馬超在半路上勒轉馬頭，並強行渡河，這才有了眼前這場追殺。

「情況緊急，主公可急速上船。」許褚在一邊叫道，見曹操依舊不動聲色，心下一急，便連人帶椅將曹操一把拽上船來。許褚當然是力大無比，在他手上，彷彿曹操只不過是個嬰兒。

「曹操休走。」馬超高叫道，隨即一箭射來，被許褚船頭一盪，堪堪躲過。

激流中的船速已經夠快了，但馬超的騎兵速度更快。許褚從船上綽起一枝長矛，猛地擲出，將尚停在岸邊的一艘船硬生生戳出一個大洞，水迅速漫入船身，使得馬超已不可能駕船追襲。箭如飛蝗，齊向曹操射來。好個許褚，只見他左手舉著馬鞍爲曹操擋箭，右手撐篙，兩條腿上竟還使出紹興船民駕駛烏篷船的絕活，死死地夾住舵，在激流中固定著船的航向。這一幕危險的景象，先前抵達對岸的曹軍將士全部看在眼裡，卻苦於鞭長莫及，只能眼睜睜地看著自己的主公身處絕地。

船上的士兵不少已中箭落水，而許褚手中的那塊做盾牌用的馬鞍已如刺蝟，插滿了箭矢，只要再接上幾枝箭，馬鞍即將碎裂成數段，到那時，曹操就將完全暴露在敵人的弓箭下面了。當然，對曹操無限忠誠的許褚，倒是願意用自己的身體，替曹操當一回盾牌的，就像當年典韋做的那樣，只是許褚一旦戰死，誰又來掌船呢？

曹操再次處於聽天由命的狀態，雖然他嘴上依舊顯得鎮靜如常，「馬兒真個好身手，什麼時候仲康和他來個單打獨鬥，我倒要看看誰是真正的沙場之王。」

「是我，主公。」許褚悶聲悶氣的答道：「我會拗斷馬超這小子的脖子的。」

「哈哈！我就知道仲康會這麼說。」曹操仰天大笑，這笑聲傳到兩岸，使曹軍將士深受鼓舞，也令馬超感到無比震駭。

奇蹟出現了。岸上馬超的騎兵隊突然亂了陣形，一群不知從哪兒出現的牛群，在三頭尾部著火的公牛帶領下，悍然衝入陣中。關西兵見了牛群，就全失卻理智，立刻置捉拿曹操於不顧，只顧沒命地圍搶。瘋了的人與瘋了的牛展開對攻，對此馬超毫無阻攔之力。

那邊許褚因了這一個折衝，遂騰出雙手，全力撐篙。不一會，曹操的身影便消失在馬超的箭程之外。

馬超忿怒之極，轉身飛入陣中，長槍乍刺，竟將一名興高采烈追殺牛群的士兵刺穿喉嚨。

曹操剛抵對岸，眾將士便立刻匯聚攏來，李典甚至都流出了眼淚。

「男兒有淚不輕彈，李將軍何故如此多愁善感？」曹操心裡感動，嘴上仍裝的若無其事，「許仲康是我的守護神，仲康在，我曹操將不得而死。馬兒欲藉我而成就一世功名，恐怕太不可能了。」

隨即，曹操又告誡眾將，「馬超武功不減呂布，鷹狼之志，呂布猶有不及。馬兒不死，我心難安。」

曹操說這話是有根據的，赤壁之戰前，曹操為預防後院不測，曾命令當時尚在世的馬騰前來京城，曹操封馬騰為掌管宮門警衛的衛尉，官階屬九卿之一。曹操的眞實意圖，是將馬騰及其妻女扣作人質，以制約日趨活躍的馬超的行動。現在，馬騰一家老小一百餘口皆在許昌，馬超竟然會不顧他們死活，在這裡朝曹操張弓射箭，這份狠辣，呂布可眞要甘拜下風了。須知呂布只不過不認乾爹，馬超可是連親娘、胞弟的生命都悍然枉顧了。

曹操了解到在自己生命攸關之際，是渭南縣令丁斐在南山上放的牛，致使自己得脫險境，當即封丁斐為典軍校尉，並答應他，一旦回到許昌，將以九倍的牛羊還報。

「馬兒今天必來劫寨。」曹操對荀攸說：「留一座空寨給他，讓夏侯淵、張郃二將在半路打個埋伏，如何？」

「甚好。」賈詡接口道：「然後我軍再回渡渭南，繞道迂迴，於明日晌午時，出其不意地出現在韓遂身後，敵軍將不戰而崩。」

「正是此意。」曹操點頭道。

※

一切都在意料之中。那晚馬超果然率兵來劫寨，誰知火光照紅了半天邊，寨內卻丁點聲息也無。心知中計，情緒大跌，正不知曹操身在何方，一行人疲疲沓沓轉過山巒，正在人困馬乏、尋思埋鍋造飯之際，山頭一聲鼓響，弓箭如雨，霎時間便有數百人落馬。

「休教走了馬超。」夏侯淵當先拍馬，迎住馬超，張郃也隨後殺到。

二將雙戰馬超，而馬超見己方兵士都已呈崩潰之勢，怯意頓生，遂挺槍朝張郃面前虛晃一著，與部將馬岱、龐德等一道突圍而去。

見了馬超如此落難，韓遂少不得要上前安撫一番，備下好酒，給自己這位義侄壓驚。說是義侄，蓋因韓遂與馬騰早年曾有八拜之交。

萬萬沒有想到，誰也不知其去向的曹操，會在此時出現。十路諸侯慌忙披掛上陣，馬超半杯酒尚未沾唇，一片牛肉還未下肚，就不得不餓著肚子提槍上陣。

曹操陣前排列出五千精銳騎兵，他們似五千銅人，在陽光下閃爍著金黃的色彩。敵方陣形將整未整之際，曹操青釭劍倏然高舉，五千騎兵同時疾進，以一種迴旋往復的嚙尾陣法，把個韓遂部隊衝得七零八落。曹軍內響起了緜密的鼓點，先頭部隊以一種羅馬式的矩形方陣，開始了令人窒息的步步推進。銅管樂、鐃鈸也開始了淒厲的合奏，中間混雜著羌笛、胡茄等交織而成的幽冥旋律，在在都在向敵人宣佈死神來襲。

一開始，韓遂、馬超還能控制住部隊的撤退節奏，但曹軍的懾心術很快就起了作用，前軍開始慌亂，後軍不明究竟，陣形便鬆散開來。

曹操沒有下令追擊，因為前面就是黃河。將敵人逼入絕境，往往就是自己失敗的預兆。曹操大方的停止了攻擊，只滿足於將韓遂的營地先據為己有。

韓遂的使者來了，臉上已全然沒了關西人慣有的蠻氣，一臉謙恭。

「割地求和。」曹操接過由馬超、韓遂等十路諸侯聯合簽名的投降書，掠了一眼，把它交給賈詡。

張遼、徐晃諸將都搖頭示意曹操加以拒絕，曹操與賈詡交換了一下臉色，便對來使說：「很好，我接受了。請轉告韓將軍，明日午時，我與他陣前打話，當面定奪。」

來使唯唯而去。

※

曹操的五千烏桓鐵騎在陣前排開，金光耀目，不戰而令人心折膽怯。

曹操單騎出陣兩百公尺，身邊只有橫握大刀的許褚一人保駕。這裡面透露出的膽識，同樣令敵酋喪氣。

敵陣中的馬超本待一騎飛出，劫掠曹操，被許褚怒目一橫，殊覺無趣，只能趕緊裝出一副笑臉，朝許褚友好地點點頭，彷彿在說：「虎侯別誤會，我不過想看看曹丞相今天穿了雙什麼鞋。」

這一切當然沒能逃過曹操的眼睛，雖然他的神色顯得渾然無覺，聲音也一反往常，變得大大咧咧起來。「請韓將軍上前講話。」曹操說道。

韓遂無奈，只得壯著膽子，單騎出列，在馬上朝曹操連連拱手。

曹操馬韁輕放，那馬兒便貼上去，與韓遂的坐騎挨擦到一塊。

「韓將軍別來無恙？」曹操的聲音聽上去完全像面對一位久別的老友，尤其對著韓遂肩頭那隨意的一拍，更透露出十二分的友善。

「這個，無恙，無恙！」韓遂不明所以，只得吶吶附和。

「還記得當年在袁家塢堡嗎？」曹操問，聲音卻陡然壓低，以致誰都以爲兩人正在從事一件祕密交易，「那時本初、公路風頭正健，公孫瓚、皇甫嵩、盧植等人也屬左右時局之雄，而韓將軍猶且青春年少，翩翩不可方物呀！」

「過獎，過獎。」韓遂點頭連連，心裡卻不知曹操這番開場白後，還會有什麼下文。很明顯的是，僅僅說這麼兩句無關痛癢的話，你曹操犯得著把嗓門壓的這麼低嗎？

曹操的嗓門更低了，與之相應的，則是吐出的話也更加漫無邊際，「唉！昨宵風流，恍如夢魅，今日相見，我倆忽忽都已成白頭翁了。人事滄桑，莫此爲甚，莫此爲甚呀！令尊當年與我同年孝廉，令尊風範至今猶增人懷想。我現在年已漸老，中宵靜篤，常有故人入夢，難以去懷。韓將軍與我年歲相仿，想必也有同慨。」

「哪裡哪裡，豈敢。」韓遂完全被曹操弄糊塗了。

曹操用眼睛的餘光掃掠了一眼馬超，發現他眼中的狐疑之色竟比狐狸還多，心下暗笑，手卻輕輕地搭在韓遂肩上，彷彿在鄭重交託一件重任，「韓將軍，歲月磨人，還宜善加珍攝，軍旅之事，亦當早日卸脫。我關西之事稍定，即當回返都城，奕棋玩鳥，以娛暮年。久聞韓將軍乃奕壇高手，哪日撥冗，我倆手談一局如何？」

「韓某井底之蛙，雕蟲小技，豈容與丞相對壘？」韓遂連連搖頭。

「哈哈哈哈！」曹操突然爆發出一陣毫無必要的朗笑，弄得韓遂目瞪口呆，不知此笑何來。

與此同時，關西軍的陣形也開始混亂起來，看的出後面的兵士都想趕到前排。原來關西軍裡流傳很多關於曹操的傳說，不少士兵都急於一睹曹操的眞面目。

曹操見狀，索性縱馬上前兩步，對於關西軍作起自我介紹來。「你們想看看曹公嗎？其實曹公相當平常，長相難看，個子矮小，也沒有三頭六臂，實在沒什麼看頭。曹公和你們只有一點不同。」曹操用馬鞭指了指腦袋，說：「便來這裡面多了點智謀。」

說罷，曹操又朝韓遂拱了拱手，聲音似低實高的說道：「相囑之事，切毋相違。」

韓遂本能地向曹操拱拱手，嘴裡脫口應道：「豈敢豈敢！」轉念一想：「你剛才何嘗有事相囑呀？」

那邊曹操已回歸陣中，收軍回寨。

「適才曹操跟你說了些什麼？」韓遂剛一回陣，馬超劈頭便問。

「沒說什麼，只不過敘點故人之情。」韓遂如實回答。

「叔父何必相欺！」馬超忿然喝道，「你們兩人在陣前的表情，人所共見，分明是從事某種交易。」

「我也不清楚曹丞相爲何要如此詭祕，事實上他什麼事也沒說。」

馬超看了韓遂一眼，「哼」了一聲，大步而出。

第二天，韓遂收到了一封曹操的信。這份用火漆封口的絕密信，分明署名曹操，卻彷彿已經經過旁人塗改。上面的緊要處，都被一種不同於原信的墨色塗抹過，只在別處星星碎碎地露出諸如「切切」、「深盼」、「毋負」等字樣。韓遂將這信反覆把玩，心裡則是一片黑暗。

正在這時，馬超左手按劍，大步入內。

「曹操的信呢？」馬超劈頭問道。

「哎，就在桌上。」韓遂答道。

馬超只粗粗一瞄，立時熱血上沖。「叔父，你也太小看馬超了吧！」馬超冷冷的說。

「孟起何出此言？」韓遂問。

「此信分明已經過叔父之手點竄，要緊處已全然無可觀……」

「非也，此信收到時本已如此。」韓遂試圖解釋。

「哈哈！」馬超仰天長笑，只是這笑聲中充滿一種悲涼的絕望，「我馬超縱橫江湖，尚未有人敢當面相戲，不料今天我竟遭我那冒牌叔父相戲。」說罷，拔劍出手。

「毛小子，你想做什麼！」韓遂也急忙抽出佩劍。兩人在靜寂的屋中足足相持了一刻鐘，最後，馬超還劍入鞘，「你這老匹夫，還不值得污了我的寶刀。」言畢，揚長而去。

韓遂、馬超從此決裂，曹操與賈詡精心策畫的這幕離間之計，獲得了輝煌的成功。

當天夜裡，曹操便發動了對馬超的進攻，由於韓遂在一旁觀望，曹軍人數上便有了絕對的優勢，又兼襲擊突然，馬超大敗，敗戰的成宜也被許褚一刀砍死。曹軍乘勝追殺，迫馬超外逃了一百里。

只是在曹操三日後又向韓遂發動攻擊時，馬超才醒悟中了曹操的離間計。然而心高氣傲的馬超，雖然明知中計，但由於面子上掛不住，仍不願主動與韓遂講和。

身爲長輩的韓遂，在這件事上無辜受冤，自然更不會尋求馬超的合作了。

※

曹操花了三個月的時間，用各個擊破的方式，終於擊潰了關西軍的大部分主力。這時，冀州傳來農民暴動的消息，曹操方才撤軍，只留下夏侯淵、張郃二將，負責肅清關西的殘餘部隊。當然曹操一回許昌，便將馬超闔家老小處死。

留在關西的夏侯淵，藉助曹操的餘威，在這裡爲自己博取了任何一位武將都引爲自豪的功名——他在與馬超的一系列戰爭中終於獲勝，收服了武功高超的猛將龐德，迫使馬超投奔了漢中張魯。當然，最後馬超又投奔了劉備，成爲劉備手下最著名的五虎將之一。

而夏侯淵在趕走馬超後並未罷手，又率軍攻打駐紮在金城的韓遂，韓遂惶惶逃出，最後在西平被自己的部將殺死，將韓遂的頭獻給了曹操，曹操照例予以厚葬。此後，夏侯淵繼續用兵，收復了興國，殺死了平漢王宋建。

曹操多年顧慮的這塊西北漠野，自此不復有兵戈擾攘。

在此同時，劉備在軍師諸葛亮的運籌調度下，勢力大增，新近又將益州據為己有。建安十七年（西元二一八年），孫權做石頭城，改秣陵為建業，五霸之氣日益彰顯，三國對峙的局面也因而更為穩固了。

曹操也曾與孫權發生過數次小規模的戰鬥，但那更像是提醒對方留意自己的邊界。

曹操的權勢已達到人臣之極，漢獻帝只是架空的傀儡，曹操可以參拜不名，劍履上殿。事實上，曹操每次佩劍上殿時不僅當當直入，坦然落座，倒是皇帝抖索索地站起身來，問曹丞相安好。

漢獻帝知道，以曹操目前的權勢聲望，他隨時可以更改年號，篡漢自立。曹操曾相當自負的說：「如果天下沒有我，不知幾人稱帝、幾人稱王！」在曹操有可能廢除漢朝之前，他是東漢王朝的捍衛者和拯救者。對此漢獻帝心裡有數，曹操更是雪亮。

曹操也曾當著幾位親信寵臣的面說過：「若天命在我，我願效周公。」言下之意就是，我曹操對做皇帝不感興趣，但並不反對讓自己的兒子另立新朝。

第十八章

離間馬韓，平關西立魏公

曹操的確是這麼做的。首先，他的長子曹丕已被任命為五官中郎將，這是個可以理解為副丞相的官職。而在曹操外出征戰之時，曹丕已不再隨父出征而是駐紮在都城，負責都城的全權事務。

其次，曹操自占領都城後，便有計畫的將許昌的皇權功能削弱，並朝著都城轉移。由於都城經過袁氏四世的經營，在城市規模上本來就較許昌為大，再經過曹操的有意擴展，它的文化功能、政治功能和軍事力量，逐漸凌駕於許昌之上，而成為事實上的首都。

第三，都城舊屬魏郡，當初曾向曹操建議「挾天子以令諸侯」的著名謀士董昭，這時又建議曹操宜進爵為魏公。這是個具有獨立標誌性的職位，曹操頗為心動。因為，為了替兒孫輩的江山著想，魏公這一突出的頭銜，將是到極好的鋪墊。

曹操那些多年來隨他出生入死的謀臣武將，事實上也竭力希望曹操進封為魏公，他們內心裡還更希望曹操皇袍加身呢！因為只有曹操進封為魏公或登基皇帝，他們多年來付出的辛勞，才算獲得一個更為滿意的酬答。曹操的登基，等於自動宣布他們的官職也可隨之上浮一級。

建安十八年（西元二一九年）五月，五十九歲的曹操自封為魏公，加九錫。九合諸侯的曹操，雖然因赤壁之戰而無力一匡天下，但他的權勢，確實如他自承的那樣，已達「人臣之極」。

然並非所有人都同意曹操進封魏公，除了曹操的政敵外，表示反對的還有曹操多年來最爲敬重的尚書令荀彧。

荀彧，這個具有良好品德和傑出才能、並多次被曹操認爲功勞超過自己的卓越謀士，在盡心輔佐曹操的同時，內心更充滿著光復東漢王朝的希望。而曹操加封魏公，便意味著這份希望的落空。荀彧是謙退的，但也是執拗的。這些年他變得相當抑鬱，當他知道自己充其量只能阻止、而不是制止曹操進封爲魏公時，他便坦然地選擇了一種徹底迴避的方式。聰明過人的荀彧知道，他那位主公雖然內心充滿哀痛，但仍會欣賞他選擇的這種方式。

荀彧自殺了。

自殺前一天，荀彧還曾與五官中郎將談論騎射之道，荀彧那永遠顯得充滿智性的論述，把個曹丕聽的眉飛色舞。這就是說，荀彧是在最後觀察了曹丕這位命中注定要成爲皇帝的人之後，才作出自殺舉動的。這意味著什麼呢？

曹丕對此渾然無覺，他只是感到悲傷，因爲多年來，曹丕一直敬荀彧爲師長。曹丕寫的祭文《光祿大夫荀侯詠》，明白地說明了這一切。

荀彧死後九個月，曹操才自立爲魏公。

第十九章

廣招賢士，疑心生殺異己

兩百餘曹軍已經把這一座山頭團團圍住，每人手中都持著一枝火把。

「梁先生再不下山，曹丞相就要放火燒山啦！」一個兵士拉開嗓門在山下高叫。

時值清秋，清涼山上萬木崢嶸，松柏青翠欲滴，松鼠往來不絕。一望此山，便知是名士高蹈之地，道人煉丹之所。

曹操坐在山腳的一張大華蓋下，指揮一場特殊的戰鬥。他那才華出眾的兒子曹植侍立一旁。曹操下令：「放火，焚山。」

兩百枝火摺同時點上山腳的灌木林，清風徐來，不一會兒，火便逐漸蔓燒上山去，一座上好青山，轉瞬便有化爲焦土的危險。

「如此一來，只怕梁先生生命難保。」曹植擔憂的問。

「哼！他連一根毫毛也傷不著。」曹操向山上做了個手勢，預先埋伏在山上的一隊曹兵便又開始了撲火。「梁鵠這老傢伙鬼的很，山上有一岩洞，他肯定躲在裡面。那裡風吹不進，雨淋不著，內裡還有一泓清泉，他哪裡會折損半根手指？」

「父親既如此需要梁先生，何不派兵士上山把他抓下來，幹嘛非要在山下縱火呢？」曹植問。

「讓他自己下山，豈不更好嗎？」曹操想說而沒說的是：身居權要者，當注意行動的方式。今日以如此極端的方式請梁先生下山，這事傳到他人耳裡，誰都會為我曹操的求賢之誠所打動，從而群賢畢至，少長咸集。「此非亂世，在我的地界裡，不允許有人效伯夷叔齊之舉。除非他是蠢材，不然，他就必須下山。」

火勢終於控制了，天色向晚，曹操依舊站在山腳，眺望著那條盤曲小徑。約莫過了半個時辰，大書法家梁鵠出現了，奇怪的是他的雙手倒剪在後，顯是處於被綁縛的狀態。

「梁鵠無知，冒犯丞相鈞威，罪該萬死。」梁鵠一見曹操，便「噗通」跪在地上。

「哈哈哈哈！」曹操仰天大笑，「梁先生的確有取死之由。先生的書法，乃當年以不正當的方式，從師宜官處偷竊而來。學藝不由正途，從師而不拜，大違綱常。僅此一端便難容於世。書藝既精，不思報效朝廷、藝傳他人，而卻懷璧自取，自賞自毀。徒欲遁跡山林、寄情丘壑，博一虛假聲名，而置我曹操於不仁不智之境。乖行忤世，莫此爲甚。」

「依丞相之言，莫非梁鵠已無生途可覓？」

「哈哈！」曹操笑的更歡了，「我曹操豈是如此好行刀鋸之人！況先生那一手精妙漢隸，當世無出其右，又焉可使其就此淪亡？嗯，誰讓你擅自綁縛雙手？莫非想自殘雙手，廢棄書藝？來人，快給梁先生鬆綁。」

「丞相毋驚。」梁鵠哈了哈腰，「梁鵠無知，但尙知自保之術，適才自縛雙手，只爲表明服罪之誠，而並未敢用力狠綁。還望丞相青眼抬舉，我隨時可以提筆振腕，爲丞相效勞。」

「如此，梁先生便隨我回府吧！」

曹操邀請梁鵠與自己同乘一車，兩人在車上談笑風生，儼若一對久違的老友。而事實上，梁鵠簡直便是被曹操綁架而來。

自此，朝中的題匾、文告，便皆出自梁鵠之手。曹操公務之暇，常喜站在梁鵠的法書前，心慕手足，嘆賞不已，往往一站就是兩個時辰。

※

一天，曹操興致勃勃地與身邊的一幫文士飲酒聊天，在座的除了他那「妙善辭賦」的長子曹丕，「下筆琳琅」的次子曹植，還有王粲、陳琳、徐幹、阮瑀、應瑒、劉楨等，乃著名的「建安七子」。席上觥籌交錯、詩賦往來，風雅與慷慨並陳，詩聲與琴弦共鳴，好不熱鬧。

不知誰在席上偶爾提到了前司徒蔡邕，氣氛一下子便清肅起來，王粲尤爲顯得激動。這是很自然的，當初王粲尚籍籍無名，只不過一名好學少年時，德高望重的蔡大學士便異常的厚愛。王粲少年聲名的鵲起，端賴蔡邕的獎掖和提攜。

「蔡大學士與我有管鮑之誼。」曹操幽幽說道，兩眼矚望遠方，充滿著故人之誼。讀過太史公《史記．管晏列傳》的讀者，自不難會體會曹操這句話的分量。箇中有感激、有緬懷，也有愧疚。「大學士學富五車，才情豐溢，立志追述漢史，以爲後世殷鑑。良願美志，青天同賞，不料竟因一抔灑向董卓墳頭的詛，而死於王允之手。

蔡大學士良志不遂，膝下又無兒郎可踵繼父業，實乃恨事。」

「蔡老學士雖無兒郎，然有一女，風華絕代，博涉諸藝，實乃當世奇女。」陳琳說。

「莫非是那位能精確判別琴弦的文姬姑娘？」曹操問：「我讀過她記述董卓之亂的《悲憤詩》，氣韻沉雄，格調高古，隱隱有金石聲，休說尋常女士，便是在座諸位男兒，誠恐也難與比肩。我聽說文姬後來淪入胡人之手，不知現在何處？」

第十九章

廣招賢士，疑心生殺異己

「這個我略有所聞。」一個名叫周近的侍者接口道。

曹操朝這個大膽的插話者點了點頭，鼓勵他往下說。

「興平二年。」周近說著：「李傕、郭汜尚在長安爭鬥不休，李傕劫掠天子，焚燒宮室，致使長安城人相啖食，白骨盈積。匈奴南單于呼廚泉立，遣右賢王去卑率數千騎兵趁勢打入中原，在長安至洛陽途中，與李傕、郭汜多有衝突。是時文姬喪父未久，丈夫衛仲道又新近去逝，遂加入難民之中，形單影隻，四海飄零。逮至陳留，被右賢王去卑發現，遂流落胡中，嫁給了南奴右賢王，生有二子。粗粗算來，文姬亡胡，已有十二個年頭了。」

眾人聽了周近的介紹，不免長吁短嘆。曹操說道：「文姬必須歸漢，我不能讓她成爲第二個蘇武。雖然文姬享王后之尊，而無牧羊之艱，但是，我能感到她那雙望穿秋水的眼睛，夜夜穿過沙漠風沙，矚望著大漢江山。」

曹操此語一出，眾訇然叫好。

「周近，」曹操道：「就痲煩你涉一回沙漠，把文姬贖回來吧！我會讓你多帶金銀寶玩的，請婉轉地表達我的旨意，不要傷了兩家和氣。我會修一封致右賢王的親筆信，託你帶去的。」

「是，請問何時動身？」周近抖擻精神地問。

「明天。」曹操道。

※

自古佳人多薄命，佳人又兼才女，這份命運便更加淒苦難言。文姬身處塞外，江南風情雖時時入乎夢中，但一則右賢王對自己相當敬愛，二則當地胡人又敬自己爲神女天仙，三則自己已生有二子。天下至情，母子爲尊。因此，當曹操的使者周近持著曹操手書，及整整五車的金銀珠寶來贖還自己時，蔡文姬已沒有多少驚喜，更多的倒是那揪心裂肺的傷感。曹操的聲名早已威震塞外，右賢王縱然百般不願，最終仍不得不以部落爲重，允諾文姬歸漢。當然，文姬生下的兩個兒子必須留下。

此時淚盪在文姬心底的波瀾，已非筆墨所能形容。當文姬隨周近離開這片大漠時，匈奴人匍匐在地，以一連串催人淚下的胡笳，爲他們神聖的王后送別。文姬的頭緊緊裹在昭君式斗篷裡，臉上早已淚流滿面。

三個月後，蔡文姬拋夫別子，回到了許昌。曹操親自出城三十里迎接。堂堂一國丞相，如此禮遇一個女流，在當時實在是聞所未聞。

「當年我人微力孤，又遠在洛陽，未能救令尊於囹圄，心中耿耿，難以釋懷。」曹操說道：「令尊與我有鮑叔之誼，人予我多，我予人少，如此則大丈夫愧立人世。今日得你歸漢，我心稍安，亦可告慰令尊泉下之靈了。」

第十九章

廣招賢士，疑心生殺異己

文姬長跪在地，淚如雨下，曹操忙命女侍扶起。

「令尊才識當世無匹，勤於著述，可與日月爭光。但恨董卓暴亂、李郭用強，致使宏文化爲劫灰。我知道妳是這世上唯一讀過令尊全部著作的人，又且聰穎過人，有過目不忘之能。我希望妳能盡一己之力，將令尊的佚文起死回生。」

「這正是小女念念於心之事。」文姬答道。

「那好，我給妳十個祕書，如何？」曹操急切的問。

「不用，小女但需一間瓦房，於願已足。」

一間瓦房是不可能的，事實上三個月後，曹操還親自做媒，讓蔡文姬嫁給了自己的屯田都尉董祀。在曹操主持的婚宴上，他還警告董祀：「你對文姬若有半點粗野，我拿你人頭是問。」這當然是一種變相的祝賀。

文姬後來還救過董祀的命。董祀任屯田都尉時，當玩忽職守，照當時的軍法理當問斬。蔡文姬跑到曹操面前求情，曹操才免了他的罪。須知這在曹操已是天大的面子了。因爲在這之前，他連大才子路粹的死罪都沒有赦免，愛將親戚曹洪的犯法，曹操同樣沒有放人。

後來文姬到了晚年，神志頗爲不清，耳中時刻有兩個沙漠王子的聲音，右賢王威猛的身影，也時時映入眼簾。董祀死後三年，文姬也鬱鬱去逝。當然，這時曹操早已不在人間。

※

除了梁鵠、蔡文姬和除孔融之外的建安六公子，當時曹操身邊薈萃的名流，還有棋名手山子道、王九眞、郭凱，及書法家崔瑗、張芝、張昶等，他們都成了晚年曹操坐而論道的常客。

曹操還想得到一個人，那人就是司馬懿，當年舉薦過曹操的京兆尹司馬防的兒子。

司馬懿字仲達，爲人精警，立身行事每合大將之法。然而此人又深明韜晦，欲學劉備種菜，整日裝傻賣呆，作出一副無意仕進的嘴臉。

這一次曹操派去的兩名侍衛，又沒能請動司馬懿出山，他們對曹操報告說：「司馬仲達先生顯然已不行了，面色蠟黃，神情呆滯，席間常答非所問，坐臥飲食已不克自理。丞相似不必顧忌此人，我等親見他連一碗粥都飲不下去，弄得身上全是爛粥，不堪入目。」

「哼！」曹操道：「仲達這番表演，只瞞得過旁人，又焉能瞞得過我？」

三天後，曹操派出了兩個刺客，佯作去行刺司馬懿。曹操暗想：刀子架在脖上，你司馬仲達總不致於裝瘋賣傻了吧！

刺客回來了，他們告訴曹操：「司馬懿在兩柄匕首面前，兀自眼神渾濁，舌出嘴唇，一副老朽之態。」

然而，司馬懿確乎是聰明過人的，他的聰明不在於自己是否比曹操高明，而在於知道曹操絕然容忍不下自己的聰明，不管曹操表面上顯得是多麼注重和渴望人才。司馬懿必須等待，等待曹操死去。他知道自己生命的價值，只有曹操死後才可能實現。

從曹魏政權最終落入司馬懿父子手中，我們亦可看出，最有野心的人，往往表現的最爲謙退、呆傻。

※

建安十五年春天，曹操頒布了他的第一道《求賢令》，令中說：

現在天下未定，急需賢才。如若只有廉潔之士才能做官入仕，齊桓公當初又焉能稱霸？難道現在就沒有胸懷謀略、卻身穿布衣的平民，一如當年垂釣於渭水之上的姜子牙？難道世上就沒有像陳平那樣雖曾「盜嫂受金」、大受輿論攻訐卻又才幹非凡的人嗎？諸君請幫我出入陋巷、刻意網羅吧！我的用人之道是：只要你確有才能，就一定會受到重用。

這道《求賢令》富有相當的功利色彩，曹操似乎想向世人表明，爲了得到一個確有才能的人，他可以什麼都不計較，即使那人曾經犯過殺人、偷盜罪，他都可既往不

第十九章

廣招賢士，疑心生殺異己

咎，予以重用。

在一個儒家思想占據主導地位的社會裡，曹操的這種作法是很容易遭到非議的，如果僅從膽識而論，曹操確實顯得氣度非凡，何況，憑此求賢令，各地士子又畢竟紛紛走上了前往許昌或都城的官道。

在第二年年底和第三年八月，曹操又接連頒布了兩道《求賢令》，將自己「舉賢不拘品行」的意圖，表露的更爲斬截、露骨、眞誠。

但是，楊修、崔琰的死，卻給曹操的《求賢令》，抹上了一道很難再被抹殺的陰影。

※

楊修，字德祖，才華出眾，敏捷過人，曹操一度對他相當欣賞。曹操對一切智力型的活動都非常偏愛，如圍棋、猜謎等。圍棋，楊修不是曹操對手，猜謎則曹操常處下風。

曹操在都城造了一所花園，園成後，曹操前去驗看，最後在門口停下，從侍者手中接過毛筆，在門上寫了一個大大的「活」字，轉身就走。這是什麼意思呢？造門當然是給活人走路的，把門堵死了還能叫門嗎？眾人面面相覷，不知其意。

楊修在一邊呵呵而笑，說道：「曹丞相性喜節儉，不好鋪張，他的意思是嫌這扇

第十九章
廣招賢士，疑心生殺異己

門太大了，『門』內加『活』，不正是『闊』嗎？」眾人聽了，都覺得有理。

第二次曹操前來尋察，見園門小了一圈，頗覺稱意，嘴上仍不免問：「誰猜中我心事的？」

「主簿楊修。」

「楊德祖果然聰明過人。」曹操微微一笑。

還有一次，匈奴單于派人送來一盒上等酥油，進貢曹操。曹操隨手在盒上寫了「一合酥」三字。

楊修看到後，毫不客氣地盒子拆了，以一副作東的姿態對侍從們說：「來，曹丞相請客，大家來嚐嚐。」侍從們見楊修如此說，也就各自嚐了一口。

一會兒曹操回來，見一盒酥油已被瓜分一空，便問：「誰讓你們吃的？」

「是我。」楊修答道，一邊還擦手擦嘴，彷彿依舊在回味酥油的美味，「丞相不是說，一人一口酥嗎？敢不從命。」

原來，把「合」字拆成三，「一合酥」便成了一人一口酥。

曹操默默無語。

晚年的曹操，已不太有年輕時的那份豪爽磊落了，最典型的變化是，他變得多疑起來。

曹操權勢傾天，但政敵並不少，致使他頗爲擔心自己死於刺客中，爲此，他曾對左右侍從吩咐道：「我夢中好殺人。如我睡著，你等愼勿靠前。」

這話說出後的第七天，曹操在府中午睡，故意將毯子蹬下地來，一侍從看到，急忙上前拾毯子，打算爲曹操重新蓋上，誰知曹操霍然而起，手起一劍，將侍從斬爲兩段，隨即又忽忽入睡。一會兒醒來，驚問左右：「何人大膽，殺我近侍？」下人自是匍匐在地告知實情。曹操號啕大哭，吩咐厚葬此人。

一時之間，誰都以爲曹丞相會夢中殺人。如果眞有人想在曹操入睡之時加以行刺，這事之後恐怕也就不敢了吧？

該侍從臨葬時，楊修在一旁輕嘆，「丞相非在夢中，君才矇在夢中呀！」

這話立刻傳到曹操那裡，自此，曹操對楊修便有了幾分惱怒，只是由於楊修乃自己愛子曹植的好友，才沒有發作出來。

※

幼子曹沖死後，幾個兒子中，曹操最疼愛的便是次子曹植。曹丕以文采見長，但曹植的才華無疑更甚。在選擇誰爲繼承人的問題，曹操頗費躊躇，一度傾向於曹植。曹操爲此曾向賈詡討教。

賈詡與曹丕關係較好，但又知道曹操傾心於曹植，一時便不知如何回答。

「文和先生莫非別有所隱？」曹操逼問。

「非也，非也。」賈詡連連擺手，稍停片刻，才意味深長的說，「我在想袁紹、劉表的事。」

曹操付之一笑，「文和先生不但胸有克敵之術，在旁人父子之間，也能從容斡旋，顯得游刃有餘呀！」

「豈敢豈敢。」賈詡的方式雖然委婉，但也已表達的夠明確的了。袁紹、劉表兩人生前都沒有立長子爲繼承人，因而死後帶來了劇烈的家族、社會動蕩，最終輕易成了曹操的犧牲品。殷鑑不遠，賈詡建議曹操立長子之意便已昭然。

曹操依舊猶豫不決。

曹丕、曹植揣得父親心意後，私底下便爲了繼承權的位置，展開了激烈的競爭。兩人都培植了各自的勢力，曹丕的勢力明顯強大的多，除賈詡外，還有華歆、陳群、陸逵等人幫忙出主意。曹植身邊只有幾個文友，加上丁儀、丁廙兄弟，還有便是楊修。但有一個楊修也許就夠了，他差一點就幫曹植獲得成功。

那天曹操欲試兩個兒子的才能，命令他們各出鄴城門，私底下卻吩咐守門人不得放出。曹丕先行，見守門人把持不放，一時沒了主意，只能踉蹌而回。輪到曹植了，楊修對曹植說：「公子既奉王命出城，便無論如何得出門去，如有阻攔，不管何人，可立斬不論。」曹植聽教，便依言而行，殺了守門人，出城而去。

「植兒似較丕兒能幹。」曹操據此得出結論，繼承權的天平不覺又朝曹植傾斜了。

然而曹丕也有贏曹植的時候。當曹操那多少有點花裡胡俏的表演稍稍過頭的時候，曹丕的敦厚穩重便大放光芒。曹植身上那股散漫不拘的詩人習性，似乎也不符合王侯的尊嚴，而曹丕則差不多和自己的父親一樣樸實無華。

為慎重起見，曹操曾私底下做過民意測驗，結果，絕大多數官員都推舉曹丕。

曹操沉吟不決。照正常的程序，曹操本不必向百官徵詢意見，他這麼做了，只能表明他對曹丕的不滿和對曹植的欣賞。

但是，司馬門事件改變了一切。

一次，曹操恰巧不在城中，曹植擅自動用華麗的宮車，從司馬門而出，遊獵去了。要知司馬門的設置主要出於禮儀上的理由，非三軍開拔、皇帝巡幸，不得擅開。曹植此舉無疑冒犯了天條。

曹操勃然震怒。

曹丕被正式定為太子，曹植則被趕出了城門。

曹操還「賜死」了曹植的妻子，自己的兒媳。理由是她衣著過於豔麗、招搖，違反了曹操親自制訂的女訓。這女人死的相當冤枉。因爲「女爲悅己者容」，她之所以披綢佩香，完全是爲了取悅夫君曹植。她知道夫君希望自己美豔出眾，鎮壓群芳。她的死，只能表明曹操對自己的這位公子，已到了忿恨的程度。

曹丕既被立爲太子，爲後世江山計，同時也考慮到來自袁紹、劉表的前車之鑑，曹操便著手梟除曹植的卵翼。曹植身邊有威脅的人物，除了楊修，還有誰呢？

不知不覺地，楊修便上了曹操的黑名單，剩下只是一個藉口而已。

恃才傲物，和曹植一樣放誕不羈的楊修，太容易被曹操捉住把柄了。楊修死的那年才二十四歲，他清清楚楚的知道，自己成了宮廷傾軋的犧牲品。

楊修死後，曹植便終日鬱鬱寡歡。

※

回頭再說崔琰。

崔琰字季珪，清河東武城人。生的眉目疏朗，天圓地方，配以一副四尺三髯和一口清曠宏音，令人乍見之下即生敬意。起先在袁紹手下任騎都尉，對袁紹多次有所諫議，頗惹袁紹不快。官渡之戰前，崔琰再次上諫，反對袁紹與曹操交兵，袁紹大怒，便將崔琰投入大牢。

官渡兵敗，袁紹病死，袁尚、袁譚兩兄弟爲一爭長短，要求崔琰的幫助。崔琰以身體欠安爲由加以拒絕，便又惹惱了袁尙，再次被投入獄中，直到曹軍攻破鄴城，才恢復了自由，並當即被曹操敬爲上賓，三日後被任命爲別駕從事。

曹操初領冀州牧，在一次賓主聚會上，問崔琰：「昨日我查了本州的戶籍，居然有三十萬之多，實在屬得上泱泱大州。憑此，我恐怕不必擔心兵源了吧？」

崔琰把酒一推，振衣而起，以自己那特有的宏亮嗓門說：「明公此言，崔琰大感失望。今天下分崩，九州幅裂，二袁兄弟爲繼承權之事大動干戈，竭盡庫藏，致使鄴州小民生靈塗炭，飽受摧煎。明公擎王師之旗，播仁義之聲，入境不先問俗，破城不問民安，先救人於水火，反而查閱戶籍，計較兵員，這難道是鄴州男女老幼所寄望於明公的嗎？」

崔琰此話一出，眾人無不大驚失色。因爲敢這樣對曹操講話的，除了那個有點瘋瘋顛顛的禰衡外，崔琰實在是第一人。

曹操臉色乍白還紅，一轉眼便盡露誠篤之情，一雙手緊緊地握住崔琰，「先生雅教，曹操謹愼。異日曹操若再有無識之處，仍請先生不吝指正。」

這以後，曹操又把「犬子」曹丕交給崔琰，請求他善風調教。曹操外出征戰，曹丕卻在鄴城忙著打獵，崔琰以一封措辭嚴峻的信，對曹丕加以開導，使得曹丕戰戰兢兢，連忙回函一札，向崔琰惶惶認錯。

第十九章

廣招賢士，疑心生殺異己

曹操對崔琰也極敬重，認爲他有「伯夷之風，史魚之直」。

崔琰和曹植的關係卻更爲密切，因爲曹植的妻子乃崔琰長兄的女兒。曹操尚未任命太子時，頗疑心崔琰與曹植的關係。因爲曹植若得以繼位，崔琰無疑會得到更大的優待。

誰知道崔琰明白告訴曹操：「臣聞《春秋》之義，立子於長。廢長立幼，乃動亂之由。何況五官中郎將又仁孝賢明、謀智過人，理當立爲太子。若五官中郎將立爲太子，崔琰不惜粉身碎骨，也要盡力輔佐。」

崔琰如此公而忘私，使曹操深爲感佩，當即把他的官職升爲中尉。

崔琰生性耿介，言出無忌，大堂之上，每放高論，因而也頗爲得罪了一些人，這些人便不時地跑到曹操那裡告狀。曹操起初不以爲然，但時間一久，竟也有所狐疑。

曹操的身分已經由魏公升爲魏王，漸漸地，崔琰那副聲音清曠、得理不饒人的高士風範，使曹操感到一股莫名的威脅。正好有人將一封崔琰的書信交給曹操，曹操但見信上有「時乎時乎，會當有變時」字樣，便斷定崔琰不滿時局，圖謀叛亂，竟將崔琰付諸獄中。

三日後，獄吏將一把魏公親贈的劍交給崔琰，崔琰朗聲一笑，「沒想到曹公恨我，竟至於此。」說完，用劍往自己的脖子上抹去。

等到曹操心生後悔而急欲制止時，崔琰早已停止了呼吸。

崔琰所能得到的，只是一個隆重壯觀的葬禮。然而，葬禮從來只能安慰生者，對死者並沒有絲毫補益。

楊修、崔琰的死，好像並不妨礙曹操求賢的熱誠，也不妨礙他那關於「士不必賢」的界定，他照樣在通告全國的《求賢令》裡寫道：「夫有行之士未必能進取，進取之士未必皆有行。陳平豈篤行，蘇秦豈守信邪？然而陳平定下漢代基業，蘇秦幫助燕國由弱轉強。由此可見，士有偏短，豈可偏廢？」

※

建安二十二年（西元二一七年），王粲病故，年僅四十一歲。秋天，魏郡發生了可怕的瘟疫，徐幹、應瑒、劉楨等人，同時染疾身亡。

至此，風華絕世的「建安七子」全都棄世，這標誌了一個時代的結束。

第二十章 功過難斷，亡後疑塚七二

戰爭還不斷的進行。

赤壁之戰後留下的三足鼎立局面，曹操、劉備、孫權既不承認也不默認，在暫時無力發動一場置對方於死地的戰爭之前，三國邊界上小打小鬧的領土之爭是不可避免的。

曹操老了，他已經無法像過去那樣，每次都親臨前線直接指揮戰局了，他不得不把它們交給自己手下那些身經百戰的大將，如夏侯淵、張郃，他倆在肅清關西的地方割據勢力之後，又開赴漢中，與劉備、諸葛亮的軍隊展開曠日持久的局部戰爭。南面的戰事交給張遼，也可令曹操放心。張遼曾經用八百敢死隊，打得孫權五萬大軍魂飛魄散。由張遼鎮守合肥，心理上就可使東吳人生出三分怯意。

荀攸病故，曹操極爲痛惜。郭嘉、荀彧、荀攸三人，年齡皆小於曹操，竟都先曹操而去。曹操的智囊團雖然人數眾多，但謀略最高因而也最為曹操所倚重者，畢竟還是此三人。曹操戎馬半生，迭出奇兵，此三人居功至偉。

荀攸於五十八歲這一年去逝，多少意味著一個不祥的徵兆，它象徵曹操的事業進入了一個肅殺的冬天。死神的陰影開始在曹操的頭上盤旋。

曹操長年患有風疾，發作之時，腦門訇訇作響，頭顱似一塊承受著拍岸怒濤的危礁。這個病跟隨他至少已有三十年了，當世無人能治，唯一能減輕他的痛楚的一代宗師華陀，數年又被他處死了，曹操只能自嘆自作自受了。他長期獨自忍受、不想讓任何人知曉的病症，還有關節炎。這無疑是艱窘異常的軍旅生活給他帶來的印記。曹操的體能本來是相當強悍的，但突襲烏桓時的強行進軍，撤軍華容道時的泥濘陰濕，仍會使這副身體不勝其勞。曹操的夢魘也日益多起來了，所夢見的多為鬼域。

曹操縱然算得上一個難得的否定天命英雄，人值晚景，仍不信天命、不信鬼神。大權獨攬的人，通常都會刻意維護自己的強人形象，以預防那潛在的顛覆行動。因此就在曹操自感身體每況愈下之際，他有時反而故意要裝出一副廉頗未老的姿態，以警告他的敵手——現在沒輪到你們可以動手動腳的時候。

建安二十一年（西元二一六年）三月，曹操親自來到屯區，結結實實地做了幾天老農。當他強忍著關節的疼痛，身上沾滿泥漿回到魏公府時，所有的人都對他的強悍

第二十章

功過難斷，亡後疑塚七二

身體感到驚訝，殊不知當晚他在床上嘔吐不止，讓卞姜伺候了好幾個時辰。讓自己的老妻而不是侍女服侍，其實也是出於保密。曹操擔心，任何有關自己身體欠安的消息，都有可能演變爲大規模的傾覆活動。

同年十月，六十二歲的曹操親自登上城北的校兵場，訓練準備攻打東吳的兵士。這場面確實不無悲壯。曹操站在中央，許褚、于禁、徐晃、樂進等大將在一旁侍立。曹操面前是一面碩大的金鼓，他每敲一下鼓，下面的兩萬名鐵甲兵士便變換一次隊形。

「魏王，該歇息一會兒了。」樂進在一旁好意提醒。

「胡說！」曹操喝道：「訓練士卒，須有敵情迫在眉睫之感，不得有絲毫懈怠。爲將之道，更當身先士卒、竭盡劬勞。焉有士兵在日頭下暴曬，而主帥卻在華蓋下納涼之理？欲培養敢死之士，爲將的應顯出自己比任何人更看輕死生。」說罷，又是一通鼓砸下。

樂進吐了吐舌頭，不敢再置一言。

回到魏公府，曹操讓許褚在門口守衛，吩咐道：「不要讓任何人進入府中，任何人也不行。」

一會兒，征南將軍曹仁大步走來，逕自朝內府走去，許褚大刀一橫，把曹仁生生攔住。

「什麼，你敢攔我？」曹仁怒火上沖。

「奉魏公之命，任何人不得入府，褚不得不如此，請征南將軍息怒。」許褚的大刀橫在空中，紋風不動。

「我乃漢室重臣，量你仲康不過區區一武夫，而竟膽大如此？我明告你，我有重要軍情通報魏王，你橫刀相阻，當心吃不了兜著走。」曹仁忿忿罵道。

許褚的大刀依舊在門前。

就在此時，空盪盪的內府大廳，曹操正忍受著劇烈的病痛。

※

曹操如此謹小慎微、強充好漢，宮中仍發生了兩起叛亂。

第一起叛亂的主謀竟是伏皇后。

說伏皇后「叛亂」，其實不合情理，伏皇后位在曹操之上（至少名義上是這樣），因此也有權除掉像曹操這樣令她看不慣的大臣。

不過從曹操的角度，他也有權利將那來自皇室的敵意視作謀反。因爲東漢政權之所以能維持到現在，皇室之所以尚能存在，完全得力於曹操的支撐。漢獻帝的帝位就在曹操的股掌之中，他幾乎不需要費多大氣力，就可宣布這個朝代的終結。

第二十章

功過難斷，亡後疑塚七二

曹操沒有這麼做，這只是一種顧念眾議、抬高自己方式，絕非對這個政權充滿敬意。自從當年率兵入洛陽挾持獻帝之後，這個傀儡二十年來便一直是曹操手上的一張牌，藉助這張牌，曹操在逐鹿中原的時候，便有了王者之師的名分。這名分是相當要緊的，它可以在心理上置對手以不仁不義的境地。但是現在，這張牌的用處已差不多用盡了，因爲曹操剩下的兩個敵手劉備和孫權，無疑都不會受這張牌的魅惑，他們兩人都有不甘臣屬之志，南面稱孤之心。

在這種情況下，來自伏皇后那不啻爲以卵擊石的挑戰，便更使曹操怒火塡膺了。這次叛亂尚僅僅在萌芽狀態，曹操遍布京城的情報網就已獲知詳情。曹操倏地佩上劍，帶上一百多個士兵和新近就任尚書令的華歆，大步朝皇宮走去。

華歆仗劍直闖皇宮。伏皇后事先得到消息，趕忙緊閉宮門，立刻躲進了宮內夾牆之中。

「搜！」華歆一聲令下，士兵們立刻撞開宮門，到宮園內大肆搜捕起來。

伏皇后一家大小百餘人盡搜而出，全都臉貼著牆，站成一排。曹軍用一條長長的鐵鏈，把他們就像當初的連環船那樣鎖住。頭上的冠冕盡被扯掉，如一幫等待發配（事實上則是等待處死）的囚徒，迤邐走出宮門。又過了兩個時辰，躲在夾牆中的伏皇后也被找到了。

伏皇后狼狽之中猶且顯得美豔絕倫，兼以她那皇后之尊的身價，曹軍士兵皆愣在一邊，沒人敢親自動手。

「廢物。」華歆罵道，隨即大步上前，掀掉皇后娘娘頭頂的鳳冠，把金枝玉葉的東漢皇后，一路扯到五百公尺外的獻帝大廳正中。

這時，曹操正和漢獻帝下著棋。

「皇上，救救我吧！」伏皇后一見到漢獻帝，便仆倒在地。

漢獻帝看著曹操，又看看自己的皇后，淚流滿腮，「我自己尚且性命難保，又如何救得了妳呢！」

「陛下休要如此講話。」曹操臉色一橫。

當天下午，伏皇后及其家人一百餘口，全被迫吞下了毒酒。

兩個月後，曹操又命令獻帝將自己的二女兒曹節，正式冊立爲皇后。長女曹憲、小女曹華在此之前己被選入宮中，享受著貴人的名分。

在鎮壓了伏皇后之後不久，曹操又粉碎了由魏諷策動的政變，這一次又有一大批人株連被殺，被免官削職的人爲數更多。

※

漢中傳來噩耗，夏侯淵戰死，曹操聞言大痛，老淚潸潸而下。夏侯淵與曹操有兄弟親情，諸位曹氏家將中，曹操對夏淵侯尤爲欣賞，知道此人慷慨好義、勇武過人，唯獨在謀略上稍嫌不足。

曹操十天前還給夏侯淵捎去一信，告誡他：「凡爲大將，當知剛柔相濟，不可徒恃其勇。若僅尙武任勇，不過區區匹夫之勇爾。卿字爲『妙才』，我唯盼將軍『妙才』頻施，不負我的厚望。」

夏侯淵得信才三天，便在定軍山陣亡。曹操遂任命原副帥張郃升爲主帥，繼續西邊的戰事。

奇怪的是，夏侯淵被斬，並沒有使劉備、諸葛亮感到多麼高興。

「夏侯淵不過一介勇將，張郃的才能勝夏侯淵十倍。」劉備說，諸葛亮也若有所思的點了點頭。

諸葛亮沒有告訴他人的是，曹操手下眾多大將中，最使諸葛亮發怵的，正是張郃。後來諸葛亮委派的大將馬謖在街亭失利，對手便是張郃。當然，那時曹操已死，本書已無暇敘及。

※

卞姜的身體也日益單薄了。這個瘦弱的女人自從嫁給曹操後，常年辛勞，飽受軍旅之艱。晚年的曹操性情日益古怪，格外多疑，這些卞姜都得忍受著。有時曹操睡到半夜，會忽然起身，獨自摸到另一間偏室，再繼續睡下半夜。

顯然，曹操擔心刺客的偷襲，雖然魏王府的保安措施在曹操的親自過問下，已算得上無懈可擊。然而曹操有時做的還要過分，會在凌晨起身，叫醒自己的衛隊，就像當初在洛陽做北都尉時那樣，親自帶隊巡邏，把魏王府地巡察一遍。那份仔細，簡直連一隻小蟲都不放過。當此之時，卞姜只能黑夜裡獨自圓睜著大眼，看著空闊的房頂發呆。

曹操對家中女人們的事也要管，該穿什麼質地的衣服，不該佩什麼樣的手飾香袋，事無鉅細，都要過問，還親自制訂規矩，不許有任何人冒犯。如有冒犯，反正曹植的妻子已被處死，活著的都得留心自己的腦袋！雖然卞姜生性節儉，衣著飲食上尤爲儉樸隨和，但來自曹操的規矩，仍讓她感到不勝負擔。「伴君如伴虎」，對此卞姜當深有體會。

曹操也並非不知道自己這位妻子的難處，建安二十四年（西元二一九年），曹操正式拜卞姜爲王后。

在冊立表文裡，曹操不無深情的提筆寫道：「夫人卞氏，撫養諸子，克盡劬勞，有母儀之德。今進位王后，太子諸侯陪位，群卿上壽，減國內死罪一等。」

曹操卞姜正式立爲王后的這一天，變成一個舉國歡慶的節日。

遠在東吳的孫權，爲降低曹操對自己的敵意，也派來使者表示祝賀。孫權的禮品最爲豐厚，尤爲醒目的是，禮品中還有兩頭印度大象。

卞姜終究是有「母儀」而無威儀的，雖位居王后，飲食起居仍一如往常，使喚僕人也仍是那麼謙恭有禮，使曹操大爲滿意。

※

劉備擅自表奏朝廷，自封爲漢中王，且表奏中對曹操又頗多侮慢之詞。曹操心裡惱怒，一邊加緊討伐劉備的戰前布署。

這天，駐守襄陽的曹仁派使者飛報曹操，「襄陽失守，蜀將關羽正向樊城攻打，軍情緊急，請求曹操火速派兵支援。」事不宜遲，曹操的目光落在了大將于禁身上。

「關羽智謀過人。」曹操告誡于禁，「此行不可輕敵，縱然不能獲勝，能解樊城之圍也好。」

于禁領命，允諾而出。同時受命的還有原馬超部將龐德。曹操知道關羽武藝高強，于禁不是對手，正好龐德主動請戰，便大喜過望。「令明武功，與雲長倒是棋逢敵手。」曹操說道，封他爲先鋒大將。

「龐德此去，當銼關羽三十年的身價。」龐德說道，態度出奇的慷慨、自信。

三個月後，前線傳來令人沮喪的消息。于禁統帥的大軍，被關羽利用高漲的襄江水全部淹死。猛將龐德被殺，于禁則做了關羽的降俘。

曹操感受前所未有的巨大打擊。「勝敗乃兵家常事」。曹操早已習慣用最豁達的心情來面對失敗，但是他受不了的，乃是于禁的投降。

于禁是曹操從下級士卒中，一手提拔上來的將領，追隨曹操三十年，數度出生入死，屢建戰功。尤其令曹操難忘的是，那年淯水岸邊張繡的追擊，軍營中又盛傳「于禁叛逃」，于禁不忙著爲自己辯誣，陳兵陣前，阻止了張繡的追擊。在曹軍敗退之時，能保證部伍不亂、士氣高昂的，在曹操眾將中，除了徐晃，便是于禁。曹操自以爲對于禁相當了解，自忖歷來待于禁不薄，卻沒想到在關羽面前低首彎腰的，偏偏不是龐德，而是于禁。

在于禁令曹操大爲失望之時，作爲補償，龐德則讓曹操充滿感動。在選定他作先鋒之前，曹操本來是有所顧慮的，理由是龐德的舊主馬超，現又在劉備手下。萬一龐德臨戰之際，突然投奔到舊主馬超這邊，如何是好？何況，龐德的兄長也在西蜀劉備手下做官。很多人都勸曹操別讓他作先鋒，然而曹操憑著自己的直覺，還是決意讓龐德領軍出行。

唯曹操不知的是，龐德差一點就在陣上殺死關羽。當時龐德一箭，已射中關羽的額頭，他急速追趕，就在離關羽只有三十公尺距離，堪堪就要追上之際，自己的陣中

第二十章

功過難斷，亡後疑塚七二

突然響起了急促的鳴金令。鳴金是收兵的信號，龐德無奈，只得返回軍中，眼睜睜看著關羽被手下兵士救回。

原來，于禁唯恐龐德殺了關羽，功勞超過自己，才命令士兵鳴金的。當時忿忿不平的龐德，于禁只得以「關羽足智多謀，雖然中箭，唯恐有詐」之類的話來搪塞。

這場仗追究起來輸的有點古怪，總的感覺似乎是，于禁有意要輸掉這一仗。

盛夏時節，漢水水位暴漲，熟知兵法的于禁卻不顧龐德等人的提醒，執意把軍隊布署在最可能遭受洪水襲擊的低窪地區。後來當關羽決開漢水堤壩，放水淹曹軍時，于禁也顯得缺乏調度能力，致使曹軍惶惶，轉瞬間潰不成軍，兵敗如山倒。龐德奮力血戰，又掄刀砍死了兩個欲投降的小將，于禁則幾乎沒有作多少抵抗，就將寶刀交到關羽手中。

曹操非常痛心自己錯選了于禁，然而讓他更扼腕的，卻是沒能早點發現龐德的忠勇。等到他意識到龐德是一位難得的大將之才時，這位大將已屈死在關羽的刀下。甚至連夏侯淵的死，都沒有讓曹操如此痛心，為了龐德，曹操的眼睛差不多紅了三天。

于禁兵敗，表明曹仁的樊城之危絲毫沒有消除，而關羽的聲名急遽上揚。若樊城被破，許昌就成了關羽的下一個目標。曹操變得茫然起來了，他想的是，為了躲避關羽的鋒芒，是否該把首都從許昌遷走呢？

「樊城之圍，還有誰能去解？」曹操召集文武，問道。

「除非把徐晃召來。」華歆小聲說道。

「徐晃固然可以敵住關羽，但要想獲勝，還需孫權援手。」賈詡插口道：「孫權當日與劉備聯手實屬不得已。現在劉備借荊州不還，關羽又意欲在中原擴張版圖，孫權對之不無忌憚。我若派使者渡江，向孫權陳明利害，並允諾割讓江東之地，孫權諒無拒絕之理。到這時，徐晃提兵正面迎上關羽，江東軍暗起於雲長之後，首尾夾擊，關羽必敗。」

「此言甚合吾心。」曹操道：「速請徐公明，囑提兵五萬，克日起程，先救樊城之急。」

徐晃得令後，深知此戰的艱難，當即傳下號令：所有士卒盡皆回家、祭拜先人，明日巳時回營上路。此話一出，所有士兵皆知徐晃已有決死戰之心，頓生慷慨激越之情。

徐晃吩咐部將呂建、徐商打著自己的旗號，佯攻由關羽義子關平駐守的偃城，自己則繞道沔水，準備從背後偷襲。同時，一封表明自己已到的信綁上箭頭射入樊城。

曹仁得知徐晃兵到，心裡如注入一劑強心針，守城兵士的士氣也大增。那邊關平正以爲在和徐晃的主力部隊交戰，背後偃城已然火光沖天，火光中隱隱可見徐晃的帥旗在

第二十章

功過難斷，亡後疑塚七二

獵獵飄颻——從出發到占據偃城，尚不到一晝夜。

關羽與徐晃以往交情不淺，兩人也算得惺惺相惜，若處在同一陣營，很可能結成莫逆之交。但現在既然各事其主，便只能兵戈相見，手下不加留情了。

關羽構築的工事得過諸葛亮的指點，共有十二座營寨，各寨之間有木柵相連，構成一個連環往復、首尾呼應，具有迷宮特徵的動態堡壘。尋常人休說攻破，便是看清這個連緜數里的陣形也絕無可能。

徐晃熟視良久，終於窺破了箇中的奧妙。這個陣形的最薄弱處，正是它那貌似最堅固的四冢寨。四冢寨乃各條通道的樞紐，雖然有木柵十重，堅固異常，但一旦破了此寨，其餘大小十一屯便頓時失卻與相鄰部隊的聯繫，而只淪爲散兵游擊。

徐晃在這裡準備用強了。他精心挑選了五百名武藝高強的敢死隊，計畫今晚闖寨。爲了徹底消除關羽的疑心，他那近五萬軍隊幾乎全部集結在第一屯面前，擺開強攻的姿態。這一戰打得相當慘烈，徐晃的五百敢死隊傷亡過半，但最終占領了四冢寨。戰局剎時改觀，蜀將關平、廖化倉皇而逃。

至此，曹仁樊城之圍解除，徐晃一舉打開通往荊州的大道，擺開了與關羽決戰的架式。

心高氣傲的關雲長，自從中了龐德一箭後，武藝已非昔日可比，加上徐晃又非泛泛之輩。兩軍人馬在荊州城外一百五十里處相逢，徐晃提斧上前，對關羽稍事寒暄後，便陡然掄圓大斧照頭砍來。關羽倉卒應戰，終是箭傷未好，體力未復，才十餘合，便明顯露出敗兆。徐晃終究無意取關羽性命，但那邊曹仁已麾動三軍殺將過來。荊州兵陣腳大亂，只能望荊州城逃去。

一陣亂箭從城頭射出，關羽抬頭一看，啊！荊州城竟已被東吳大將呂蒙占領。

※

半個月後，東吳孫權將一只盒子和一封親筆信託使者交給曹操：「廢漢自立，以應大統。」

「孫權這小子，是想把我放在爐火上烤啊！」曹操抖著這封信，對文武們說道。出於對關羽的敬重，曹操將為孫權處死的關羽，以諸侯的禮節，安葬了這位他曾經竭力想收買的武將。徐晃、張遼等與關羽素來相好的曹軍將領，也參加了關羽的葬禮。

「劉玄德與關雲長早年結義，誓同生死。」曹操對眾將說：「劉、孫兩家這下有仗要打了。」曹操非常滿意的是，他一方面消除了關羽的威脅，一方面又把劉備的怒火引向了東吳。

徐晃當然得到了曹操的重賞。曹操後來在巡察了徐晃作戰的遺址時，深有感觸的嘆道：「我用兵三十年，未敢如公明這般長驅直入，視如此重圍爲等閒。公明謀可及，膽不可及。」

※

曹操獨自一人在這座山上徘徊，已經有半個多月了。每天黃昏時，他總喜歡到這座山上走走。他那些由許褚率領的虎賁衛士，遠遠地侍立在四周，如一道鋼鐵柵欄。曹操似乎想在這座山上找到什麼。找什麼呢？沒人知道。也許，他在選擇自已的墳址吧！

「告訴我。」在太醫劉仲卿爲曹操的身體做了例行檢查後，曹操突然問道：「我的文治武功，可否與周公相比？」

劉仲卿未敢答話。

「嘿嘿！不敢說便等於已經說了。如果你認爲我比得上周公，你早就說了。你這人還算誠實。」曹操顯然有找個人聊聊的興致。

「下官不敢。」劉仲卿有點不知所措。

「你再敢說一聲『下官不敢』，我立刻就割掉你的舌頭。」曹操嘴上這麼說，聲音裡卻沒有多少殺氣。

「是是，下官不……不敢再說『下官不敢』了。」

「好，現在你回答我，當今世上，可有人比我更誠實？」

「沒有。」劉仲卿本能的答道，然而他突然又加上一句：「可是，也沒有人比魏王更不誠實。」

「是嗎？」曹操突然來了興致，「那麼，可有人比我更仁慈？」

「魏王的仁慈和魏王的殘忍一樣，當世罕有可匹。」

「難道閣下以爲我比董卓更殘忍，嗯？」

「不，我沒想到拿魏王和董太師去比。」劉仲卿申辯：「下官的意思是，同時具有魏王的仁慈與魏王的殘忍者，古今沒有第二人。」

「哈哈！」曹操爽朗地笑起來，「看來你對我的評價不高呀！」

「下官不敢。」此話剛一出口，劉仲卿趕緊捂住嘴，臉色刹時變的慘白。

「在割下閣下的舌頭之前，我還有最後一個問題。記住，請斟酌你的言語，這是你平生最後一次開口了。告訴我，後人將對我作何等評價？」

「只有極少數人會敬重魏王。大體上說，魏王將背負千年的惡名。」

劉仲卿的嘴角突然湧出通紅的鮮血，不一會兒，半截舌頭露出了嘴唇，「嗒」的一聲落在地上。

曹操愣愣的看著他，那眼神彷彿在問：你眞地以爲會被我割掉舌頭？

※

這個問題應該由曹操本人回答。

但是，曹操已經無法回答了。

建安二十五年（西元二二〇年）正月，六十六歲的曹操與世長辭。

文武百官盡皆舉哀。葬禮相當隆重，又驚人的節儉。除了一柄百辟刀，和日常翻閱的兵書，幾乎沒有任何金銀珠寶隨曹操入殮。換句話說，一代雄主曹操的墳墓，竟絲毫不值得盜墓者去發掘。

然而，要發掘曹操的墓幾乎也是不可能的。在曹操下葬的那天，洛陽周圍同時出現了七十二座曹操的墓，其中只有一個是眞的。

也許，其中沒有一個是眞的……

國家圖書館出版品預行編目資料

曹操傳奇：治世之能臣 亂世之奸雄 / 蕭洲著. --
- 1 版. -- 新北市：華夏出版有限公司, 2024.04
面； 公分. --（Sunny 文庫；328）
ISBN 978-626-7296-75-2（平裝）
1.CST：（三國）曹操 2.CST：傳記

782.824 112013352

Sunny 文庫 328
曹操傳奇：治世之能臣 亂世之奸雄

著 作 蕭洲
出 版 華夏出版有限公司
220 新北市板橋區縣民大道 3 段 93 巷 30 弄 25 號 1 樓
電話：02-32343788 傳真：02-22234544
E-mail：pftwsdom@ms7.hinet.net
印 刷 百通科技股份有限公司
電話：02-86926066 傳真：02-86926016
總 經 銷 貿騰發賣股份有限公司
新北市 235 中和區立德街 136 號 6 樓
電話：02-82275988 傳真：02-82275989
網址：www.namode.com
版 次 2024 年 4 月 1 版
特 價 新台幣 580 元（缺頁或破損的書，請寄回更換）

ISBN-13： 978-626-7296-75-2